KB139054

학원전문세무사의

절세 노하우

박재형 세무사

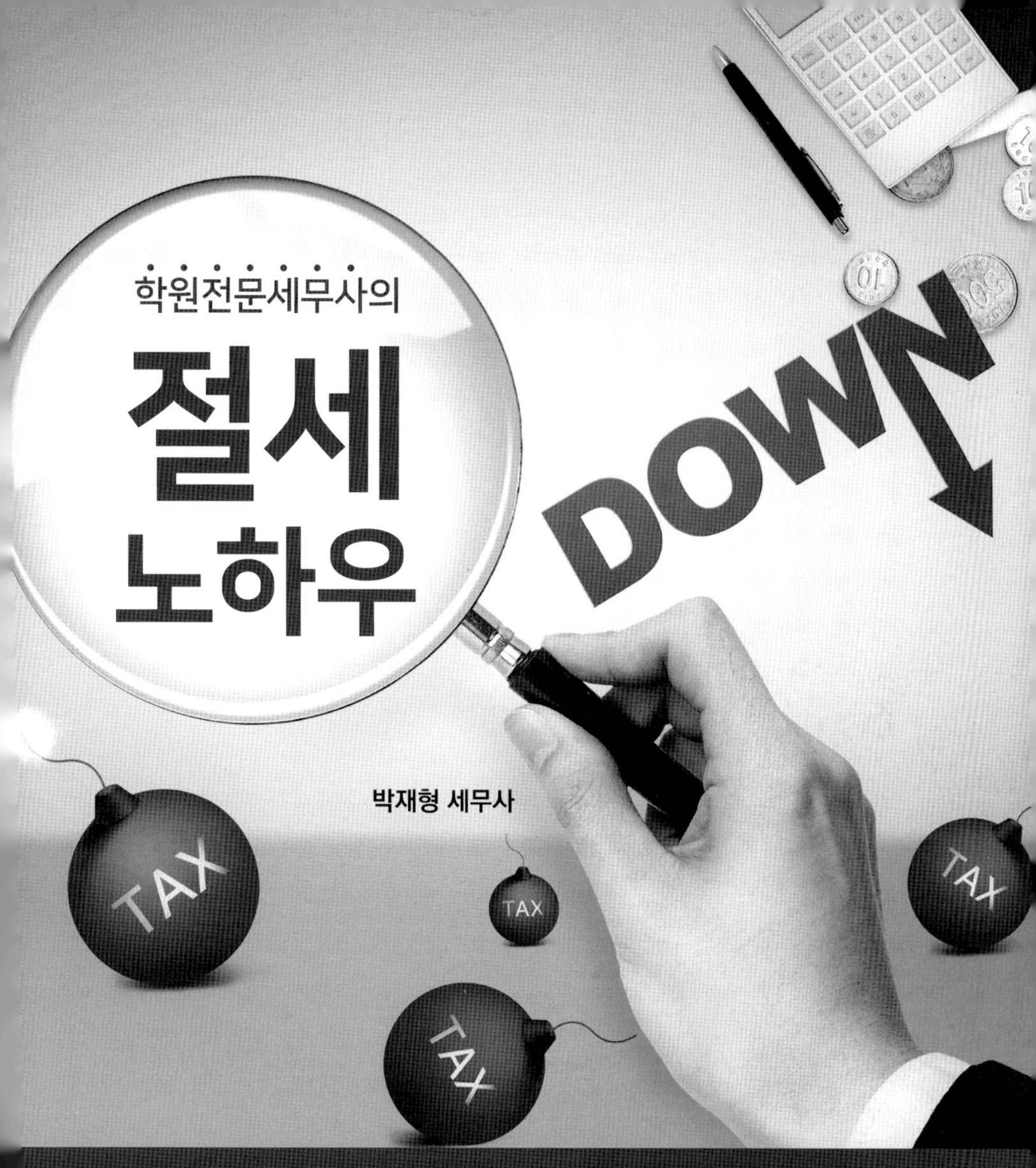

“ 원장님! 원장님은 더 이상 강사도, 월급쟁이도 아닌 사장님입니다 ”

힘들게 강의하고,
학원운영하면서 번 돈을 세금으로 날리면 그보다 아까운 돈이 어디 있을까요?

도서출판 어울림
www.aubook.co.kr

학원전문세무사의 절세노하우

초판발행 2019년 3월
저자 박재형
발행인 허병관
발행처 도서출판 어울림
디자인·편집 최선숙 강정숙
주소 서울시 영등포구 양평동3가 14번지 이노플렉스 707호
전화 02-2232-8607, 8602
팩스 02-2232-8608
등록 제2-4071호
Homepage http://www.aubook.co.kr

ISBN 978-89-6239-681-2-13320

정가 18,000원

2019

학원전문세무사의

절세노하우

들어가며

벤자민 플랭클린이 말했다. "죽음과 세금은 피할 수 없다"

그렇다. 세금은 죽음과 빗댈만큼 중요하다. 또한 학원의 시작과 끝은 역시 세금이다.

수포자. 수학을 포기한 사람을 뜻함.

여러 과목 중에서 특히 수학을 가장 많이 어려워하고, 결국엔 수학을 포기한다고 해서 생겨난 단어 수포자. 이에 못지않게 세금을 포기한 세포자도 많이 있다.

필자가 지난 15년간 정말 많은 세포자를 만났다. "세무사가 알아서 해줄 거야"라는 막연한 믿음. 물론 세무사가 알아서 해주는 건 맞다. 하지만 학원장의 협조가 없다면 세무사도 방법이 없다.

"원장님! 원장님은 더 이상 강사도, 월급쟁이도 아닌 사장님입니다."

필자와 함께 하는 원장님들은 모두 이말을 한번씩은 들어봤을 것이다. 특히 강사생활을 접고 학원을 개원한 원장님들께는 몇 번을 강조하면서 얘기했었다.

학원장은 어엿한 사업가이자 경영자이다. 급여를 받는 사람이 아닌 급여를 주는 사람이고, 학원운영의 책임자이다. 따라서 그 무엇보다 세금에 신경을 써야 하고, 세금을 절대 포기하면 안된다. 힘들게 강의하고, 학원운영하면서 번 돈을 세금으로 날리면 그보다 아까운 돈이 어디 있을까?

이전에 출간한 출간한 "학원업 세무실무"는 학원장님이 보기엔 너무 딱딱하고, 쉽지 않다는 불평이 많았다. 그래서 이번에는 처음부터 모든 내용을 다시 시작했다. 최대한 쉽게 작성한다고 했는데 독자들의 성에 찰지 벌써부터 걱정이 된다. 다만 중요한내용 또는 세법이 꼭 필요한 내용은 [세법에서는]이라는 별도 코너로 배정하였으나, 흐름에 크게 영향을 끼치는 게 아니므로 생략해도 무방하리라 생각한다.

부디 학원운영에 조금이나마 도움이 되길 바란다.

목 차

Part 1

학원의 시작

✅ 세금. 이정도는 알고 개원하자.

학원장은 참 할 일이 많은 직업이다.

학원운영도 해야 하고, 강의도 해야 하고, 강사관리도 해야 하고, 학부모상담도 해야 하고, 광고도 해야 하고, 학생 진로상담도 해야 하고, 계속 변동되는 입시방향도 확인해야하고. 그 외 여러 신경 쓸 일이 참 많지만 아쉽게도 하나만 더 추가하고자 한다.

바로 "세금" 이다.

"저는 세무사님한테 맡겨서 괜찮아요." 라고 많이 말을 하는데, 물론 세무사가 미리 잘 챙겨서 진행을 하겠지만 그전에 학원장이 세금에 대한 기초는 꼭 알아야 한다는 게 필자의 생각이다. 아무리 열심히 가르치고 강의를 해도 공부는 학생이 하듯이 세무사가 아무리 열심히 절세를 말하고 해도 학원장의 협조와 관심이 없다면 절세는 불가능하기 때문이다.

학원에 있어 가장 중요한 세금은 "종합소득세" 밖에 없다고 해도 과언이 아니다.

물론 사업장현황신고도 해야 하고, 인건비 신고도 해야 하고, 연말정산도 해야 하고, 4대보험(엄밀히 말하면 4대보험은 세법이 아니다. 따라서 세무사 업무도 아니다. 4대보험업무가 세무사 업무라고 알고 있는 학원장님들께 꼭 얘기하고 싶었다.)도 신고해야지만 실제 세금납부가 이뤄지는 세금신고는 "종합소득세" 밖에 없기 때문이다.

여기서는 학원장이 알아야 하는 세금신고가 어떤 것이 있는지만 간략히 살펴보고자 한다.

사업장현황신고는 2월10일까지 해야 한다.

학원은 면세사업자라서 매년 2월10일까지 전년도 학원실적 및 학원현황에 대한 신고를 해야 하는데 이를 사업장현황신고라고 한다. 사업장현황신고는 매출신고가 가장 중요하며, 그 외 학원의 전반적인 현황을 신고하는 종합소득세의 밑바탕이 되는 신고이다.

인건비신고 매월 10일까지 신고, 납부한다.

강사급여, 직원급여 등을 지급한 경우에는 지급하기 전에 세금을 떼야 하고(이를 세법에서는 "원천징수"라고 한다) 그 내역을 세무서에 신고, 납부하여야 하는데 이를 인건비신고라고 한다.(세법에서는 "원천징수이행상황신고"라고 한다) 인건비를 인정받기 위해서는 인건비신고를 반드시 해야 한다.

연말정산은 3월10일까지 한다.

연말연시에 각종방송, 신문에서 가장 많이 언급되는 기사 중 하나가 바로 연말정산이다. 연말정산은 4대보험에 가입한 강사. 직원이 있는 경우에만 진행하며(엄밀히 말하면 근로소득자를 말한다.), 매년 2월분 급여를 지급할 때 연말정산을 하고 이는 학원장(세법에서는 "원천징수의무자"라 한다)의 의무이다.

지급명세서 제출은 3월10일까지 제출한다.

인건비 신고시에는 상세내역(인적사항 등)이 들어가지 않는다. 따라서 1년 동안 누구에게 얼마를 지급했는지를 세무서에 신고하는 제도로 매년 3월 10일까지 한다. 지급명세서제출 또는 지급조서제출이라고 한다.

법인학원은 법인세신고를 3월 31일까지 신고, 납부해야 한다.

학원이 법인인 경우에는 법인세신고를 하여야 한다. 1년간의 법인 실적 및 소득에 대해 3월 31일까지 신고를 하고, 법인지방소득세는 4월 30일까지 신고하여야 한다.

종합소득세신고는 5월에 한다(5월 31일까지).

학원세금신고 중 가장 중요한 신고로 종합소득세 신고를 함으로써 1년간의 세금업무가 비로소 마감된다고 보면 된다. 단, 연매출 5억이 넘는 성실신고대상학원은 6월 30일까지 신고를 하면 된다.

위 신고에 대한 자세한 내용은 추후 살펴보기로 하고, 적어도 위 세금신고에 대한 이름과 신고기한은 꼭 기억해두기로 하자.

✔ 공동개원(공동사업자)이 단독개원보다 절세를 할 수 있다?

공동개원(공동사업자)이라 함은 2인 이상이 공동으로 사업을 하는 것으로 보통 "동업"이라고 한다.

소득세는 개인별로 계산이 되기 때문에 2인 이상이 공동으로 사업을 하게 되면 소득이 지분율만큼 분산이 되어 단독개원일 경우보다는 소득세를 어느 정도 줄일 수 있다.

예를 들어 갑, 을, 병 세 명이 공동으로 출자(손익분배비율은 갑 50%, 을 30%, 병 20%)하여 학원을 운영한 결과 수익이 1억원이 나온 경우 손익분배비율대로 갑의 수익은 5천만원, 을 3천만원, 병 2천만원이 되고, 소득세는 이 수익을 기준으로 계산한다.

공동사업자인 경우 세금은 확실히 줄어든다.

공동사업자가 절세를 할 수 있다는 구체적인 내용은 세금을 계산해보면 된다.

갑, 을, 병 모두 4인 가족으로 소득공제금액은 760만원으로 가정할 경우 세금은 다음과 같다.

	갑원장단독	공동사업자		
		갑원장	을원장	병원장
소득금액	1억원	5천만원	3천만원	2천만원
종합소득세	1740만원	528만원	228만원	78만원
총부담세액	1740만원	834만원		

즉, 갑원장이 혼자 학원을 운영해서 1억원의 소득을 올렸을 경우 종합소득세는 약 1740만원이나 공동사업으로 한 경우 총 부담세액은 834만원으로 약 906만원의 세금을 줄일 수 있다.

공동사업자는 세금과 함께 4대보험도 고려해야 한다.

위내용대로 세금만 봤을 때는 공동사업자가 유리할 수도 있다.

하지만 학원운영을 하다 보면 종합소득세외에도 4대보험이 추가로 발생하기 때문에 이 부분을 반드시 확인해봐야 한다. 4대보험을 함께 고려해보면 아래와 같다.

	갑원장단독	공동사업자		
		갑원장	을원장	병원장
소득금액	1억원	5천만원	3천만원	2천만원
종합소득세	1740만원	528만원	228만원	78만원
국민연금(9%)	약500만원	450만원	270만원	180만원
건강보험(약6.7%)	670만원	335만원	201만원	134만원
총부담세액	1740만원	834만원		
총부담세액 (4대보험포함)	2910만원	2404만원		

4대보험을 함께 고려한다면 공동사업자일 경우 절세효과는 약 500만원으로 4대보험을 고려하지 않은 경우일 때 절세효과 906만원보다 약 400여만원이 줄어든 것을 확인할 수 있다. 따라서 학원의 특수한 상황을 고려하면 공동사업자보다는 단독사업자로 진행하는 것이 더 유리할 수도 있으므로 이 부분은 반드시 담당세무사와 상의를 하고 결정할 필요가 있다.

또한 공동사업은 연대납세의무가 있으므로 특수관계자가 포함되어 있는 경우에는 공동사업자와 연대하여 납세의무를 지므로 이 부분을 잘 따져보고 결정하는 것이 좋다.

✅ 개원자금 준비시에는 자금출처를 주의하자.

개원에 있어 가장 우선순위에 두어야 할 것은 보증금, 인테리어, 권리금등 사업을 위한 자본금이다.

자본금은 큰 금액이 소요되기 때문에 자금준비시 출처를 주의하여야 한다.

자본금은 자기자금과 타인자금으로 나눠진다.

자본금은 크게 자기자금과 타인자금으로 나눠볼 수 있다. 간단히 살펴보면 다음과 같다.

종류		내용	주의사항
자기자본		기존 자기자본	자금출처
타인자본	금융권차입	담보대출, 신용대출등	명의문제
	증 여	부모 및 친지로부터의증여	증여세문제
	차 입	증여 및 대출외 차입	이자비용처리문제

학원 상황에 맞게 자본금을 준비하면 되지만 세법상 주의할 내용이 있으므로 이 부분을 살펴보고자 한다.

자기자본으로 개원하는 경우 자금출처를 조심하자.

자기자본으로 초기자금을 조달할 때는 그 출처를 먼저 생각해야 한다. 많은 학원장들은 개원전에 강사 또는 교습소 등을 운영하면서 나름대로 저축을 하고, 자금을 축적하게 된다. 그동안 국세청에 소득신고가 제대로 되어 있었다면 모르겠지만 상담을 하다보면 소득신고가 제대로 되지 않아 국세청입장에서는 소득이 없는 것으로 오해하는 경우가 의외로 많이 발생한다. 이럴 경우 국세청에서는 기존에 소득신고 누락으로 보거나 부모에게 증여를 받은 것으로 보고 자금출처를 요청하는 경우가 많으니 주의할 필요가 있다.

과거의 사례를 보면 학원강사 경력자의 경우 제대로 신고가 되지 않아 소득금액이 없거나 있더라도 터무니없이 적은 경우가 많아 자금출처입증에 곤란한 경우가 있었으므로 평소 소득 및 자금관리를 해두는 것이 좋다.

은행에서 대출시에는 명의와 담보를 주의하자.

가장 많이 사용하는 자금조달 방법은 금융권차입, 즉 은행에서 대출을 받는 방법이다.

여기서 금융권이라 함은 1금융권인 시중은행, 2금융권인 저축은행 그리고 카드론 등 금융기관을 통한 대출이라면 크게 상관은 없다. 또한 자금출처에 대한 입증 문제도 거의 발생하지 않으므로 가장 깔끔한(?) 방법이다.

하지만 은행에서 대출받을 때도 주의할 점이 있는데 대출명의와 담보이다.

대출시 명의는 본인명의여야 하고 학원에만 사용해야 한다.

은행권에서 대출받을 경우에는 본인명의로 대출을 받아야 하고, 해당 대출금액은 학원용으로만 사용해야 한다. 부부가 같이 학원을 운영한다면 배우자명의 대출을 받아도 크게 문제가 없을 수 있으나, 타인명의로 대출을 받은 경우에는 증여문제가 발생할 수 있기 때문이다.

그리고 젊은 학원장의 경우 부모님 재산을 담보로 해서 대출을 받는 경우가 있은데 이때도 담보제공권자가 직계존속인 경우 증여문제가 발생할 수 있으므로 주의해야 한다.

또한 학원운영을 위해 대출을 받았으나 주택을 구입한다거나, 기타 학원과 관련 없는 곳에 사용하는 경우 해당 대출에 대한 이자는 비용으로 인정받을 수가 없다.

부모님께 증여를 받은 경우 증여세를 조심하자.

대출을 제외하고 가장 많이 발생하는 자금조달방법중 하나로 부모님께 증여를 받는 경우이다. 증여에 대한 공제는 부모님은 5천만원, 배우자는 6억원, 친족의 경우 1천만원까지 공제가 되어 이 금액 이하를 증여받은 경우에는 실질적인 증여세가 없으므로 증여세신고만 제대로 하여 활용한다면 도움이 될 수도 있다.

다만 주의할 점은 재산 및 금전의 증여 뿐 아니라 채무의 상환도 증여로 본다는 점이다. 즉, 학원장이 본인명의로 대출을 일으켜서 학원을 개원했는데 그 대출금을 부모님이 대신 상환한 경우 이 역시 증여로 본다. 또한 증여공제는 건당이 아닌 10년을 기준으로 보기 때문에 이전에 증여받은 금액이 있다면 함께 고려해야 한다.

제3자에게 차입하는 경우 이자비용처리가 쉽지 않다.

부모, 배우자, 친족 외에 지인, 친구 등 제3자에게 차입을 하는 경우에는 이자비용 처리에 주의하여야 한다. 제3자에게 차입 후 이자를 지급하는 경우 해당 이자비용 은 비용처리가 현실적으로 어렵기 때문이다. 왜냐하면 세법에서는 이를 비영업대금 의 이익이라고 하여 이자를 지급할 때 원천징수를 하도록 하고 있는데, 지인에게 이자를 지급할 때 세금을 떼고 지급하여야 하고 여기서 세금이라 함은 이자의 27.5%로 상당히 높으므로 대부분은 이런 과정없이 이자를 지급하기 때문이다. 또 한 자금을 빌려준 지인은 해당 이자소득에 대해 종합소득세신고를 하여야 하는데 현실에서 이런 경우는 드물고 따라서 비용으로 처리하기가 힘든게 사실이다.

물론 다음의 요건을 갖추면 비용처리가 가능하다.

(1) 원금 및 이자지급에 대한 계약서(금액, 이자율, 이자 지급시기 등을 기재)를 작성하여야 한다.
(2) 이자 및 원금지급에 대한 내용은 금융거래를 통해 확보해둬야 한다.
(3) 이자 및 원금지급에 대한 내용을 장부에 계상하고, 사업과 관련된 용도에 사용하여야 한다.
(4) 이자에 대한 원천징수세액 27.5%(소득세 25.0%, 주민세 2.5%)를 원천징수 하고 그 내역을 다음달 10일까지 신고, 납부하여야 한다.

(5) 금전대여자는 다음연도 5월에 해당 이자소득에 대해 종합소득세 신고를 하여야
한다.

🔍 세법에서는

■ 자금출처 조사

자금출처조사란 학원장(개원전, 후 불문)이 부동산 및 동산 등의 재산을 취득한 경우 당해 재산의 취득에 소요된 자금이 취득한 사람의 자력(自力)에 의한 것인지 여부를 조사하여 상속세 및 증여세법의 규정에 의한 증여세과세대상인지 여부를 판단하는 것을 말한다.

자금출처조사에는 간접조사와 직접조사로 구분되며, 전자는 자금출처를 조사할 필요가 있다고 인정되는 자에 대하여 대인조사와 질문검사권을 행사하지 아니하고 서면 또는 간접의 방법으로 증여세부과대상 여부를 조사하는 방법을 말하며(통상의 경우 증여세 우편질의를 의미), 후자는 세무공무원이 대인조사의 방법으로 해당 조사대상자에 대하여 질문검사권을 행사하고 증여세부과대상인지의 여부를 판정하는 조사를 말한다.

상증세법에 의하면 자금출처조사 결과 증여사실이 입증되거나 또는 재산취득자의 자력으로 재산을 취득하였다고 인정하기 어려운 경우에는 다른 자로부터 취득자금을 증여받은 것으로 추정하게 된다. 만약 증여받지 않았을 경우 그 입증책임은 학원장에게 있다.

■ 증여추정배제

세법에서는 자금출처에 대해 연령별로 일정금액 이하에 해당하는 경우 객관적으로 증여를 받았다는 사실이 없는 한 증여로 보지 않는다. 예를 들어 세대주이면서 30대인 학원장이 주택을 제외한 기타재산을 취득하거나 채무를 상환하였을 경우 5천만원까지는 증여로 보지 아니한다. 즉, 개원에 필요한 자금 중 임대보증금 등에 사용한 금액이 5천만원 미만이라면 객관적인 사실이 없는 한 증여로 보지 않는다.

증여추정배제기준(1999.1.1. 이후 취득 또는 채무상환하는 분부터 적용)

구 분	취득재산		채무상환	총액한도
	주택	기타재산		
1. 세대주인 경우				
가. 30세 이상인 자	1.5억원	5천만원	5천만원	2억원
나. 40세 이상인자	3억원	1억원		4억원
2. 세대주가 아닌 경우				
가. 30세 이상인 자	7천만원	5천만원	5천만원	1.2억원
나. 40세 이상인 자	1.52억원	1억원		2.5억원
3. 30세 미만인 자	5천만원	5천만원	5천만원	1억원

✔ 학원자리 임대. 구입시 주의사항

자금조달방법을 결정했다면 학원자리를 구하게 된다. 어느 업종이나 마찬가지 겠지만 입지는 사업에 있어 매우 중요하기 때문에 심사숙고하게 된다. 학원은 크게 임대와 구입으로 나눠볼 수 있는데 여기서는 각각의 방법을 살펴보기로 하자.

사업장임대시에는 부가가치세와 이중계약서를 주의하자.

현행 부가가치세법상 부가가치세는 최종소비자의 몫이다. 임대차 계약에서 최종 소비자는 임차인인 학원장이므로 부가가치세는 학원장이 부담하는 것이 맞다. 하지만 집주인(임대인)이 간이과세자일 경우 부가가치세를 부담할 필요가 없으므로 임대차 계약시에는 반드시 부가가치세를 확인하여야 한다.

또한 이중계약문제가 종종 발생한다. 집주인(임대인)입장에서는 여러 사유로 이중 계약을 요구하는 경우가 많고, 학원장입장에서도 임대료를 줄이기 위해 이중계약을 암묵적으로 동의하는 경우가 많다. 하지만 이 경우 피해는 고스란히 학원장에게 온다. 왜냐하면 임대료는 학원에서 차지하는 비중이 상당하기 때문에 절약한(?) 임대료보다 그로인한 세금이 더 많은 경우가 대부분이기 때문이다.

물론 상담을 하다보면 현실적으로 그렇지 못한 경우가 발생하는데 그럴때는 반드시 담당세무사와 미리 의논을 하고 방법을 강구해야 한다.

사업장임대시에는 관리비와 간주임대료를 반드시 확인하자.

임대료 외에 관리비를 추가로 부담하는 경우가 많다. 전기. 수도요금 등이 따로 책정되어 부과된다면 문제가 없으나 관리비에 합쳐져서 책정된다면 반드시 그 내역을 입증해두어야 비용으로 인정받을 수가 있다.

또한 간주임대료를 반드시 확인해야 한다. 간주임대료란 부동산임대보증금에 대한 이자에 대해 부과하는 세금인데 보통은 임대인이 전액 부담한다. 하지만 경우에 따라서는 임대차계약시 간주임대료를 학원장에게 부담을 시키는 꼼수를 쓰는 경우도 있으므로 최종계약전에 해당내용을 확인하는 것이 좋다.

사업장구입시에는 자금출처를 주의해야한다.

사업장구입에는 임차에 비해 큰 자금이 투입되므로 자금출처를 조심해야 한다. 예를 들어 최근 5년간 신고된 소득이 3억원(6천만원씩 5년)인데 구입하는 학원자리가 10억이라면 세무서에서는 7억에 대한 자금출처를 묻기 때문이다. 특히 최근에는 대학을 졸업한지 얼마 안된 학원장이 직접 사업장을 구입하는 경우도 많은데 이때는 거의 대부분 자금출처를 묻게 된다.

자금출처에 대해 제대로 소명을 하지 못하게 되면 증여로 간주하여 증여세를 추징하므로 반드시 자금출처를 신경써야 한다.

대출의 경우 대출관련 서류로 자금출처 문제를 밝히는데 문제는 없지만 앞서 살펴본바와 같이 대출명의, 담보제공자, 추후 상환여부에 따라 이역시도 문제가 될 수 있으므로 이 부분도 주의를 요한다.

사업장구입시에는 부가가치세도 주의해야 한다.

사업장을 신규분양 받을 경우 대부분 부가가치세 환급을 받기 위해서 임대업으로 사업자등록을 내고 해당 건물분에 대한 부가가치세를 환급받는다. 하지만 학원은 면세사업자이기 때문에 분양받은 건물에서 학원을 운영한다면 환급받은 부가가치세를 다시 내야 한다.

면세사업자는 부가가치세를 면제받지만 이와 함께 부가가치세 공제 및 환급을 받을 수가 없기 때문이다. 이를 세법에서는 면세전용이라고 한다. 특히 신규 분양받는 경우 보통 분양사무소에서는 부가가치세 환급을 매우 중요하게 설명하는데 학원은 해당사항이 없으므로 자금계획시 반드시 고려하여야 한다.

또한 기존 사업장을 구입할 때도 건물 신축일로부터 10년 이내인 경우에는 남은 기간에 대한 부가가치세를 환수하니 이 역시 주의하여야 한다. 예를 들어 2015년 3월에 완공한 사업장을 2019년 3월에 구입하여 학원으로 사용하는 경우 매도자가 환급받은 부가가치세중 남은기간인 약 6년에 대한 부가가치세를 환수 당할 수 있으므로 주의하여야 한다.

부모님 건물에서 무상으로 사용하여도 과세를 한다.

부모님이나 친인척 소유의 건물을 무상임차하여 사용하는 경우가 있다. 무상사용시 과거에는 크게 문제가 없었으나 2012.7.1. 이후부터는 부동산 임대용역의 시가로 부가가치세를 과세하도록 명확화 하였다. 즉, 임대인이 주변 시세와 비교하여 부가가치세를 신고하여야 하므로 무상사용은 더 이상 힘들게 되었다.

✅ 인테리어, 학원집기 구입시 세무상 처리방법

학원장마다 순서의 차이는 있겠지만 예산확보, 학원위치를 결정했다면 이제 인테리어를 하게 된다. 크게 인테리어와 비품, 집기의 구입으로 나눠볼 수 있는데 최근에는 학원도 고급화영향으로 상당한 비용이 소요된다. 그리고 학원의 경우 교육청 등록을 위해서 학원법에 맞춘 요건을 갖춰야 하므로 전문 업체와 충분한 상의 후 인테리어 등을 시공하여야 한다. 왜냐하면 인테리어 등을 모두 끝마친 후에 강의실수, 면적 및 소방법 등에서 문제가 생겨 학원등록이 나오지 않는 경우가 있는데 이럴 경우 금전적, 시간적 손해가 상당하기 때문이다.

학원 인테리어시에는 부가가치세와 세금계산서가 중요하다.

인테리어에 투입되는 금액은 초기 개원에 있어 가장 큰 금액을 차지한다. 학원 임차보증금은 학원비용이 아니므로 세금에 영향을 미치지 않지만 인테리어비용의 경우는 전액 학원비용으로 처리되기 때문에(물론 감가상각과정을 거쳐야 한다(본책 p.97를 참조하자). 매우 중요하다고 할 수 있다. 그리고 학원 운영중에도 개보수 및 증설과정에서도 인테리어를 새로 하게 되고, 이때의 금액도 세무처리상 매우 중요한 금액이다.

특히 견적서 및 계약서를 작성할 경우 부가세에 대한 부분도 확실히 처리하여야 한다. 왜냐하면 학원은 면세사업자이기 때문에 보통 부가세를 명시하지 않는 경우가 많은데 이럴 경우 결제과정에서 추가비용을 부담해야 하고, 세금계산서, 신용카드영수증, 현금영수증(이하 정규증빙으로 통칭하기로 한다.)을 수취하지 못할 경우 인테리어 비용 자체를 인정받지 못할 수 있기 때문이다.

따라서 계약시에는 부가세 문제를 확실히 하도록 하고, 정규증빙을 받아두어야 가산세등 불이익을 미연에 방지할 수 있다.

정규증빙을 못 받은 경우에도 길은 있다.

인테리어를 하는 경우 부가가치세를 별도 부담해야 정규증빙을 받는데 이는 공사 금액의 10%로 학원입장에서는 작지 않은 금액이다. 특히 공사업체에서는 학원은 부가세 공제나 환급을 못 받는다는 점을 어필하면서 할인유도를 통해 부가가치세 없이 진행하자고 하는 경우가 종종 있다. 원칙적으로 세금계산서를 받지 못하면 비용인정을 받지 못한다. 하지만 부득이하게 정규증빙(세금계산서 등)을 수취하지 못하는 경우에는 계약서등 증거가 될 수 있는 서류를 반드시 보관하고, 계약금, 잔금 등은 금융기관을 통해 이체하여 지급근거를 확실히 해둔다면 비용인정을 받을 수 있다. (세법이 그렇게 비인간적인 것은 아니다. 사실관계를 입증하면 우선은 인정해준다.) 물론 과세관청에서 쉽게 넘어가주지 않는다. 실제 인테리어가 이뤄졌는지 부터 대금지급과정 등을 꼼꼼히 확인하고, 실제 인테리어를 한 것으로 인정하더라도 세금계산서를 받지 않은 죄(?)로 해당금액의 2%를 가산세로 부과하기 때문이다.

인테리어업체는 학원시공이 많은 전문업체를 선정해야한다.

학원의 경우 인테리어는 학원을 전문적으로 시공하거나 경험이 많은 업체를 선정하여 공사를 하는 것이 유리하다. 실제로 상담을 하다 보면 학원의 경우 학원법과 소방법 등 관련 규정을 지켜서 시공하여야 하는데 이를 제대로 고려하지 않고 시공하여 학원등록을 위한 실사에서 문제가 생기는 경우를 자주 봤기 때문이다. 따라서 추후 AS문제 및 학원법과 소방법에 따른 확실한 설명을 듣고, 계약서에 명시하여야 추후 문제의 소지가 발생할 경우 대처할 수 있다. 그리고 업체의 선정은 가급적 오랜기간 명성과 신뢰를 쌓은 업체를 선정하고 부실업체와는 계약하지 않는 것이 좋다.

비품등 시설집기 구입시에도 세금계산서는 필수이다.

비품등 시설집기 구입시에도 인테리어와 마찬가지로 가장 중요한 것은 세금계산서 이다. 물론 카드결제를 하거나 현금영수증을 받아도 상관없다. 하지만 3만원 초과 비용에 대해 간이 영수증 등을 받으면 비용인정을 못 받을 수 있으므로 세금계산서 수취에 신경서야 한다.

최근에는 인터넷의 발달로 인해 오픈마켓 등을 통해 구입하는 경우가 대부분이다. 온라인 구매의 경우 거의 100% 정규증빙 수취가 가능하므로 제대로 수취하여 보관만 한다면 세무상 큰 문제는 발생하지 않는다. 다만 오프라인 매장에서 구입하는 경우에는 보통 부가가치세가 포함되어 있으므로 세금계산서를 반드시 수취하도록 하고, 신용카드결제를 하였을 경우에는 전표를 잘 보관하여야 한다. 부득이하게 학원장명의가 아닌 타인명의의 신용카드로 결제하였을 경우에도 모두 비품으로 처리가 가능하니 반드시 신용카드영수증을 보관하여야 한다.

리스를 이용한 경우에는 학원사업자명의로 계산서를 받자.

렌탈제도의 활성화로 인해 직접구입이 아닌 렌탈, 리스 등을 많이 이용하고 있다. 특히 학원 차량 및 복사기의 경우 리스를 이용한 거래형태가 많이 발생하는데 이 경우에는 정규증빙수취에 있어서는 크게 문제가 없다.

보통은 운용리스로 계약이 체결되고, 계산서가 발급되기 때문이다. 리스의 경우 금융용역으로 보아서 세금계산서가 아닌 계산서가 발급된다.

리스에는 금융리스와 운용리스로 나눠지나 보통은 운용리스로 처리하므로 증빙만 제대로 챙기면 비용처리에 있어서 복잡하지도 않고 간단히 처리할 수 있다. 하지만 운용리스의 경우에는 소유권이 리스회사에 있으므로 리스계약기간이 종료후에는 계약의 내용에 따라 잔존가치를 지불하고 구입을 하거나, 신규자산으로 재리스를 하여야 하니 이점은 미리 숙지하고 있어야 한다.

또한 리스의 경우에는 월리스료보다는 리스이율을 잘 따져보아야 한다. 왜냐하면 리스료가 저렴한 경우 리스이율이 비싸 실제 부담액이 더 큰 경우가 있기 때문이다. 참고로 필자는 리스를 거의 활용하지 않고 있다.

공동구매를 한 경우에는 거래내용을 입증해야 한다.

공동구매의 경우 정규증빙을 수취하기가 어려운 경우가 많다. 왜냐하면 그 주체가 보통은 사업자가 아닌 개인 간의 모임, 비영리단체인 경우가 많기 때문이다. 이 경우에는 구입내역에 따른 견적서나, 명세서를 수취하고, 해당금액을 금융기관을 통해 지불함으로서 그 비용을 인정받아야 한다. 하지만 주체가 단순 중계역할이었다면 실제 판매자에게서 세금계산서 등 정규증빙을 요청하여야 한다.

✅ 권리금도 세금신고 대상이다.

학원개원은 신규개원 외에도 기존의 학원을 인수하는 방법도 있다. 일반적으로 권리금을 주고 기존학원의 학생. 시설집기를 모두 인수하여 운영하는 것인데 여기서는 기존학원을 인수할 경우 세무처리에 대해서 알아보기로 한다.

포괄적양수방법은 권리금이 발생한다.

포괄적양수란 학원자산을 포함한 물적. 인적시설 및 기타 그 학원에 관한 권리 의무 등을 포괄적으로 승계하는 것을 의미한다. 여기에는 학원과 관련된 채권 채무와 그 영업상의 비밀 및 노하우 등이 모두 포함되며, 경우에 따라서는 강사의 승계도 포함될 수 있다. 면세사업인 학원업에 있어서는 부가세 문제가 발생하지는 않지만 포괄적승계의 경우 영업권이 발생하기 때문에 매우 중요하다고 할 수 있다. 따라서 학원의 경우에는 사업양수도계약서를 작성한 후 그 사업에 대한 권리와 의무를 포괄승계하면 되고, 권리금 등에 대한 명확한 규정을 추가하면 된다.

포괄적양수방법대신 학원자산만 양수할 수도 있다.

원생 및 강사 등을 모두 승계받는 포괄적양수가 일반적인 방법이지만 최근에는 개별자산만 양수받는 경우도 자주 생긴다. 부득이한 사유로 인해 기존 영업을 멈춘 채 학원을 양도하는 경우가 있는데 이 경우에는 시설집기만을 양도하기 때문이다. 즉, 원생, 강사를 제외한 비품과 인테리어 등 시설장치에 적정가격을 산정하여 인수받는 것을 말한다. 이는 일반적인 중고거래와 같기 때문에 위에서 살펴본 영업권 등의 문제는 발생하지 않지만, 계산서를 받아야 한다.

권리금은 한번에 비용처리가 되는 것이 아니고 매년 1/5씩 비용처리가 된다.

포괄양수도로 학원을 인수하는 경우에는 보통 권리금 문제가 발생한다. 세법에서는 권리금을 영업권이라고 한다. 또한, 세법에서는 권리금은 일시에 비용으로 처리하지 못하고 무형자산으로 계상 후 5년에 걸쳐 비용으로 인식하기 때문에 기존학원 인수시 이를 인식하지 않는 경우에는 그만큼 세금이 늘어나게 되므로 정확한 처리가 되야 한다. 또 권리금 처리에 있어서 원천징수의 문제가 발생하니 이점도 유의하여야 한다.

권리금을 지급할 때는 세금을 떼고 신고·납부하여야 한다.

권리금은 세법상 기타소득에 해당한다. 따라서 양수하는 학원장은 해당 권리금을 지급할 때 세금을 떼야 하는데 이를 원천징수라고 한다. 권리금은 60% 비용(필요경비)를 인정받으므로 권리금의 40%에 대해서 원천징수를 하면 되는데 계산의 편의를 위해 총지급액의 8.8%를 원천징수하면 된다. (2018년 까지는 6.6%였으나 2019년부터 개정되었다.)

예를 들어 권리금이 5천만원이라면 440만원(5천만원의 8.8%)를 떼고 4560만원을 지급하여야 하고 뗀 440만원은 세무서에 신고, 납부하여야 한다. 해당 권리금의 세무신고는 양수하는 학원장의 의무이므로 권리금을 지급한 날의 다음달 10일까지 관할 세무서에 신고하고 납부하면 된다.

그리고 학원을 양도하는 학원장은 해당 권리금에 대해 추후 종합소득세 신고시 기타소득으로 합산하여 신고하여야 한다. (권리금 총액이 750만원 이하인 경우는 신고여부를 선택할 수 있음)

특히 그동안 관행으로 여겨지던 권리금의 세금 미부과에 대해 최근 국세청에서는 원칙에 따라 과세를 하고 있으므로 이 부분은 매우 주의하여야 한다. 권리금 세무 처리를 제대로 하지 못한 경우 양수자와 양도자의 세금문제를 간략하게 살펴보면 다음과 같다.

A학원장(양도자)이 B학원장(양수자)에게 권리금 2억에 양도후 세무처리를 안했을 경우

A원장의 불이익
- 권리금 2억에 대해 기타소득으로 과세
- 권리금은 60% 경비인정을 받아 2억의 40%인 8천만원에 대해 종합소득세 과세(가산세 별도)

B원장의 불이익
- 권리금 지급시 원천징수를 하지 않고, 지급명세서를 제출하지 않아 2억원의 2%인 4,000,000원 가산세 부과

법인학원을 인수하는 경우에는 계산서를 받아야 한다.

개인학원이 아닌 법인학원을 인수하는 경우에는 양도자가 법인이므로 원천징수 의무가 발생하지 않는다. 따라서 학원을 양수하는 학원장은 법인에 권리금을 전액 지급하고 계산서를 받아서 영업권으로 처리하면 된다.

학원을 양도하는 법인은 해당 권리금을 법인의 수익으로 보아 법인세신고를 하여야 한다.

◉ 학원등록을 했으면 사업자등록을 하자.

학원법에 의해 학원업등록을 마쳤으면 학원주소지 관할 세무서에 사업자등록을 하여야 한다.

사업자등록은 학원등록증이 나오면 바로 하자.

세법상 사업자등록은 개원일로부터 20일 이내에 하여야 한다. 사업자등록이 늦어지면 미등록가산세를 부담해야 하므로 기한 내에 하는 것이 좋다. 하지만 학원은 카드단말기 설치가 필요해서 보통 학원등록증이 나오면 바로 사업자등록을 하므로 기한을 어기는 경우는 거의 없다. 또한 교육청에 학원등록하면서 대부분의 내용이 확인되었기 때문에 특별한 경우를 제외하고는 사업자등록은 신청과 동시에 나오므로 크게 어려움은 없다고 본다.

사업자등록을 위해 세무서에 한번쯤은 방문하자.

사업자등록은 세무서를 방문해서 신청하는 것이 좋다. 물론 국세청 홈택스를 통해서 인터넷신청을 할 수 있으나 자기건물이 아닌 임대를 한 경우에는 확정일자를 받아야 하므로 한번은 세무서에 방문하여야 한다. 또한 인터넷신청은 발급에 따른 시간이 걸리지만 직접 방문하여 신청하는 경우에는 특별한 경우를 제외하고는 현장에서 바로 사업자등록증이 나오므로 확정일자와 함께 처리하는 것이 효율적이다.

세무서에 방문할 때는 신분증, 임대차계약서, 학원등록증을 반드시 지참해야 하며, 확정일자를 받기 위해서는 임대차계약서 원본을 가지고 가야 한다. 또한 본인이 직접 방문하기 어려운 경우에는 위임을 받은 제3자가 신청도 가능하다.

사업자등록신청서의 작성방법

사업자등록신청서는 국세청 홈페이지에서 다운이 가능하며, 관할세무서 민원봉사실에 구비가 되어 있으므로 직접 방문하여 작성하여도 된다.

1. 인적사항

상호(단체명)	전화번호	(사업장)
성명(대표자)		(자 택)
		(휴대전화)
주민등록번호	FAX번호	
사업장(단 체) 소재지		

인적사항은 상호, 학원장 성명, 주민등록번호, 주소 등 가장 기본적인 사항을 기재한다.

2. 사업장 현황

업종	주업태		주종목		주업종 코드	개업일	종업원 수
	부업태		부종목		부업종 코드		

사이버몰 명칭			사이버몰 도메인				

사업장구분	자가 면적	타가 면적	사업상을 빌려준 사람 (임 대 인)			임대차 명세		
			성명 (법인명)	사업자 등록번호	주민(법인) 등록번호	임대차 계약기간	(전세) 보증금	월세
	㎡	㎡				∙ ∙ ∙ ~ ∙ ∙ ∙	원	원

허가 등 사업 여부	[ ]신고 [ ]등록 [ ]허가 [ ]해당없음		주류면허	면허번호	면허신청
					[ ]여 [ ]부

개별소비세 해당 여부	[ ]제조 [ ]판매 [ ]입장 [ ]유흥

사업자금 명세 (전세보증금 포함)	자기자금	원	타인자금	원

사업자단위과세 적용 신고 여부	[ ]여 [ ]부	간이과세 적용 신고 여부	[ ]여 [ ]부

전자 세금 계산서 (e세로)	회원가입 신청 여부	[ ]여 [ ]부	사용자 아이디(ID)	(영어 또는 영어 · 숫자의 조합, 6~20자) * 온라인 신청 회원과 ID 중복방지를 위해 기재하신 ID앞에 영문이 첨부되어 등록됩니다. qt[xxxxx] : 세무서 신청, qh[xxxxx] : 홈택스 신청
	전용 메일 이용 동의	[ ]동의함 [ ]동의하지않음	* e세로 회원가입을 신청한 경우에 한해 전용메일 이용 동의 여부 선택이 가능하며 동의한 경우 사업자등록증에 전용메일 주소가 표시됩니다. * 아래 전자우편주소로 초기 비밀번호가 발송되니 전자우편주소를 반드시 정확하게 적어야 합니다.

전자우편주소		국세청이 제공하는 국세정보 수신동의 여부	[ ]동의함 [ ]동의하지않음

그 밖의 신청사항	확정일자 신청 여부	공동사업자 신청 여부	사업장소 외 송달장소 신청 여부	양도자의 사업자등록번호(사업양수의 경우에 한정함)
	[ ]여 [ ]부	[ ]여 [ ]부	[ ]여 [ ]부	

사업장현황란에는 반드시 기재해야 하는 부분을 위주로 살펴보기로 한다.

① 업종

학원의 경우 업태는 교육서비스업으로 하고 주종목은 보습학원, 입시학원, 외국
어학원등으로 기재하면 된다. 주업종 코드는 보습학원의 경우 809005, 예체능
입시학원은 809004, 교습소는 809007, 개인과외교습소(공부방)은 940903으로
기재하면 되나, 기재하지 않아도 무방하다.

개업일은 실제 학원을 개원하는 날로 적으면 되고 종업원수는 강사수를 기재하되,
아직 채용전이면 0으로 적으면 된다.

② 사업장구분

자가건물인 경우에는 "자가"란에, 임차를 한 경우에는 "타가"란에 면적을 적는다.
임차의 경우 임대인의 인적사항을 기재하여야 하고 임대내역도 기재하여야 한다.
부득이 하게 이중계약서를 작성한 경우에는 신고용 계약서를 위주로 작성하여야
하는데 이는 앞서 살펴본바와 같이 문제가 발생할 수 있으며 세법상 탈세에 해당
하므로 실계약서를 위주로 사업자등록을 내는 것이 좋다.

③ 학원은 등록사업이므로 학원등록증을 교부받았으면 등록에 체크를 한 후 사본을
같이 제출하여야 한다.

④ 사업자금내역

자기자금과 타인자금을 구분하여 기재한다. 자기자금을 기재할 때에는 소득신고
내역을 검토해봐야 하고, 타인자금을 기재할 때에는 증여 등의 문제를 검토해봐야
한다. 이는 앞서 살펴본 자금출처부분을 참조하길 바란다.

⑤ 연간공급대상 예상액

월평균 수강료수입을 예상한 후 이를 1년으로 환산한 금액을 기재한다. 예상액
이므로 굳이 많이 적을 필요는 없다. 학원은 면세사업자 이므로 간이과세는 적용
되지 않는다.

⑥ 그밖의 신청사항

사업자등록시에는 임대차계약서 원본을 지참한 후 확정일자를 같이 신청하는
것이 좋다.

공동사업자인 경우에는 공동사업계약서를 지참한 후 공동사업자 신청여부를 체크하고, 그 외 사항은 신경쓰지 않아도 무방하다.

교재를 판매하는 경우에는 업종추가를 하자.

또한 학원에서는 교재를 판매할 수 없으므로 부득이하게 학원에서 교재를 판매하게 되는 경우에는 사업자등록시 서점을 포함하여야 학원법상 교재판매부분에서 문제의 소지를 줄일 수 있다. 따라서 부업태는 소매업으로 부종목은 서점으로 등록하여 교재를 학원과는 별개로 판매할 수 있도록 사업자등록을 하여야 한다. 하지만 최근에는 이 부분도 교육청에서 문제를 삼고 있으므로 학원법상 강의실 등에 문제가 생기지 않는 범위 내에서 일정공간을 서점으로 등록하여 사업자등록을 따로 내는 것이 좋다.

사업자등록시 다음을 주의하자.

1) 임대차명세에서 보증금은 수정하지 말자.

사업자등록시 임대차명세서상에 보증금과 월세를 적게 되어있다. 부득이하게 이중계약을 하게 되는 경우라도 보증금은 실제대로 기재하여야 하고, 확정일자를 받을 때도 보증금은 수정하지 않는 것이 좋다. 물론 이중계약은 탈세에 해당하므로 절대 금지하여야 함은 제1원칙이다.

2) 명의대여는 명의대여자와 빌린자 모두 불리하다.

부득이한 사정으로 인해 본인명의로 사업자등록을 내지 못하는 경우가 있다. 하지만 세법에서는 부득이한 사정을 인정하지 않으므로 명의대여 및 명의위장 사업은 인정하지 않고, 명의대여자와 빌린자 모두에게 불이익이 돌아가므로 본인 명의로 사업자등록을 내도록 하여야 한다.

3) 공동사업의 경우에는 동업계약서를 제출하여야 한다.

공동사업의 경우 사업자등록시에 대표공동사업자가 공동사업자, 약정손익분배 비율, 대표공동사업자, 지분비율등 필요한 사항을 사업장관할 세무서장에게 신고하여야 한다. 또한 사업자등록의 신고내용에 변동이 발생한 경우에는 발생한 날이 속하는 과세기간의 종료일부터 15일 이내(다음년도 1월 15일)에 '공동사업장등 이동신고서'에 의하여 신고를 하여야 한다.

세법에서는

공동사업자의 사업자등록방법

① 2인 이상이 공동으로 사업을 영위하고자 하는 경우의 사업자등록은 실질적으로 공동사업을 영위하는 자 중 1인을 대표자로 하여 대표자명의로 사업자등록을 신청하여야 하는 것임.

② 사업자등록신청시 법령상의 첨부서류로 부가가치세법 시행령 제7조 제2항에 법인의 경우에는 법인등기부등본, 법령에 의하여 허가를 받아야 하는 사업의 경우에는 사업허가증사본, 사업장을 임차한 경우에는 임대차계약서사본을 규정하고 있으나, 공동사업의 경우 공동사업의 현황을 명확히 하기 위하여 공동사업자의 지분 또는 손익분배의 비율, 대표자 기타 필요한 사항이 기재된 동업계약서 등을 첨부하여 사업자등록신청을 할 수 있는 것임.

(부가 46015-238, 200.2.6)

■ 부가가치세법 시행규칙 [별지 제3호서식] 〈개정 2012.2.28〉　　　　홈택스(www.hometax.go.kr)에서도 신청할 수 있습니다.

사업자등록신청서(개인사업자용)
(법인이 아닌 단체의 고유번호 신청서)

※ 귀하의 사업자등록 신청내용은 영구히 관리되며, 납세성실도를 검증하는 기초자료로 활용됩니다.
　　아래 해당 사항을 사실대로 작성하시기 바라며, 신청서에 본인이 자필로 서명하여 주시기 바랍니다.
※ [ ]에는 해당되는 곳에 √표를 합니다.
(앞쪽)

접수번호			처리기간	3일(보정기간은 불산입)

1. 인적사항

상 호(단 체 명)		전 화 번 호	(사 업 장)
성 명(대 표 자)			(자　　택)
			(휴대전화)
주민등록번호		F A X 번 호	
사업장(단 체) 소재지			

2. 사업장 현황

업 종	주업태		주종목		주업종 코드	개업일	종업원 수
	부업태		부종목		부업종 코드		

사이버몰 명칭			사이버몰 도메인					

사업장구분	자가 면적	타가 면적	사업장을 빌려준 사람 (임 대 인)			임대차 명세		
			성 명 (법인명)	사업자 등록번호	주민(법인) 등록번호	임대차 계약기간	(전세) 보증금	월세
	m²	m²				~	원	원

허 가 등 사업 여부	[ ]신고　　[ ]등록 [ ]허가　　[ ]해당없음		주류면허	면허번호	면허신청
					[ ]여 [ ]부

개별소비세 해당 여부	[ ]제조　　[ ]판매　　[ ]입장　　[ ]유흥			

사업자금 명세 (전세보증금 포함)	자기자금	원	타인자금	원

사업자단위과세 적용 신고 여부	[ ]여　　　[ ]부		간이과세 적용 신고 여부	[ ]여　　[ ]부

전자 세금 계산서 (e세로)	회원가입신 청여부	[ ]여 [ ]부	사용자아이디(ID)	(영어 또는 영어·숫자의 조합, 6~20자) * 온라인 신청 회원과 ID 중복방지를 위해 기재하신 ID앞에 영문이 첨부되어 등록됩니다. qt[xxxxx] : 세무서 신청, qh[xxxxx] : 홈택스 신청
	전용메일 이용 동의	[ ]동의함 [ ]동의하지않음	* e세로 회원가입을 신청한 경우에 한해 전용메일 이용 동의 여부 선택이 가능하며 동의한 경우 사업자등록증에 전용메일 주소가 표시됩니다. * 아래 전자우편주소로 초기 비밀번호가 발송되니 전자우편주소를 반드시 정확하게 적어야 합니다.	

전자우편주소		국세청이 제공하는 국세정보 수신동의 여부	[ ]동의함 [ ]동의하지않음

그 밖의 신청사항	확정일자 신청 여부	공동사업자 신청 여부	사업장 외 송달장소 신청 여부	양도자의 사업자등록번호 (사업양수의 경우에 한정함)
	[ ]여 [ ]부	[ ]여 [ ]부	[ ]여 [ ]부	

210mm×297mm[백상지 80g/㎡ 또는 중질지 80g/㎡]

3. 사업자등록 신청 및 사업 시 유의사항 (아래 사항을 반드시 읽고 확인하시기 바랍니다)

가. 귀하가 다른 사람에게 사업자명의를 빌려주는 경우 사업과 관련된 각종 세금이 명의를 빌려준 귀하에게 나오게 되어 다음과 같은 불이익이 있을 수 있습니다.
1) 조세의 회피 및 강제집행의 면탈을 목적으로 자신의 성명을 사용하여 타인에게 사업자등록을 할 것을 허락한 사람은 「조세범 처벌법」 제11조제2항에 따라 1년 이하의 징역 또는 1천만원 이하의 벌금에 처해집니다.
2) 소득이 늘어나 국민연금 및 건강보험료를 더 낼 수 있습니다.
3) 명의를 빌려간 사람이 세금을 못내게 되면 체납자가 되어 소유재산의 압류·공매처분, 체납명세의 금융회사 등 통보, 출국규제 등의 불이익을 받을 수 있습니다.

나. 귀하가 다른 사람의 명의로 사업자등록을 하고 실제 사업을 하는 것으로 확인되는 경우 다음과 같은 불이익이 있습니다.
1) 조세의 회피 또는 강제집행의 면탈을 목적으로 타인의 성명을 사용하여 사업자등록을 한 사람은 「조세범 처벌법」 제11조제1항에 따라 2년 이하의 징역 또는 2천만원 이하의 벌금에 처해집니다.
2) 「부가가치세법」 제22조제1항제2호에 따라 사업개시일부터 실제 사업을 하는 것으로 확인되는 날의 직전일까지의 공급가액에 대하여 100분의 1에 해당하는 금액을 납부세액에 가산하여 납부하여야 합니다.
3) 「주민등록법」 제37조제10호에 따라 다른 사람의 주민등록번호를 부정사용한 자는 3년 이하의 징역 또는 1천만원 이하의 벌금에 처해집니다.

다. 귀하가 실물거래 없이 세금계산서 또는 계산서를 발급하거나 발급받은 경우 또는 이와 같은 행위를 알선·중개한 경우에는 「조세범 처벌법」 제10조제3항 또는 제4항에 따라 해당 법인 및 대표자 또는 관련인은 3년 이하의 징역이나 공급가액 및 그 부가가치세액의 3배 이하에 상당하는 벌금에 처해집니다.

라. 신용카드 가맹 및 이용은 반드시 사업자 본인명의로 하여야 하며 사업상 결제목적 외의 용도로 신용카드를 이용할 경우 「여신전문금융업법」 제70조제2항에 따라 3년 이하의 징역이나 2천만원 이하의 벌금에 처해집니다.

대리인이 사업자등록신청을 하는 경우에는 아래의 위임장을 작성하시기 바랍니다.

위 임 장	본인은 사업자등록 신청과 관련한 모든 사항을 아래의 대리인에게 위임합니다. 본 인: (서명 또는 인)			
대리인 인적사항	성명	주민등록번호	전화번호	신청인과의 관계

위에서 작성한 내용과 실제 사업자 및 사업내용 등이 일치함을 확인하며, 「부가가치세법」 제5조제1항·제25조제3항, 같은 법 시행령 제7조제1항·제74조제4항, 같은 법 시행규칙 제2조제1항 및 「상가건물 임대차보호법」 제5조제2항에 따라 사업자등록 [[ ]일반과세자[ ]간이과세자 [ ]면세사업자 [ ]그 밖의 단체] 및 확정일자를 신청합니다.

년 월 일

신청인: (서명)
위 대리인: (서명)

세 무 서 장 귀하

신고인 제출서류	1. 사업허가증 사본, 사업등록증 사본 또는 신고필증 사본 중 1부(법령에 따라 허가를 받거나 등록 또는 신고를 하여야 하는 사업의 경우만 해당합니다) 2. 임대차계약서 사본(사업장을 임차한 경우만 해당합니다) 1부 3. 「상가건물 임대차보호법」이 적용되는 상가건물의 일부분을 임차한 경우에는 해당 부분의 도면 1부 4. 자금출처명세서(금지금 도·소매업 및 과세유흥장소에의 영업을 하려는 경우만 해당합니다) 1부	수수료 없음

※ 사업자등록 신청 시 다음과 같은 사유에 해당하는 경우 붙임의 서식 부표에 추가로 적습니다.
① 공동사업자에 해당하는 경우
② 종업원을 1명 이상 고용한 경우
③ 사업장 외의 장소에서 서류를 송달받으려는 경우
④ 사업자단위과세 적용을 신청한 경우(2010년 이후부터 적용)

참고자료 **신용카드가맹 및 현금영수증 가맹**

■ 신용카드가맹점 가입

> 국세청장은 주로 사업자가 아닌 소비자에게 재화 또는 용역을 공급하는 사업자로서 납세관리
> 상 필요하다고 인정되는 경우 신용카드가맹점 가입대상자로 지정하여 신용카드가맹점으로 가
> 입하도록 지도할 수 있다.(소법 162조의2①)

학원의 경우 학부모 및 학생을 대상으로 하고 있으므로 국세청에서 신용카드가맹점 가입대상자로 지정하고
있다.
또한 학원은 수강료결재에 있어서 카드결재를 요청하는 경우(신용카드매출전표의 발급을 요청하는 경우)에는
그 발급을 거부하거나 사실과 다르게 발급하여서는 안된다. 왜냐하면 학원으로부터 카드결제가 거부되거
나 다르게 발급받은 학부모가 그 거래내용을 국세청장·지방국세청장 또는 세무서장에게 신고할 경우 세무
조사 등 불이익을 당할 수 있기 때문이다.

신용카드가맹은 보통 신용카드단말기업체를 통해서 가입하므로 크게 어려움은 없는 편이다.

■ 현금영수증 가맹점 가입방법
신용카드가맹을 하면 보통 현금영수증가맹도 자동으로 진행해주고, 신용카드단말기에서 현금영수증발행이
가능하다. 간혹 현금영수증가맹이 안되어 있거나, 인터넷 등으로 발행이 필요한 경우에는 아래의 방법으로
현금영수증가맹점 가입 후 발급이 가능하다.

① 신용카드 단말기에 의한 가입방법
  ○ 신용카드 가맹점은 단말기 설치업체에 연락하여 현금영수증발급장치 설치를 요청하면 되며,
  ○ 신용카드 미가맹점은 카드가맹점을 가입하면서 동시에 현금영수증 가맹점으로 가입할 수 있음

② 인터넷PC를 이용한 가입방법
  ○ 아래 현금영수증사업자 홈페이지 가입신청 메뉴에서 인터넷PC 현금영수증 발급을 신청하면 현금영수증
    가맹점 가입 및 발급 가능

상 호	홈페이지	연락처
(주)케이티	www.hellocash.co.kr	02)2074-0340
(주)엘지유플러스	taxadmin.dacom.net	1544-7772
한국정보통신(주)	www.kicc.co.kr	1600-1234
퍼스트데이터코리아(유)	www.moneyon.com	1544-3850,7300
(사단법인)금융결제원	www.kftcvan.or.kr	1577-5500
나이스정보통신(주)	taxsave.nicevan.co.kr	02)2187-2700

③ 전화를 이용한 가입방법

○ 국세청홈택스고객센터 ☎126(2.현금영수증) ARS를 이용하여 가맹점 가입

> ☎126 ②번 (현금영수증) → ②번 (상담센터 연결) → ①번 (한국어) → ④번 (가맹점 현금영수증 발급서비스) → 사업자번호(10자리) → 비밀번호 설정 → 대표자 주민번호 (13자리) → 비밀번호 입력(4자리) → ①번 (가맹점가입)

🔍세법에서는

국세청고시 제2018-06호(2018. 4. 1.)

현금영수증사업자가 지켜야 할 사항 고시

「조세특례제한법」제126조의3 및 같은 법 시행령 제121조의3에 따라 현금영수증사업자가 지켜야 할 사항을 다음과 같이 개정하여 고시합니다.

2018년 4월 1일
국세청장

제1조(목적) 이 규정은 「조세특례제한법」제126조의3 및 같은 법 시행령 제121조의3에 따른 현금영수증제도의 효율적인 운영을 위하여 현금영수증사업자가 지켜야 할 사항을 정함을 목적으로 한다.

제2조(현금영수증 발급방법 등)
① 현금영수증사업자는 현금결제승인번호와 함께 현금영수증가맹점의 사업자등록번호 · 상호 · 성명 · 사업장소재지 · 거래일자 · 공급가액 · 부가가치세 · 봉사료 · 합계금액과 현금영수증을 발급받은 자(이하 "구매자"라 한다)의 카드(국가기술표준원이 제정·고시한 국가표준(KS)을 기반으로 제작한 QR 코드, 데이터 매트릭스, 선형 심벌로서 국세청장이 제작하여 배포한 것을 포함한다. 이하 같다)일련번호 · 주민등록번호 · 사업자등록번호 · 휴대전화번호 중 하나가 기록된 현금영수증을 발급할 수 있도록 하여야 하며, 소비자가 현금영수증을 요청하지 않은 경우 「소득세법 시행령」제210조의3제10항 및 「법인세법 시행령」제159조의2제8항에 따라 무기명으로 발급하기 위하여 "0100001234"로 발급 할 수 있도록 하여야 한다.
다만, 간이과세자 및 부가가치세액 구분 표시대상자가 아닌 경우에는 부가가치세를 구분표시하지 아니한다.

② 현금영수증사업자는 구매자의 소득공제를 목적으로 현금결제 승인거래를 하는 경우에는 현금영수증의 결제구분란에 "현금(소득공제)"를 표기하고, 구매자의 사업상 지출증빙을 목적으로 현금결제 승인거래를 하는 경우에는 "현금(지출증빙)"을 표기하며, 구매자의 현금결제 취소를 목적으로 하는 거래의 경우에는 당초 승인거래의 승인번호, 승인일자, 취소사유를 입력하여

취소하고 "현금결제취소" 표기를 하여야 한다.

③ 현금영수증사업자는 구매자가 현금영수증제도와 관련한 사항을 문의할 수 있도록 안내하는 문구를 현금영수증 하단에 표기하여야 하며, 표기내용은 "현금영수증 문의 ☎126-1-1"을 기록하고 표기내용 변경이 수시로 가능하도록 전산시스템을 갖추어야 한다.

④ 구매자의 거래정보 누출을 방지하기 위하여 현금영수증에 카드일련번호·주민등록번호·사업자등록번호·휴대전화번호가 전부 노출되지 않도록 아래와 같은 방법으로 발급하여야 한다.

  1. 카드일련번호 : 1544 2020 **** 123456(앞 8자리 이후 4개)
  2. 주민등록번호 : 710011 *******
  3. 사업자등록번호 : 12* ** *1234
  4. 휴대전화번호 : 010 **** 1234

⑤ 현금영수증사업자는 1원 이상의 거래금액에 대하여 현금영수증이 발급될 수 있도록 승인시스템을 갖추어야 하며, 현금영수증발급대상금액이 변경되는 경우 즉시 전산시스템에 반영할 수 있도록 하여야 한다.

⑥ 다음 각 호의 어느 하나에 따라 현금결제를 승인하는 경우 현금영수증사업자는 현금영수증을 전자적 방법에 따라 발급할 수 있다. 단, 현금영수증사업자는 결제 후 현금영수증가맹점의 인직사항, 구매일시, 구매금액 등을 구매지가 확인할 수 있도록 하여야 한다.

  1. 구매자가 인터넷뱅킹·폰뱅킹 및 무통장입금 등을 이용하여 현금영수증가맹점의 은행계좌로 구매대금을 입금하는 경우 현금결제로 승인하는 방법
  2. 신용결제와 현금결제가 모두 가능한 단말기를 휴대전화에 부착하여 현금결제를 승인하는 방법
  3. 휴대전화에 현금영수증발급프로그램을 내장하여 현금결제를 승인하는 방법

이 하 생 략

학원, 교습소, 공부방 설립안내

학원 및 교습소, 공부방(개인과외교습소) 설립방법 및 자격등에 대해서 살펴보기로 한다. 다음내용은 서울특별시기준으로 그 외 지역인 경우에는 각지방교육청 또는 교육지원청에 내용을 확인해보길 바란다.

(1) 학원설립 안내

1. 학원 설립·운영자 자격(학원법 제9조, 아동·청소년의 성보호에 관한 법률 제44조)

가. 다음 각 호의 어느 하나에 해당되지 않아야 한다.

1) 금치산자·한정치산자

2) 파산선고를 받은 자로서 복권되지 아니한 자

3) 금고 이상의 형을 선고받고 그 집행이 끝나거나 그 집행을 받지 아니하기로 확정된 후 3년이 지나지 아니한 자 또는 그 집행유예기간 중에 있는 자

4) 이 법을 위반하여 벌금형을 선고받은 후 1년이 지나지 아니한 자

5) 법원의 판결에 따라 자격이 정지되거나 상실된 자

6) 제17조제1항에 따라 학원 등록이 말소된 날부터 1년이 지나지 아니한 자

7) 법인으로서 그 임원 중 제1호부터 제6호까지의 규정에 해당하는 자가 있는 경우

나. 학원설립·운영자가 위 각 호의 사유에 해당하면 그 등록은 효력을 잃는다. 다만, 법인의 경우 해당 법인이 그 사유가 발생한 날부터 3개월 이내에 해당 임원을 바꾸어 선임하는 경우에는 그러하지 아니하다.

다. 학원의 설립운영 및 과외교습에 관한 법률에 따라 '학원 등록이 말소된 날'부터 또는 '교습소의 폐지 명령을 받은 날'부터 1년이 경과된 자

라. 학교교과교습학원의 경우, 아동·청소년대상 또는 성인대상 성범죄로 형 또는 치료감호를 선고 받아 집행을 종료하거나 집행이 유예·면제된 날부터 10년 동안 기간에 있는 자

2. 학원의 구분

구분	교습 대상	세부 사항
학교교과 교습학원	학교교육과정 교습	국어, 도덕, 사회, 수학, 과학, 실과, 기술·가정, 음악, 미술, 외국어, 교육부장관이 필요하다고 인정하는 교과
	유아 대상	유아 : 만 3세부터 초등학교 취학 전까지의 어린이
	장애인 대상	시각장애, 청각장애, 정신지체, 지체부자유, 정서장애(자폐성 포함) 언어장애, 학습장애, 심신장애·신장장애·간장애 등 만성질환으로 인한 건강장애, 기타 교육부령이 정하는 장애
평생직업 교육학원		학교교과교습학원을 제외한 평생·직업교육을 목적으로 하는 학원

3. 학원의 교습과정(시행령 제3조의3제1항)

종류	분야	계열	교습과정
학교교과 교습학원	입시·검정 및 보습	보통교과	초등학교·중학교·고등학교의 교육과정에 속하는 교과(예·체능계 및 실업계 고등학교의 전문교과 제외) 및 논술
		진학지도	진학상담·지도
	국제화	외국어	보통교과에 속하지 않는 교과로서 유아 또는 초·중·고교 학생을 주된 교습대상으로 하는 실용 외국어
	예능	예능	음악, 미술, 무용
	독서실	독서	유아 또는 초·중·고등학교 학생을 주된 대상으로 하는 시설
	특수교육	특수교육	특수학교 교육과정에 속하는 교육활동
	기타	기타	그 밖의 교습과정
평생직업 교육학원	직업기술	산업기반기술	기계, 자동차, 금속, 화공 및 세라믹, 전기, 통신, 전자, 조선, 항공, 토목, 건축, 의복, 섬유, 광업자원, 국토개발, 농림, 해양, 에너지, 환경, 공예, 교통, 안전관리, 조경
		산업응용기술	디자인, 이용·미용, 식음료품(바리스타, 소믈리에 등), 포장, 인쇄, 사진, 피아노 조율
		산업서비스	속기, 전산회계, 전자상거래, 직업상담, 사회조사, 컨벤션기획, 소비자전문상담, 텔레마케팅, 카지노 딜러, 도배, 미장, 세탁
		일반서비스	애견미용, 장의, 호스피스, 항공승무원, 병원 코디네이터, 청소
		컴퓨터	컴퓨터(정보처리, 통신기기, 인터넷, 소프트웨어 등), 게임, 로봇
		문화관광	출판, 영상, 음반, 영화, 방송, 캐릭터, 관광
		간호보조기술	간호조무사
		경영·사무관리	금융, 보험, 유통, 부동산, 비서, 경리, 펜글씨, 부기, 주산, 속셈, 속독, 경매
	국제화	국제	성인 대상 어학, 통역, 번역
	인문사회	인문사회	대학 편입, 행정, 경영, 회계, 통계, 성인 고시
	기예	기예	국악, 무용(전통무용, 현대무용 등), 서예, 만화, 모델, 화술, 마술(매직), 실용음악(성악), 바둑, 웅변,

종류	분야	계열	교습과정
			공예(종이접기, 꽃꽂이, 꽃기예 등), 도예, 미술, 댄스(「체육시설의 설치·이용에 관한 법률」에 따른 무도학원업 제외), 연기(연극, 뮤지컬, 오페라 등)
	독서실	독서	학교교과교습학원에 속하지 않는 독서실

4. 시설 및 설비기준(학원법 시행규칙 제7조, 서울특별시 조례 제3조)

분야	계열	교습과정		최소기준면적
입시,검정,보습	보통교과	입시	강의실	660㎡ 이상
		검정고시	강의실	150㎡ 이상
		보습	강의실	70㎡ 이상
국제실무	외국어	실용외국어, 성인어학	강의실	150㎡이상
예능	예능	음악, 미술	실습실	80㎡이상
		무용	실습실	70㎡이상, 탈의실5㎡
독서실	독서실	독서실	열람실	120㎡이상

※ 평생직업교육학원의 시설설비 및 교구 기준 (서울특별시 조례 별표4 참조)

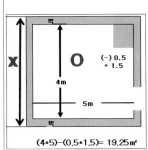

(4+5)-(0.5+1.5)= 19.25㎡

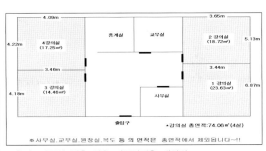

*강의실 총면적:74.06㎡ (4실)

※사무실,교무실,원장실,복도 등의 면적은 총면적에서 제외됩니다―!!

▶ 강의실내 벽과 벽사이의 거리를 측정, 기둥이 있을 경우 기둥면적은 제외됨

▶ 실내 인테리어 공사를 할 때에는 반드시 강의실 최소기준면적 확보 주의!

▶ 강의실(실습실)간 통행 불가(실별 복도·출입문 확보)   ▶ 지하층은 설립불가

가. 강의실 최소 기준 : 10㎡이상(학교교과교습학원)

나. 단위시설기준(층, 호를 달리할 때) → 강의실 30㎡~135㎡(칸막이: 10㎡이상), 열람실 45㎡이상, 실습실 35㎡이상

다. 일시수용인원 → 강의실 1㎡당 1인, 열람실 1㎡당 0.8인, 실습실 1.5㎡당 1인 이하

5. 건축물·지역용도(건축법제2조의2항, 건축법시행령 제3조의4, 서울특별시도시계획조례제25조,26조)

　가. 건축물대장 용도 : (학원)근린생활시설, 교육연구시설(학원), 판매시설 /(독서실) 근린생활시설

　　소유주별(임차인)이 같은 건축물에 해당 용도로 쓰는 바닥면적의 합계가 500㎡이상이면 교육연구시설
　　(학원)

2층	강서음악학원 면적 : 200㎡	학원면적 합계 : 400㎡	용도 : 근린생활시설(학원) 교육연구시설(학원) 둘 다 가능
1층	강서보습학원 면적 : 200㎡		

↓↓↓

2층	A학원 면적 : 120㎡	학원면적 합계 : 520㎡	용도 : 교육연구시설(학원)로 변경
1층	A학원(2층과같은학원-임차인이같음) 면적 : 400㎡		

2층	A학원 면적 : 120㎡	학원(교습소)면적 합계 : 520㎡	용도 : 근린생활시설 교육연구시설(학원) 둘 다 가능
1층	B학원(2층과다른학원- 임차인이다름) 면적 : 400㎡		

　　단, 독서실 면적은 기존 학원 면적에 합산하지 않음. (건축법에는 학원과 독서실을 구분하고 있음)

　　※ 건물 계약 체결 전 해당 건물의 학원 설립 관련 건축물 용도 확인 필요

　　2) 지역의 용도지역 및 용도지구가 제2종일반주거지역·제3종은 설립 가능

　　단, 제1종·제2종전용주거지역, 제1종일반주거지역은 학원 및 교습소 설립 불가

　나. 무허가 또는 위법 건축물에는 학원을 설립할 수 없습니다.

6. 직통계단의 설치(건축법 제39조, 건축법 시행령 제34조)

　3층 이상의 경우 학원독서실 용도로 사용하는 해당 층의 거실의 바닥면적(전용면적)의 합계가 200제곱미터

　이상일 때에는 피난층 또는 지상으로 통하는 직통계단을 2개소 이상 설치

　※ 단, 2003년 2월 이전 근린생활시설(학원) 용도의 건축물은 규정 적용 제외 (학원설립 가능)

9. 교육환경유해업소 인근 설립 제한(학원법 제5조,학교보건법 제6조)

　- 유·초·중·고등학생을 수강대상으로 하는 경우 해당

　가. 건물의 연면적이 1,650㎡미만일 경우 : 동일 건물 내 설립불가

　나. 건물의 연면적이 1,650㎡이상일 경우 : 같은 층 및 위층 또는 아래층 제한

설립가능	6m		6m	설립가능
설립가능	20m	유해업소	20m	설립가능
설립가능	6m		6m	설립가능

　다. 유해업소의 종류- PC방, 만화가게, 당구장은 제외(학원 설립 가능)

① 극장, 총포 화약류 및 천연가스, 액화가스 제조장 및 저장소

② 카바레, 스텐드바, 접대부를 고용한 술집(룸싸롱, 카페, 인삼찻집, 이와 유사한 업종), 단란주점, 유흥
주점, 노래방, 무도장, 무도학원, 전화방, 비디오방담자동판매기, 성인용품판매점

③ 컴퓨터게임장(성인용), 전자오락실(성인용), 전화방, 비디오방, 게임물시설(미니게임기 등)

④ 호텔, 여관, 여인숙, 증기탕 ⑤ 위험물 취급업소, 전염병요양소, 폐기물(쓰레기)수집장소

7. 학원 소방·전기 점검(학원법 제8조)
 1) 학원면적 570㎡ 이상, 독서실면적 900㎡ 이상
  ▸ 소방안전시설완비증명서 발급(학원설립예정자가 직접 소방서 요청)
 2) 학원면적 190~570㎡, 독서실 300~900㎡ 미만
  ▸ 다중이용업소의 안전관리에 관한 특별법 시행령 제2조3호나목에 해당하는 경우
   : 소방안전점검 (교육청에서 현장실사 후 점검신청)
  ▸ 기타: 교육청에서 관할소방서에 소방안전점검 요청
 3) 학원면적 190㎡, 독서실 300㎡미만: 교육청에서 관할소방서에 소방안전점검 요청
 4) 전체 건물 내 학원·독서실 사용면적 570㎡ 이상
  ▸ 전기안전점검확인서 발급(학원설립예정자가 직접 전기안전공사에 요청)

8. 임대차 건물인 경우 사용권 확보
 1) 임대차계약서의 임차인과 학원설립자는 동일인이어야 함.
  (법인설립자는 법인, 개인설립자는 개인명의로 계약)
 2) 학원 설립자가 2인 이상일 경우 당사자 전원과 임대차 계약
 3) 건물 소유자가 2인 이상일 경우 등재된 전체 소유자와 임대차 계약

9. 학원 명칭
 1) 관할지역 내 동일명칭 사용금지
 2) 학원의 명칭은 등록된 명칭만을 사용해야 하며, 고유명칭 다음에 그 시설의 종류에 따라 "학원" 또는
  "독서실"을 붙여 표시해야 함
 3) 이미 상표로 특허 등록된 학원의 명칭은 사용할 수 없음
 4) 학습자가 국내·외 학교, 분교로 혼동을 일으킬 수 있는 명칭 사용 불가
 5) 학원 등록시 명칭은 한글이며, 영어로 된 명칭은 사용할 수 없음

10. 학원 설립·등록 절차

민원인 → 교육청	교육청	교육청	민원인→ 은행	교육청→ 민원인	민원인
서류 제출	①결격조회 ②소방점검 ③현지조사 ④성·아동범죄조회	등록 수리	면허세 납부	등록증 교부 (면허세 납부 영수증 지참)	관할세무서에 사업자등록 신청

11. 학원 설립·운영 등록신청 구비서류

제출	설립자가 법인인 경우
o 학원 설립·운영 등록 신청서 o 원칙 o 시설평면도(각 실별 용도와 면적 기재) o 임대차계약서(학원재산이 다른사람의 소유인 경우) o 건축물관리대장 o 성범죄경력조회동의서 및 아동학대관련 범죄전력조회 　동의서 o 신분증(주민등록증 등)	o 설립자가 법인인 경우 　- 이사회 회의록, 법인정관, 법인 　　등기부등본,　법인인감증명서, 　　위임장, 수임인 신분증
o 다중이용업소에 해당하는 경우 - 안전시설 등 완비증명서	
o 건물 학원 전체면적 수용인원 300명이상 전기안전점검확인서	

• 건물 무상사용일 경우, 재산사용승낙서 및 인감증명서 등 제출

(2) 교습소 신고 운영 방법 인내

1. 교습소의 일시수용인원

　가. 같은 시간에 최대 9명 이하(단, 피아노는 5명 이하)

　나. 강의실(실습실) 1㎡당 0.3명 이하만을 교습 가능

2. 교습자의 자격(학원법 시행령 제15조, 아동·청소년의 성보호에 관한 법률 제44조)

　가. 교습자의 자격은 학원법 시행령 제12조 제2항, 별표3의 학원의 강사 자격을 준용한다.

　나. 교습소의 폐지처분을 받은 자는 그 처분을 받은 날부터 1년 이내에는 교육과학기술부령으로 정하는
　　바에 따라 같은 종류의 교습소를 신고할 수 없다.

　다. 아동·청소년대상 또는 성인대상 성범죄로 형 또는 치료감호를 선고 받아 집행을 종료하거나 집행이
　　유예·면제된 날부터 10년 동안 기간에 있는 자는 교습소 신고 불가

3. 임시교습자 및 보조요원 채용(학원법 시행령 제15조)

　가. 교습소에는 강사를 둘 수 없다. 다만, 교습자가 출산 또는 질병 등의 사유로 직접 교습할 수 없는 경우
　　에는 교육감이 정하는 바에 따라 임시교습자를 둘 수 있다.

　나. 교습소에는 학습자에 대한 편의 제공을 위하여 보조요원 1명을 둘 수 있다.

　　단, 보조요원은 채점 등 교습 행위 불가, 성범죄 경력 및 아동학대관련범죄 전력 조회 해야함.

4. 교습소 명칭 표기

　가. 고유명칭+교습과목+교습소 순으로 표시

　　예) 고유명칭 "강서"사용의 피아노 교습소 경우 : 강서피아노교습소

　나. 외부간판이외에 외부창 및 차량, 광고지 등에도 등록된 명칭 사용

다. 관내(서울의 경우 같은 교육지원청관내)에서 동일명칭 사용 불가

라. 교육수요자의 혼동을 일으킬 수 있는 명칭 불가(스쿨, 학원, 캠퍼스, 교실, 교육원 등)

5. 건축물·지역용도(건축법제2조의2항, 건축법시행령 제3조의4, 서울특별시도시계획조례제25조,26조)

   가. 건축물대장 용도 : 근린생활시설, 교육연구시설

   소유주별(임차인)이 같은 건축물에 해당 용도로 쓰는 바닥면적의 합계가 500㎡이상이면 교육연구시설(학원)

| 2층 | 강서음악학원 면적 : 200㎡ | 학원(교습소)면적 합계 : 400㎡ | 용도 : 근린생활시설 교육연구시설 (학원) 둘 다 가능 |
| 1층 | 강서보습학원 면적 : 200㎡ | | |

↓↓↓

| 2층 | A학원 면적 : 120㎡ | 학원(교습소)면적 합계 : 520㎡ | 용도 : 교육연구시설 (학원)로 변경 |
| 1층 | A학원(2층과같은학원-임차인이같음) 면적 : 400㎡ | | |

| 2층 | A학원 면적 : 120㎡ | 학원(교습소)면적 합계 : 520㎡ | 용도 : 근린생활시설 교육연구시설(학원) 둘 다 가능 |
| 1층 | B학원(2층과다른학원-임차인이다름) 면적 : 400㎡ | | |

나. 지역의 용도지역 및 용도지구가 제2종일반주거지역제3종은 설립 가능

   단, 제1종제2종전용주거지역, 제1종일반주거지역은 학원 및 교습소 설립 불가

   ※ 건물 계약 체결 전 해당 건축물 교습소 신고 관련 용도 확인 필요

다. 무허가 또는 위법 건축물에는 교습소를 설립할 수 없습니다.

6. 직통계단의 설치(건축법 제39조, 건축법 시행령 제34조)

   3층 이상의 경우 학원(교습소)·독서실 용도로 사용하는 해당 층의 거실 바닥면적(전용면적)의 합계가 200㎡ 이상일 때에는 피난층 또는 지상으로 통하는 직통계단을 2개소 이상 설치

   ※ 단, 2003년 2월 이전 근린생활시설(학원) 용두의 건축물은 규정 적용 제외 (학원설립 가능)

   (종전 용도가 유지되어야 함)

7. 교육환경유해업소 인근 설립 제한(학원법 제5조,학교보건법 제6조)

   가. 건물의 연면적이 1,650㎡미만일 경우 : 동일 건물 내 설립불가

   나. 건물의 연면적이 1,650㎡이상일 경우 : 같은 층 및 위층 또는 아래층 제한

교습소설립가능	6m			6m	교습소설립가능
교습소설립가능	20m	유해업소		20m	교습소설립가능
교습소설립가능	6m			6m	교습소설립가능

다. 유해업소의 종류- PC방, 만화가게, 당구장은 제외(학원,교습소 설립 가능)

① 극장, 총포 화약류 및 천연가스, 액화가스 제조장 및 저장소

② 카바레, 스텐드바, 접대부를 고용한 술집(룸싸롱, 카페, 인삼찻집, 이와 유사한 업종), 단란주점, 유흥주점, 노래방, 무도장, 무도학원, 전화방, 비디오방담배자동판매기, 성인용품판매점

③ 컴퓨터게임장(성인용), 전자오락실(성인용), 전화방, 비디오방, 게임물시설(미니게임기 등)

④ 호텔, 여관, 여인숙, 증기탕

⑤ 위험물 취급업소, 전영병요양소, 폐기물(쓰레기)수집장소

8. 교습소 신고절차

민원인→ 교육청		교육청		교육청		민원인→ 은행		교육청→ 민원인		민원인
서류 제출	⇨	① 현지조사 ② 성·아동범죄조회	⇨	신고 수리	⇨	면허세 납부	⇨	신고필증 교부 (면허세 납부 영수증 지참)	⇨	관할세무서에 사업자등록 신청

9. 교습소 신고 구비서류

제출
o 교습소 설립·운영 신고서
o 시설평면도(각실별 용도와 면적 기재)
o 교습자 자격을 증명할 수 있는 서류
o 임대차계약서(교습소재산이 다른 사람의 소유인 경우)
o 사진 2매(3×4cm)
o 성범죄경력조회동의서 및 아동학대관련 범죄전력조회동의서
o 신분증(주민등록증 등)
o 건축물관리대장

· 건물 무상사용일 경우, 재산사용승낙서 및 인감증명서 등 제출

(3) 공부방(개인과외교습자) 신고안내

1. 개인과외교습자의 정의

> 초·중·고등학교 또는 이에 준하는 학교의 학생이나 학교 입학 또는 학력인정에 관한 검정을
> 위한 수험준비생에게 지식·기술·예능을 같은 시간에 9명이하의 인원에게 교습료를 받고 과
> 외교습을 하는 자

2. 교습자 자격 및 제한

가. 학력, 경력의 제한 없음

나. 아동·청소년대상 또는 성인대상 성범죄로 형 또는 치료감호를 선고 받아 집행을 종료하거나 집행이
　　유예·면제된 날부터 10년 동안 기간에 있는 자는 불가

다. 대학교(원) 재학생은 신고없이 교습 가능(☞휴학생은 신고해야 함)

> 미신고시 : 💵 500만원 이하 과태료

3. 신고내용

가. 교습자의 인적사항·교습과목·교습장소 및 교습료

☞ 교습장소 : 교습자 또는 학습자의 주거지

· 교습자의 주거지는 건축물대장상 단독주택, 공동주택만 가능 (오피스텔, 상가 등 불가)

나. 신고사항을 변경할 시에도 변경사유가 발생한 날로부터 15일 이내에 신고

4. 민원처리 흐름도

민원인→교육청		교육청		교육청		교육청→민원인
서류 제출	⇨	① 서류 검토 ② 성범죄조회	⇨	신고 수리	⇨	신고필증 교부

☞ 제출 서류

구분		구비서류
신규		① 개인과외교습 신고서 ② 주민등록증 사본 ③ 최종학력증명서 ④ 사진(3cm*4cm) 2매 ⑤ 자격증(해당자에 한함) ⑥ 성범죄경력조회동의서
변경		① 변경신고서 ② 사진(3cm*4cm) 1매 ③ 신고필증(반납)
폐업		① 폐업신고서 ② 신고필증
신고필증 재교부 신청	분실	① 재교부신청서 ② 분실사유서 ③ 사진(3cm*4cm) 1매
	손상	① 재교부신청서 ② 신고필증 ③ 사진(3cm*4cm) 1매

5. 준수사항

가. 교습 인원의 준수

- 같은 시간에 교습할 수 있는 인원은 9명 이내

나. 신고필증 게시 및 제시

- 신고필증은 학습자가 잘 볼 수 있는 곳에 게시하거나, 학습자나 학부모의 요청 시 제시

> 미게시 또는 미제시 : 💵 100만원 이하 과태료

다. 소득 신고

- 소득액에 관계없이 연간 발생한 소득에 대하여 주소지 관할 세무서에 종합소득세 신고를 해야 함 (과외신고 제외대상인 대학생 포함)

> 미신고 : 💵 집중조사 대상, 20%의 가산세 부과

※ 자세한 사항은 관할 세무서에 문의

라. 공동주택에서 개인과외교습을 하는 경우 해당 주택의 공동주택관리규약 준수

- 층간소음에 관한 사항
- 광고물·표지물 또는 표지를 부착하는 행위
(주택법 제44조 및 동법시행령 제57조)

학원운영

✅ 장부작성은 학원장의 의무이다.

교육청 등록 후 사업자등록까지 마쳤으면 본격적인 학원운영에 들어간다.

학원장은 세법상 사업자에 해당하기 때문에 사업자의 의무도 다 해야 하는데 그중
가장 기본이 장부의 작성이다.

세금계산의 기준점인 소득을 계산하기 위해서는 증빙서류를 근거로 그 내용에 관한
모든 거래사실이 객관적으로 파악될 수 있도록 장부를 작성해야 하는데 세법에서는
이를 사업자의 의무로 하고 있기 때문이다.

장부란 무엇인가?

사전적의미로 장부, 부기(bookkeeping)란 기업이나 단체등 경제조직체가 자본,
손익의 가치변동을 일정한 법칙에 따라 장부상에 기록, 계산, 정리하는 모든 과정으로
일반적으로 장부작성을 의미한다.

부기는 기록, 계산하는 방법에 따라 크게 단식부기와 복식부기 나뉜다.

단식부기란 거래사실만을 단순히 기록하는 것으로 부기에 대한 지식이 없는 일반인이
단순 기록하는 가계부, 현금출납부 등을 말한다.

반면, 복식부기란 거래의 이중성에 따라 차변과 대변을 나누어 기록하는 방식이다.
모든 거래는 이중으로 발생하게 되는데 거래의 발생시 이중으로 장부를 기록하여
그 결과를 대차평균의 원리를 적용하여 회계장부를 작성하고 자동적으로 오류가
발견될 수 있는 자기검증 기능을 갖추게 하는 방식이다.(내용이 참 어렵다. 몰라도
아무문제 없다)

학원은 복식부기를 원칙으로 하나 세법에서는 소규모 학원을 위해 간편장부제도를 두고 있다. 여기서 소규모 학원이란 연간 매출액아 7,500만원 미만인 학원을 말한다.

장부는 증빙서류를 기초로 작성해야 한다.

장부는 실제 사실관계에 의해서 기록하여야 하고, 이 사실관계를 입증하기 위해서는 반드시 정규증빙서류를 구비하여야 한다. 즉, 증빙이 없이 단순한 사실, 구두내용, 심증으로만 작성된 장부는 인정하지 않는다. 따라서 세무조사시에는 장부와 증빙을 매우 중요하게 보며, 둘다 확보가 안되면 세금폭탄이 터진다고 보면 된다.

세법에서는 장부만큼 중요하게 여기는 것이 정규증빙인데 여기서 정규증빙이란 세금계산서, 계산서, 신용카드매출전표, 현금영수증(지출증빙용)을 의미한다. 세법상 정규증빙은 이 4가지 밖에 없다.

물론 3만원 이하의 거래시에는 정규증빙을 수취하지 않아도 비용으로 인정해주고 있다. 하지만 3만원 초과의 거래에 있어 정규증빙을 수취하지 아니하면 해당금액의 2%를 증빙불비가산세로 부담해야 한다. 단, 이때도 거래사실을 객관적으로 입증하지 못하면 비용인정을 받을 수가 없다.

✅ 우리학원은 간편장부일까 복식부기일까?

세법상 장부는 복식부기에 의한 장부를 원칙으로 하고 있다.

하지만 학원장에게 무조건적인 복식부기의무 부여는 학원운영에 부담을 줄 우려가 있어 이에 대한 보완책으로 간편장부제도를 두고 있다. 만약, 신규학원 및 일정규모 이하의 소규모 학원이라면 간편장부에 의한 장부작성도 기장한 것으로 인정하고 있다. 하지만 법인학원의 경우에는 예외없이 복식부기에 의한 장부를 작성해야 한다.

사업자의 기장의무는 직전년도 수입금액에 따라 복식부기의무자와 간편장부대상자로 구분한다.

간편장부 대상학원

우리학원이 아래에 해당한다면 간편장부대상자이다.

- 작년 수입금액(수강료 및 교재비수입, 기타수입의 합계)이 7,500만원 미만인 학원
- 올해 신규개원학원 (기존학원외 2관, 3관등의 개원은 신규개원이 아님)

물론 간편장부대상학원은 세법상 특혜(?)이므로 복식부기로 장부를 작성하여도 상관없다. 세법에서는 간편장부대상학원이 복식부기로 장부를 작성한 경우 기장세액공제라고 해서 100만원을 한도로 세금의 20%를 공제해주고 있다.

복식부기의무학원

간편장부 대상자에 해당하지 않는 학원은 모두 복식부기의무학원이라고 보면 된다.

복식부기의무학원은 복식부기에 의한 장부만 인정받으므로 간편장부로 장부를 작성해도 장부로 인정해주지 않는다.

또한 많은 학원장들이 폐업 후 신규개원을 한 경우에 신규사업자이므로 간편장부 대상자가 아니냐는 문의를 많이 하는데 이는 세법상 신규학원으로 보지 않는다. 왜냐하면 사업자등록은 주민등록번호로 관리하므로 기존 학원을 이전, 혹은 기타 사정으로 인해 폐원 후 재개원하는 경우에도 기존 기록이 모두 남아있기 때문이다. 그리고 기존 학원 외에 추가적으로 학원을 개원해도 마찬가지이다.

〈업종별 수입금액별 기장방법〉

구　　분	간편장부대상자	복식부기의무자
도매업, 소매업, 광업, 임업, 어업, 축산업, 부동산매매업 ,산림소득	3억원 미만	3억원 이상
제조업, 건설업, 음식 숙박업, 전기가스 및 수도사업, 운수통신업, 창고업, 금융보험입	1억5천만원 미만	1억5천만원 이상
부동산임대업, 교육서비스업	7천5백만원 미만	7천5백만원 이상

기장방법 결정의 기준은 전년도 수입금액이다.

학원은 교육서비스업에 해당하여 연매출 7,500만원을 기준으로 간편장부대상자와 복식부기의무자로 구분한다. 하지만 여기서 연매출이란 전년도 수입금액을 의미한다. 즉, 장부를 작성하는 해당년도의 매출액이 아닌 전년도 매출액으로 장부작성의무를 판단하여야 한다. 학원에서 나홀로 기장하는 경우 가장 흔히 실수하는 유형이다.

사례) 기장방법의 확인

1) 2019년 3월 신규개원한 학원으로 2019년 매출액 2억원인 경우
   신규개원한 학원은 간편장부대상자이므로 2019년 매출에 상관없이 간편장부, 복식부기 선택을 할 수 있다.

2) 2018년 매출액 3억원, 2019년 매출액 7,000만원
   매출액이 급감한 경우로 2019년 매출은 7,500만원 미만이나 전년도 매출이 7,500만원 이상이므로 2019년에는 복식부기로 장부작성을 해야 한다.

3) 2018년 매출액 7,000만원, 2019년 매출액 3억원

2)번과 반대의 경우이나 전년도 매출이 7,500만원 미만이었으므로 간편장부, 복식부기 선택을 할 수 있다.

4) 2019년 3월에 본인명의로 2관을 신규개원한 학원으로 1관의 2018년 매출액은 7,600만원인 경우

신규개원한 학원이므로 간편장부대상자일수도 있으나 2관을 개원한 경우이므로 2018년 매출에 영향을 받는다.

2018년 1관매출액이 7,500만원 이상이었으므로 2관도 복식부기 대상자이다.

✅ 장부 · 기장 왜 중요한가?

장부작성은 세법상 학원장의 의무이다.

앞서 언급했듯이 세법은 모든 학원에 장부작성의 의무를 부여하고 있다. 학원장은 교육자이지만 세법에서는 사업자 그이상도 그이하도 아니다. 즉, 학원의 경우 사업자등록을 내는 순간 사업자로서 세법상 의무를 다 해야 하고, 그중 하나인 장부작성을 반드시 하여야 한다.

장부작성을 안하면? 불이익밖에 없다.

세금은 매출이 아닌 소득금액으로 계산한다.

세금은 매출액이 아닌 소득금액(일반적으로 순이익)을 기준으로 계산한다. 그렇다면 소득금액은 어떻게 계산이 될까?

수입부분은 수강료수입으로 지출부분은 영수증(증빙)을 기초로 장부를 작성한 후, 해당 장부로 결산을 하면 소득금액이 계산된다.

수입은 카드매출액, 수강료대장 등으로 별도 확인이 되지만 비용부분은 영수증을 근거로 장부를 작성하지 않으면 소득금액을 정확히 계산할 수 없고, 결국에는 과다한 소득금액으로 인해 흔히 말하는 세금폭탄이 터질 수 있으므로 장부작성은 매우 중요하다고 할 수 있다.

혹자는 영수증이랑 지출근거가 다 있는데 이를 합산해서 비용으로 인정받을 수 있지 않느냐고 하지만 세법에서 증빙은 장부작성의 기초자료 및 입증자료일 뿐 그 자체로 세금계산시 반영을 하지는 않으므로 주의해야 한다.

적자를 인정받는 방법은 장부밖에 없다.

학원을 하다보면 개원 초기 혹은 갑작스런 불경기로 인해 적자가 발생하기도 한다.

이런 경우 장부는 매우 중요하다. 적자임을 인정해주는 유일한 단서가 바로 장부이기 때문이다. 만약 장부를 작성하지 않았다면 적자임에도 불구하고 많은 세금에 가산세까지 내야 한다. 설사 세금을 내지 않게 되더라도 추후 세무서에 입증을 해야 하고, 장기적으로는 세금을 더 내게 되는 결과를 가져온다. 복식부기가 원칙이나 위에서 살펴봤듯이 해당요건을 갖춘 사업자의 경우 간편장부에 의해서 장부를 작성하여도 장부로 인정받을 수 있도록 세법에 규정해 놓았으므로 장부를 작성하는 것이 유리하다.

간편장부대상자가 복식부기로 작성하면 세금공제가 된다.

간편장부대상자가 복식부기에 의해 장부를 작성하는 것은 무방하다. 2013년부터 간편장부대상자가 복식부기에 의한 장부를 작성하고 종합소득세 신고를 한 경우 기장세액공제로 세액의 20%를(세금 100만원을 한도) 공제받을 수 있기 때문이다. 만약 장부를 미작성하여 비치하지 아니한 경우 세법에서는 무기장가산세 (산출세액의 20%)를 부과한다. 단순 계산만 해보아도 장부 미작성으로 인한 손해는 40%에 해당한다.

소규모학원은 장부를 작성하지 않아도 괜찮다. 하지만..

소규모학원이란 연간매출액 2,400만원 미만인 학원을 말한다. 소규모학원의 경우에는 무기장 가산세가 없으므로 장부를 작성하지 않고 세금신고를 해도 별도의 가산세를 부과하지 않는다. 하지만 업무를 하다보면 학원이 소규모 사업자에 해당하는 경우는 극히 드물기 때문에 이제 학원에 있어 장부작성은 필수라고 봐야 한다.

절세를 원한다면 그 시작은 장부작성이다. 장부가 없으면 과다한 세금, 가산세 등 불이익만 있기 때문이다.

장부작성에 따른 장·단점

	장 점	단 점
기장시	• 학원에서 발생한 적자를 승계 ⇒ 추후연도 이월공제 • 간편장부대상자가 복식부기를 한 경우 20% 세액공제 • 3년간 세무조사 면제(단, 성실신고시)	• 추가인력고용에 따른 인건비발생 • 세무사 의뢰시 수수료 부담
무 기장시	• 수입금액만 관리하면 됨	• 실제 적자라도 세금 납부 • 수입금액 4,800만원 이상 학원 ⇒ 세무조사대상자 선정 • 무기장가산세 부담 • 재무제표작성불가 ⇒ 대출등 필요한 서류제출 불가능

사업규모에 맞는 장부를 작성해야 한다.

복식부기의무자가 간편장부로 장부를 작성한 경우에는 기장을 하지 않은 것으로 본다. 세법에서는 간편장부대상자에 대해 엄격히 제한을 두고 있기 때문이다. 따라서 직전연도 수입금액을 확인하고 기장의무를 파악하여 가산세 등의 불이익을 당하지 않도록 해야 한다.

더불어 복식부기의무자중 직전연도 수입금액이 1억5천만원 이상인 경우 외부조정 대상자에 해당하여 복식부기로 작성을 했지만 세무사의 외부조정 검증을 받지 않는 경우 무신고로 간주하니 이 역시 주의하여야 한다.

 **간편장부**

1. 간편장부 작성요령 (국세청고시 제2018-24호 , 2018.7.31.)

- 표지

업종별 일정규모 미만의 개인사업자를 위한

간 편 장 부

- 간편장부의 서식

① 일자	② 계정과목	③ 거래내용	④ 거래처	⑤수입 (매출)		⑥비용 (원가관련 매입포함)		⑦고정자산 증감(매매)		⑧ 비고
				금액	부가세	금액	부가세	금액	부가세	

※ 간편장부대상자는 위 간편장부의 기재사항을 추가하여 사용하거나 별도의 보조부 또는 복식부기에 의한 장부를 작성할 수 있음.

- 작성요령

가. 일반적 기재요령

1) 거래일자 순으로 매출(수입) 및 비용 관련 거래내용(외상거래 포함)을 모두 기재함.

2) 매출건수가 1일 평균 50건 이상인 경우에는 1일 동안의 매출금액(또는 수입금액)을 합계하여 기재할 수 있으며, 비용 및 매입거래는 거래 건별로 모두 기재하여야 함.

3) 증빙서류 발행분과 수취분에 대하여는 비고란에 그 종류를 표시하되 약칭으로 기재할 수 있음.

※ 예) 세금계산서는 '세계', 계산서는 '계', 신용카드매출전표 및 현금영수증은 '카드등', 그 밖의 영수증은 '영'으로 각각 표시함.

4) 상품·제품·원재료의 재고액은 과세기간 개시일 및 종료일에 실지 재고량을 기준으로 평가하여 비고란에 기재함.

　– 재고액의 기재가 없는 경우에는 과세기간 개시일 및 종료일의 재고액이 동일한 것으로 간주함.

5) 기부금, 감가상각비, 대손충당금, 퇴직급여충당금, 특별수선충당금, 국고보조금, 보험차익 및 「조세특례제한법」상의 각종 준비금을 필요경비에 산입한 때에는 종합소득세신고 시에 해당 계정에 대한 조정명세서를 첨부하여야 함.

나. 각 항목 기재요령

① 일자란 : 현금 또는 외상거래에 관계없이 거래가 발생한 일자를 기준으로 수입 및 비용을 모두 기재함.

② 계정과목란 : 거래별로 아래 해당하는 계정과목을 기재함.

구　분		계정과목
수입금액		매출액, 기타수입금액
비용	매출원가 및 제조비용	상품매입, 재료비매입, 제조노무비, 제조경비
	일반 관리비 등	급료, 제세공과금, 임차료, 지급이자, 접대비, 기부금, 감가상각비, 차량유지비, 지급수수료, 소모품비, 복리후생비, 운반비, 광고선전비, 여비교통비, 기타비용
고정자산		고정자산 매입, 고정자산 매도

③ 거래내용란 : 매출·매입의 품명, 규격, 수량 등을 요약하여 기재(예 ○○판매, ○○구입)하며, 비고란에 대금결제 유형(현금, 외상, 카드)을 기재함.

④ 거래처란 : 거래상대방의 상호, 성명 또는 전화번호 등을 기재함.

⑤ 수입(매출)란 : 상품·제품 또는 용역의 공급 등에 관련된 사업상의 영업수입(매출) 및 영업외수입을 기재함. 부가가치세 일반과세자는 공급가액과 부가가치세를 구분하여 기재

　※ 신용카드 및 현금영수증 매출의 경우 공급가액과 부가가치세가 구분되지 않은 경우에는 매출액을 1.1로 나누어서 금액란과 부가세란에 각각 기재

　– 간이과세자는 부가가치세를 포함한 매출액(공급대가)을, 부가가치세 면세사업자는 매출액을 '금액'란에 각각 기재

⑥ 비용란

　– 상품·원재료·부재료의 매입금액, 일반관리비·판매비(영업활동비) 등 사업에 관련된 모든 비용을 기재함.

　– 일반과세자가 거래상대방인 일반과세자로부터 부가가치세를 별도로 구분할 수 있는 증빙서류(예 : 세금계산서, 신용카드매출전표, 현금영수증)를 받은 때에는 부가가치세를 거래금액과 구분하여 기재함.

　　－ 계산서, 영수증 등 부가가치세가 별도로 구분되지 않은 증빙서류를 수취한 매입분은 매입금액을 금액란에 기재함.

⑦ 고정자산 증감(매매)란

　　－ 건물, 기계장치, 컴퓨터 등 고정자산의 매입(설차제작건설 등 포함)에 소요된 금액 및 그 부대비용과 자본적 지출액을 기재하고, 고정자산을 매각 또는 폐기하는 경우에는 그 금액을 붉은색으로 기재하거나 금액 앞에 '△'표시함.

　　－ 고정자산의 매입시는 나. ⑥ 비용란의 기재방법을, 고정자산 매도시는 나. ⑤ 수입(매출)란 기재방법을 각각 준용함.

⑧ 비고란 : 거래증빙 유형 및 재고액을 기재함

다. 기타 작성요령

　1) 부동산임대업의 사업소득, 부동산임대업 외의 사업소득 등 2개 이상 소득이 있는 경우에는 간편장부를 각각 작성하여야 함.

　2) 사업장이 2개 이상인 경우에는 각 사업장별로 간편장부를 작성하여야 함.

2. 간편장부 작성사례

① 날짜	② 거래내용	③ 거래처	④ 수 입(매 출)		⑤ 비 용(원가관련 매입포함)		⑥고정자산 증감(매매)		⑦ 비고
			금액	부가세	금액	부가세	금액	부가세	
19.1.4	초등부 수강료 (350,000)	박경민 외 36명	12,600,000						카드
19.1.5	초등부 수강료 (350,000)	박민지 외 47명	16,450,000						카드
19.1.13	광고비	광고천국			4,125,000*				'세계'
19.1.18	강사 식 대(현금)	양천식당			89,000				'영'
19.1.26	학원차량 구입(현금)	00자동차					37,400,000*		'세계'
19.1.31	1월분 강사급여	김갑돌외 3명			9,000,000				
1월 계			29,050,000		6,539,000	375,000	14,000,000	1,400,000	

① 날짜	② 거래내용	③ 거래처	④ 수 입(매 출)		⑤ 비 용(원가관련 매입포함)		⑥고정자산 증감(매매)		⑦ 비고
			금액	부가세	금액	부가세	금액	부가세	
19.2.1	초등부 수강료 (350,000)	조예은 외 55명	19,250,000						카드 현영
19.2.3	복사용지 구입	복사나라			209,000*				카드

* 학원은 면세사업자이므로 부가가치세를 별도 기재안하고 합계로 기재함.

참고자료   복식부기란 무엇인가?

복식부기란 차변-대변의 대차평균의 원리에 따라 작성된 장부를 말한다. 대차평균의 원리란 한 거래를 대차 양변에 동시에 기입함으로서 대차변의 각 합계가 일치되도록 하는 것을 말하는데 , 이런 방식으로 장부를 작성하면 복식부기는 자기통제 혹은 자동검증기능을 수행할 수 있다.

복식부기의 핵심은 재무상태표(대차대조표) 이며 재무상태표의 구성요소는 자산, 부채, 자본으로서 차변/대변원리에 의하여 왼쪽 차변에는 자산의 증가, 부채, 자본의 감소, 손실의 발생을 기입하고 대변에는 자산의 감소, 부채/자본의 증가, 이익의 발생을 기입한다.

회계, 세법학적으로 가장 정확하고, 원칙적인 방법이지만 회계지식이 없는 일반인들은 작성하기가 매우 어렵다는 단점이 있다. 시중에 회계관련 소프트웨어가 많이 나와 있지만 가격이 만만치 않고, 게다가 작성 및 검증에 문제가 많아서 보통은 세무사사무실에 의뢰를 하고 있다.

복식부기의 예시

회계상식이 있다냐면 어렵지 않은 내용이나 일반적으로 차변.대변도 구분이 어렵기 때문에 내용자체가 이해가 안될 수도 있다. 복식부기란게 이런것이구나 정도만 알고 있으면 되고, 보통은 세무사사무실에 의뢰하고 있으므로 몰라도 크게 문제가 없다.

① 수입거래

수강료 290,000원을 현금으로 받다.

| 차) 현금 | 290,000 | 대) 수강료수입 | 290,000 |

② 지출거래

강사료 1,000,000원을 지출하다. (3.3%원천징수 가정)

| 차) 강사료 | 1,000,000 | 대) 현 금 | 967,000 |
| | | 예수금 | 33,000 |

③ 대체입금거래

수강료 250,000원을 카드결재 하다

| 차) 미수금 | 250,000 | 대) 수강료수입 | 250,000 |

④ 대체출금거래

학원소모품을 30,000원 외상으로 구입하다.

| 차) 소모품비 | 30,000 | 대) 미지급금 | 3,000 |

⑤ 미수금 수취

카드매출금액이 입금되다.

| 차) 보통예금 | 248,750 | 대) 미수금 | 250,000 |
| 지급수수료 | 1,250 | | |

✅ 학원매출의 핵심은 수강료 수입이다.

세금을 단순히 본다면   수강료수입 − 학원운영비용 = 학원순이익   중 학원순이익에 세율을 적용해서 계산한다. 수강료수입은 세법에서 총수입금액이라 하고 학원운영비용은 비용(필요경비)라 칭한다. 학원순이익은 소득금액을 의미한다. 의외로 많은 학원장들이 매출액을 기준으로 세금을 계산하는 것으로 알고 있는데 세금은 순이익을 기준으로 계산함을 알아두기 바란 다. 세금산출과 관련된 자세한 내용은 후술하기로 하고 여기서는 학원매출의 핵심인 수강료수입을 살펴보고자 한다.

명칭에 불구하고 수강료라면 학원매출이다.

수강료의 종류는 매우 많다. 월별수업료, 과목별수업료, 특강비, 첨삭비, 모의고사비등 여러 명칭이 붙는데 세법에서는 명칭이 중요한 것이 아니고 실질적으로 학원에서 수업을 하고 받은 대가인 경우에는 모두 수입으로 인식하여야 한다. 따라서 수강료 외에 비정기적으로 발생하는 특강비 및 모의고사비등도 모두 수강료수입의 범주에 들어간다고 할 수 있다.

교재비도 별도로 받는 경우에도 학원매출이다.

교재비를 별도로 받는 경우에도 수강료와 마찬가지로 학원매출이다. 여기서 주의할 점은 교재의 경우 마진없이 판매하므로 매출에서 빼는 경우가 많은데 이는 세법상 매출누락으로 보므로 주의해야 한다. 세법은 순액법 처리가 아닌 총액법 처리를 하기 때문이다. 또한 업무를 하다보면 교재비는 누락을 하고 총판 등에서 매입한 교재비는 비용처리를 하는 경우가 많은데 이때는 매출누락이 명확하므로 세무처리에 주의해야 한다. 국세청에서도 세무조사시 교재비 누락여부를 매우 중요하게 보고 있으므로 교재비를 별도로 받는 경우에는 매출누락이 되지 않도록 해야 한다.

다만 학원법의 개정으로 학원에서 더 이상 교재비를 따로 징수할 수 없게 되어 대부분의 학원에서도 교재를 직접구매하도록 하고 있고, 수강료에 포함해서 받는 경우가 많아 세법상으로도 교재비수입을 따로 산정할 필요는 없다.

Q 세법에서는 ─────

총수입금액과 비용(필요경비)의 상계 여부(소득 해석편람 24-3-5)

소득세법에 의한 과세소득금액을 계산함에 있어서 총수입금액과 비용(필요경비)는 각각 총액으로 계산하고 부분적으로 상계처리하지 아니함. 따라서 대리점으로 부터 받은 이자상당액의 판매 장려금은 총수입금액에, 이자지급액은 비용(필요경비)에 각각 산입해야 한다.(재무부소득 46074-328, 1993.7.12.)

수입금액 관리가 왜 중요한가?

신용카드와 현금영수증제도의 정착으로 인해 학원의 수강료수입은 거의 100% 노출되고 있으므로 세무신고시 누락만 하지 않는다면 큰 문제는 없다고 할 수 있다. 하지만 상담을 하다보면 아직도 많은 학원들이 고전적인방법부터 새로운 방법(?) 등 수강료를 현금으로 받아서 누락하는 경우가 있는데 이는 매우 위험하다.

학원의 경우 국세청의 중점관리대상사업자중의 하나로 국세청에서는 매우 정밀하게 세금신고내역을 검토하고 있다. 특히 제보, 수입지출분석시스템등을 통한 정보수집으로 현금매출누락 또는 차명계좌의 존재가 드러날 경우 특별세무조사에 준하는 고강도 세무조사를 진행하므로 수입금액을 누락하지 않도록 주의하여야 한다.

✅ 학원수입은 수강료만 있는 것이 아니다.

학원수입은 수강료수입이 가장 중요한 수입이지만 의외로 놓치는 수입이 많다. 세법에서는 모두 수입으로 보아 세금을 계산해야 하므로 주의해야 한다.

수강료수입 외에 다른 수입이 있을 경우

학원내에서 자판기를 설치, 운영한다거나, 독서실, 그 외 수익사업을 운영한다면 이에 대한 수입도 세금신고를 해야 한다. 특히 자판기 운용 및 수익사업의 경우 부가가치세 문제가 발생할 수 있으므로 주의를 요한다.

상담을 하다 보면 "다른 학원은 신고를 안하는데 왜 나만 신고를 하느냐?" 또는 "학원은 관행상 이런건 신고를 안한다"는 얘기를 많이 하는데 이는 아무 근거도 없는 얘기로 세법에서는 인정하지 않는다.

학원과 관련된 보험차익

학원에서 보험에 가입한 후 학원자산의 파손, 손실로 인하여 취득하는 피해보상금 및 보험차익은 학원수입에 해당하므로 종합소득세신고시 총수입금액에 포함하여야 한다. 물론 파손, 손실된 부분은 비용으로 처리한다.

> **🔍 세법에서는**
>
> 사업용 재화에 대한 피해보상금의 총수입금액 산입 등(소득 해석편람 24-3-19)
> 사업자기 당해 사업과 관련된 소유재화의 파손 등 피해로 인하여 가해자로 부터 피해보상금을 지급받는 경우, 당해 사업자의 사업소득금액 계산에 있어서 소득세법시행령 제51조 제3항 제4호의 규정에 의하여 당해 파손재화의 시가상당액과 피해보상금은 당해 과세기간의 총수입금액에 산입하는 것이며, 동 파손재화 등 매입원가상당액은 비용(필요경비)에 산입한다.
> (소득46011-2601, 1997.10.9.)

국가등에서 보조금을 받는 경우

직원, 강사를 채용하고 정부로부터 받는 장려금, 인턴지원금이나 직업능력개발훈련 등을 실시하고 노동부로부터 받는 보조금은 총수입금액에 산입해야 한다.

또한 2018년부터 지급하는 일자리안정자금도 총수입금액에 포함해야 한다. 다만, 학원은 대부분의 강사가 4대보험 가입자가 아니라서 일자리안정자금을 받는 경우가 별로 없다.

🔍 세법에서는

인턴사원채용시 정부로부터 받는 보조금의 총수입금액산입 여부

거주자의 각 소득에 대한 총수입금액의 계산은 당해연도에 수입하였거나 수입할 금액의 합계액으로 하는 것으로, 고용관리공단을 통하여 인턴사원을 채용하고 정부로부터 지급받는 보조금은 소득세법 제24조 및 같은법 시행령 제51조 제3항 제4호의 규정에 의하여 사업소득의 총수입금액에 산입하는 것임.(서일 46011-10343,2001.10.23)

근로자직업능력개발훈련을 실시하고 노동부 등으로부터 지급받는 보조금의 소득구분

근로자직업훈련촉진법에 의하여 직업능력개발훈련을 실시하고 노동부 등으로부터 지급받는 보조금은 소득세법 제24조 및 같은법 시행령 제51조 제3항 제4호의 규정에 의하여 사업소득의 총수입금액에 산입하는 것임.(제도 46011-11535,2001.6.15)

그 외 총수입금액에 산입할 금액

학원에서는 드물게 일어나지만 아래에 해당하는 수입이 있을 경우에는 종합소득세 신고시 총수입금액에 산입하여 신고하여야 한다.

① 수강료 미납 및 연체등으로 인해 연체료등을 추가적으로 받는 경우 해당금액은 총수입금액에 산입한다.

② 임대인의 요구에 의해 학원을 임대기간 만료전에 조기명도하고 임대인으로부터 받은 영업손실보상금 등 기타 이와 유사한 성질의 금액은 총수입금액에 산입한다. 이는 학원을 운영하지 않았다면 발생하지 않았을 영업관련 보상금이기 때문이다.

③ 학원을 운영하면서 무상으로 받은 자산의 가액과 채무면제에 따른 이익은 총수
  입금액에 산입하여야 한다. 특히 교재부분에서 많이 발생하는데 총판등에서 무상
  으로 받는 교재와 교재구입에 따른 채무면제등은 학원과 관련된 부분이므로 총
  수입금액에 산입하는 것이 원칙이다.

✔ 수강료를 선불로 받는 경우 세금계산은 어떻게 해야 할까?

종합소득세는 매년 1월 1일부터 12월 31일 까지를 과세기간으로 하여 소득금액을 산정한 후 세금을 계산한다. 따라서 수강료수입이 언제 속하느냐(세법에서는 이를 귀속시기라고 한다.)에 따라 세금이 변동될 수 있으므로 소득세신고시 이를 잘 확인 해야 한다.

수강료 귀속에 따라 세금이 달라진다.

수강료매출을 언제 인식하냐에 따라 세금이 달라진다. 그 이유는 다음과 같다.

① **누진세율**

현행 소득세법상 세율은 누진세율구조이므로 귀속시기에 따라 소득금액이 변동 되고 그에 따른 적용세율이 달라질수 있어서 소득세가 달라진다.

② **세법의 개정등**

소득세법의 개정으로 인해 세율이 변동되거나, 세액공제, 감면등이 달라질 경우 소득세 부담이 달라진다.

수강료는 언제 매출로 봐야 할까?

수강료의 경우에는 수업이 완료된 날(용역의 제공이 완료된 날)을 그 귀속시기로 하여 수입으로 계상한다. 즉, 해당 교과과정이 마무리 되는 시점에 학원수입으로 귀속시켜야 한다. 하지만 수강료는 선불의 개념이 강하고 실제 학원현장에서도 수강료는 선불로 받는 경우가 거의 대다수 이므로 실무상 결제시점을 수입시기로 잡고 있다.

연말 연초에 걸친 수강료

종합반과 과목별 전문학원의 단과반중에는 수강기간이 수개월에 걸친 과목도 있는바이 경우에는 용역의 제공이 완료된 날을 그 귀속시기로 잡아야 한다고 본다. 특히 매년말 새학기 대비 강좌의 경우 보통 매년 12월부터 다음해 2월까지 3개월 과정으로 개설되면서 수강료는 선불로 받는 경우가 많은데 이 경우에는 해당기간별로 수강료를 안분하여 수입시기를 다음연도에 귀속시켜야 한다고 판단된다. 실무상 세무조정 과정을 거쳐서 수입시기를 조정하고 있으며 국세청에서도 위와 같이 수입시기를 계상 하도록 하고 있다.

> ### 🔍 세법에서는
> 학원 수입의 귀속연도(소득 해석편람 39-9-1)
> 학원을 경영하는 거주자의 당해 사업에서 발생한 총수입금액의 귀속연도는 소득세법 제39조 제3항의 규정에 의하여 당해 거주자가 일반적으로 공정, 타당하다고 인정되는 기업회계기준을 적용하거나 관행을 계속적으로 적용하여 온 경우에는 그 기준 또는 관행에 의한다.

신용카드로 수강료를 받는 경우

신용카드 등으로 수강료를 계산한 경우 실제 학원의 현금흐름에 잡히기 까지는 일 정기간 공백이 생긴다. 학부모가 신용카드 결제 후 카드사와 금융결제원의 자금집 계과정을 거친 후 일정수수료를 공제하고 학원 사업용계좌에 입금이 되기 때문이다. 이 경우 실제 정산까지의 과정에 시간적 공백이 있더라도 학부모가 실제 신용카드를 결제한 시점에 수입으로 인식 한다. 특히 과세기간이 변동되는 연말에 이런 경우가 발생하는데 이때 수입의 귀속시기를 판단할 때 주의하여야 한다.

✔ 현금영수증은 무조건 발급해야 한다.

학원은 현금영수증의무가맹대상이다.

학원의 경우 현금영수증의무발행업종이므로 수입금액에 관계없이 3개월 이내에 가맹점에 가입하여야 한다. 업종에 따라 2400만원 이상인 경우에만 가입의무가 있으나 학원은 금액에 상관없이 의무적으로 가입해야 함에 유의하여야 한다.

또한 학원은 수강료와 관련하여 학부모가 현금으로 지급한 후 현금영수증의 발급을 요청하는 경우에는 이를 거부하거나 사실과 다르게 발급하여서는 아니 되며, 발급 거부, 사실과 다르게 발급한 경우 학부모 등이 국세청 등에 신고한 경우 학원은 불이익을 받을 수 있으므로 주의하여야 한다.

현금영수증가맹점으로 가입하지 않거나, 발급을 거부하는 경우 가산세가 있다.

현금영수증미가맹한 경우 가산세는 「미가입기간의 수입금액 × 1%」를 가산세로 부과한다.

또한 현금영수증 발급을 거부하거나 사실과 다르게 발급한 경우 발급거부금액 또는 사실과 다르게 발급한 금액의 5%를 가산세로 부과한다.

수강료가 10만원 이상인 경우에는 현금영수증을 의무적으로 발행해야 한다.

학원은 현금영수증의무발행업종으로 수강료가 10만원 이상인 경우 학부모의 요청이 없다고 하더라도 학원에서는 현금영수증을 의무적으로 발급하여야 한다.

현금영수증 미발급시에는 현금영수증 미발급금액의 20%를 가산세로 부과하고 세무조사 대상자로 선정될 수 있다.

여기서 현금이라 함은 현금수취 뿐 아니라 계좌로 이체받은 금액도 모두 포함되므로 주의하여야 한다.

학부모가 원치 않는 경우에는 자진발급을 하면 된다.

학부모가 요청하지 않거나 학원에서 발급을 하려고 해도 학부모가 거부하는 경우 학원에서는 현금영수증을 무기명으로 자진발급할 수 있으며 이때 상대방의 인식번호는 010-000-1234로 하면 된다.

이때 현금영수증은 거래당일 발급을 원칙으로 하나 5일 이내에 발급한 경우 자진발급한 것으로 본다. 학원세파라치의 경우 현금영수증미발급을 미끼(?)로 하여 학원장에게 피해를 주는 경우가 있으니 자진발급을 해두면 이런 위험에서 빠져나갈 수 있다.

 학원세무조사의 1차 타겟은 수강료 누락이다.

국세청 보도자료 (2011.11.24.)

고리 대부업자 외에도 현재까지 학원사업자·청소 경비용역공급업체·장례관련 사업자·대리운전 알선업체 등 민생 관련 탈세자 101명을 조사하여 세금 548억원을 추징하였음

('11.11.18. 현재)   (명, 억원)

구분	합계	학원사업자	용역공급 업 체	장례관련 사 업 자	기타
조사인원	101	59	16	10	16
추징세액	548	406	40	31	71

  * 장례관련 사업자 : 상조회사, 장례식장, 공원묘지 등
  * 기타 : 대리운전 알선업체, 중고차 매매업자 등

조사결과 주요 탈루 유형은 다음과 같음

○ 개인 과외교습, 맞춤식 입시컨설팅 제공, 단기 논술특강 명목으로 고액의 수강료를 현금으로 받아 차명계좌로 관리하며 소득을 탈루(학원사업자)

  * 특히 학원사업자 다수가 현금영수증 발급의무 이행을 위반한 것으로 확인되어 세금 추징 외에 과태료 15억원을 함께 부과하였음

탈세혐의 학원사업자 20명 조사착수, 향후 추진 방향

✔ 학원사업자 조사결과, 세금탈루 규모가 다른 사업자에 비해 상대적으로 크고, 대부분 현금으로 받은 수강료를 차명계좌로 관리하며 소득을 은닉하고 있는 것으로 분석되었는 바,

✔ 대학입시철을 맞아 고액수강료를 징수하는 학원사업자의 탈세행위에 선제적으로 대응하기 위해 조사에 착수하였음

학원사업자 조사 대상

✔ 대학별 특강과정을 개설하여 심야 또는 제3의 장소에서 불법 교습행위를 하며 1주일간 수백만원의 수강료를 현금으로만 징수하는 고액 논술학원(4)

✔ 연봉 외에 스카우트 대가로 받은 수십~수백억원에 상당하는 계약금을 축소 신고하거나 교재비 수입을 신고 누락한 혐의가 있는 스타강사(4)

✔ 맞춤형 입시컨설팅 제공과 고액과외 알선 대가로 받은 수백~수천만원의 수수료를 차명계좌로 관리하며 소득을 탈루한 혐의가 있는 입시컨설팅학원(3)

✔ 수강료 기준액의 2~3배를 초과하는 수강료를 징수하면서 신용카드 결제와 현금영수증 발급을 기피하는 입시학원 등(9)

✅ 학원운영과 관련된 지출이라면 비용이다.

학원에서 비용은 매우 중요하다. 앞서 살펴본바와 같이 세금은 매출이 아닌 매출에서 비용을 차감한 순수익을 기준으로 계산하기 때문에 비용이 많으면 많을수록 세금은 줄어들 수밖에 없다.

학원을 운영하다보면 강사료, 임대료, 교재비, 간식비, 차량운행비, 세무수수료, 카드수수료, 회식비 등등 수많은 비용을 지출하게 되는데 학원운영과 관련된 지출이라면 일단 비용이라고 본다.

비용인정의 기본요건

비용으로 인정받기 위해서는

① 학원운영과 관련된 비용이어야 한다.
② 해당비용지출에 대한 정규증빙을 수취해야 한다.
③ 정규증빙으로 장부를 작성해야 한다.

위 3가지 요건을 모두 갖춘 경우에 한해서 비용으로 인정해준다.

특히 여기서 가장 중요한 것은 학원운영과 관련되어야 비용인정이 되고, 그렇지 않은 경우에는 어떤 경우라도 비용인정을 받기는 어렵다고 봐야 한다.

학원운영과 관련되어야 한다.

세법에서는 비용을 "필요경비"라고 하는데 기본적으로 학원운영과 직간접적으로 관련되어 있어야 비용으로 인정받을 수 있다. (세법에시는 "당해연도의 총수입금액 (학원수강료수입)에 대응하는 비용으로서 일반적으로 용인되는 통상적인 것의 합계액 으로 한다"라고 어렵게도 표현해두었다)

예를 들어 같은 장소에서 같은 음식을 먹었어도 강사와 함께 회식을 했으면 비용으로 인정을 받을 수 있으나 가족, 친구들과 함께 식사를 했으면 이는 비용으로 인정받을 수 없다. 물론 이에 대한 입증은 납세자인 학원장에게 있다.

정규증빙을 수취해야 한다.

정규증빙은 앞서 살펴본 바와 같이 세금계산서, 계산서, 신용카드영수증, 현금영수증을 의미한다. 정규증빙을 수취하지 않았다면 비용인정을 못받고, 비용인정이 되더라도 가산세 및 소명, 자료파생 등 추가적인 문제가 발생하므로 주의해야 한다.

비용은 계정과목별로 정리하자.

비용에는 지출과 동시에 비용으로 인정되는 경우가 있고, 일정기간동안 비용처리를 하는 경우가 있다. 또한 체계적인 세무·회계관리를 위해 사용목적 및 성격에 따라 항목별로 나누어 합산하도록 하고 있는데 이를 "계정과목"이라고 한다.

비용은 세금과 직결된다.

앞서 몇 번이나 언급했듯이 세금은 수입에서 비용을 뺀 수익(소득금액)을 기준으로 계산한다. 따라서 같은 수입이라면 비용이 커질수록 수익이 줄어들어 세금이 줄어드는 효과가 생긴다.

이 비용은 학원장이 직접 챙겨야 하며, 세무서에서는 직접 챙기지 않고, 장부작성하지 않은 비용은 인정해주지 않으므로 비용은 매우 중요하다고 볼 수 있다.

학원에서 가장 중요한 비용 인건비

강사, 데스크직원, 행정직원, 상담직원, 아르바이트 등에게 지급하는 금액은 인건비로 하여 비용인정을 받을 수 있다. 인건비는 학원비용중 가장 중요한 부분으로 단순히 지급한 사실만 가지고 인정받는 것이 아니고 세법상 의무를 다 해야 한다. 또한 최근에는 4대보험등의 문제도 많이 발생하기 때문에 가장 중요하고, 원칙적으로 처리하여야 뒷탈(?)이 없다.

인건비는 절을 달리하여 좀 더 자세히 살펴보기로 한다.

인건비만큼 중요한 임대료

학원은 일정규모이상의 면적을 요구하기 때문에 임대료가 비용에서 차지하는 비중이 상당하다. 실제 월세로 계약하고 전세로 돌리거나, 월세금액을 적게 적는 이중계약 시에는 그만큼 비용처리를 하지 못해 세금이 불리해지므로 주의하여야 한다. 보다 자세한 내용은 별도로 살펴보기로 한다.

구입한 교재는 재고자산으로 처리한다.

학원의 경우 교육서비스업이므로 도소매업에서 발생하는 재고자산이라는 개념은 사용하지 않는게 일반적이다. 하지만 종합소득세 신고시 표준손익계산서를 제출해야 하는데 이 표준손익계산서를 작성하는 과정에서 교재비를 재고자산으로 처리하게 된다. 실무와는 괴리가 있는듯 하지만 세무당국에서는 교재비를 통해 학원의 매출액을 파악하기 위함으로 보인다.

또한 교재의 경우 학원특성상 다음해에는 사용하지 못하는 경우가 일반적이다. 따라서 기말재고로 교재비가 남는 경우는 거의 없고 전액 비용처리가 된다. (손익계산서상에서는 매출원가로 처리한다.)

교재의 경우에는 총판, 프랜차이즈 본사등 에서 구입할 경우 에는 계산서를 수취하면 되고, 서점등 에서 개별 구입시에는 신용카드전표, 현금영수증(지출증빙용), 간이영수증(3만원 이하분)을 수취하면 된다.

한편 학원법의 개정으로 학원에서 더 이상 교재를 따로 판매를 할 수가 없게 되어 2012년부터는 교재비수입이 따로 잡히지 않으므로 매출원가를 계상할 필요는 없다. 하지만 학원에서 교재를 판매하여야 하는 경우 사업자등록증상 서점업을 추가하여 학원과는 별개로 교재를 판매하고, 이 경우에는 매출원가를 잡아줘야 한다.

그 외 학원의 비용

인건비. 임대료, 교재비 외에도 학원의 비용 지출내역은 상당히 많다.

몇 개만 열거해봐도 복리후생비. 여비교통비. 접대비, 통신비, 수도광열비, 도서인쇄비. 보험료, 지급수수료, 광고선전비, 소모품비...

하지만 이 역시 비용의 기본요건을 모두 갖춘 경우에 한해서 인정받는다. 학원의 비용관련 좀 더 자세한 내용은 별도로 살펴보기로 하자.

✅ 학원이라면 꼭 챙겨야할 비용

학원은 인건비와 임대료가 비용중 가장 큰 비중을 차지하지만 다음에 설명하는 비용도 꼭 챙겨두어야 한다.

통신비

학원의 전화비, 핸드폰요금 등은 통신비로 처리한다.

통신비의 경우 증빙수취에 있어서 크게 걱정할 것이 없다. 각 통신회사에서 정규증빙을 발급하고 있고, 건당 3만원 초과 부적격요건에도 해당되지 않기 때문이다. 하지만 사업과 관련된 비용이므로 세금계산서로 발급받아야 한다. 이는 보통 통신회사의 고객센터에 요청하면 바로 세금계산서형태로 발급해주므로 큰 문제는 아니다. 물론 신용카드 자동결제를 신청해두었으면 신용카드명세서로도 비용처리가 가능하다.

① 전화비
② 학원장의 핸드폰 사용요금 및 업무와 관련된 통신요금 보조비
③ 인터넷 사용요금
④ 웹하드등 인터넷 서비스 이용요금

세금과 공과금

사업과 관련있는 세금 및 공과금은 당연히 비용(필요경비)으로 인정받는다. 하지만 세금과 공과금 중에서 다음에 해당하는 세금, 공과금은 비용으로 인정받지 못하므로 주의해야 한다.
① 소득세와 지방소득세
② 과태료등
③ 가산금등 법률 불이행에 따른 비용

또한 자산의 취득에 부과되는 취득세 등은 당기비용으로 산입되지 아니하고 취득원가를 구성하여, 추후 살펴볼 감가상각과정을 거쳐 비용으로 처리된다.

세금과 공과금은 대부부는 정부, 지방자치단체에 납부하므로 해당 영수증만 보관하면 된다.

광고선전비

광고선전비는 학원의 홍보 및 수강생확보를 위해 필기구, 달력, 수첩 등 이와 유사한 물품을 불특정다수인인 학생 또는 학부모에게 기증하기 위하여 지출한 비용을 말한다. 따라서 특정다수인에게 지출하는 접대비와는 다르며, 광고선전비에는 세법상 한도를 두고 있지 않다.

학원의 대표적인 광고선전비로는 다음과 같다.

① 전단지 제작비용
② 신문사 등을 통한 삽지광고
③ 현수막, 차량광고판을 이용한 광고
④ 불특정다수인에게 홍보차원에서 기증하는 학용품, 메모지, 견본품등
⑤ 검색광고등 인터넷을 통한 광고비용

광고선전비에 대한 영수증(지출증빙)은 금액이 크므로 세금계산서, 신용카드전표등을 수취하여야 한다. 하지만 아파트 부녀회, 관리사무소등 비사업자와의 계약에 의한 광고선전비는 영수증만 수취하면 된다.

실무를 하다 보면 의외로 많은 학원들이 광고비를 제대로 챙기지 못하는 경우가 많다. 특히 전단지제작비용 및 신문사를 통한 삽지광고의 경우 광고계약서만을 챙기는 경우가 많은데 광고비의 경우 보통 백단위의 금액이 소요되므로 정규증빙을 수취하지 않은 경우 가산세를 부담해야 하므로 주의하여야 한다.

도서인쇄비

학원에서의 도서인쇄비는 보통 인쇄비, 제본비를 의미한다. 앞서 살펴본 교재구입비와는 다르다고 보면 된다. 최근에는 교재를 직접 구입하는 경우보다 학원 자체 교제를 제작 또는 프린트물로 제본후 교재로 활용하는 경우가 많아서 도서인쇄비의 중요성은 매우 크다고 할 수 있다. 따라서 교제제작에 따른 복사비, 제본비등은 영수증 (지출증빙)을 잘 챙겨두어야 한다.

이외에도 잡지. 신문의 구입 및 구독비용등도 도서인쇄비에 해당한다고 볼 수 있다.

도서의 경우에는 계산서, 신용카드전표, 현금영수증을 수취하여야 하고, 신문구독 비용등은 납부영수증을 수취하면 된다. 그리고 교재제작을 위한 인쇄비, 제본비는 세금계산서등을 수취하여야 한다.

지급수수료

지급수수료는 세무사에게 지급하는 기장수수료와 세무조정료, 신용카드 정산수수료 등 용역 및 서비스에 대한 대가를 의미한다. 학원에서 자주 발생하는 지급수수료는 다음과 같다.

① 기장수수료, 세무조정료
② 신용카드 수수료
③ 학원프로그램 및 관련 서비스등에 대한 수수료

지급수수료도 정규증빙인 세금계산서등을 수취하면 되지만 신용카드 수수료등 금융비용에 대한 증빙은 해당 카드사의 정산명세서로 영수증처리를 할 수 있다. 참고로 학원의 수입은 카드사에서 정산되어 입금되는 금액이 아닌 신용카드 결제 금액이 되며, 신용카드사에서 정산되는 신용카드수수료를 비용으로 처리해야 한다. 즉, 총액주의로 수입과 비용을 처리해야지 순액주의로 수입과 비용으로 처리시 매출 누락으로 문제가 발생할 수 있으니 주의하여야 한다.

소모품비

각종 사무용품 및 업무보조용품, 그 학원운영에 있어서 단기간에 걸쳐 소모되는 재화의 구입에 소요된 비용을 말한다. 일반적으로 1년 이내에 소모되는 비용은 소모품비로 처리해도 무방하다. 따라서 컴퓨터, 핸드폰, 컴퓨터주변기기등의 비용은 소모품비로 처리한다.

① 사무용품관련 비용
② 교제제작용이 아닌 복사용지등
③ 계산기, 메모지등 업무보조용품
④ 청소 및 위생관련용품 비용
⑤ 기타 학원운영과 관련된 재화구입비용중 단기, 소액의 비용

보험료

학원의 경우 학원운영과 관련된 보험을 가입해야 하며, 이를 위반시에는 100만원 이하의 과태료를 내야 한다. 특히 학원내에서 학생이 다친 경우 학원장은 이에 대한 책임이 발생하기 때문에 세무관리와는 별개로 보험의 중요성은 더욱 커졌다.

대표적으로 학원배상책임보험, 학원상해보험, 학원화재보험, 교직원 상해보험등이 있으며 모두 비용(필요경비)으로 인정받을 수 있다.

보험료는 세금계산서 수취없이 납입영수증으로 증빙처리하면 되고, 만약 자동이체 등으로 영수증이 없는 경우에는 확인 가능한 보험증권등으로 처리할 수 있다.

또한 차량을 운행하는 경우에는 자동차보험, 운전자보험도 비용처리가 가능하며, 학생통학버스를 운행하는 경우에는 유상운송특약도 반드시 가입해두어야 한다. 지입차량을 운행하는 경우 보험료 부담을 학원이 하는 경우에는 해당 보험증권을 수취해두고 계약내용을 근거로 비용처리가 가능하다.

교육훈련비

원장 및 강사의 자질향상 및 강의능력개발등 업무와 관련이 있는 교육훈련비등은 비용(필요경비)로 인정받는다.

단, 다음의 요건을 갖춰야 한다. 그렇지 않은 경우 강사에 대한 소득으로 인정된다.

① 당해 학원의 업무와 관련있는 교육. 훈련을 위하여 받는 것일 것
② 당해 학원의 규칙등에 의하여 정하여진 지급기준에 따라 받는 것일 것
③ 교육, 훈련기간이 6월 이상인 경우에는 교육, 훈련후 당해 교육기간을 초과하여 근무하지 아니하는 때에는 지급받은 금액을 반납할 조건으로 하여 받는 것일 것.

수선유지비

학원 고정자산, 비품등의 현상유지를 위한 비용 및 그 관리와 유지를 위한 비용은 모두 비용(필요경비)로 인정받을 수 있다. 단, 학원용 자산이 아닌 경우에는 비용(필요경비)에 산입할 수 없다. 여기서 학원용자산은 장부에 잡혀있지 않아도 실질적으로 사업을 위해 사용되면 가능하다.

협회비

학원은 크게는 학원총연합회에 소속되어있고, 학원의 형태에 따라 보습학원, 미술학원, 음악학원등 각 협회별로 소속되어 있다. 그리고 지역연합회에도 소속되어 있는데 이런 사단법인 성격인 협회에 지출하는 비용은 협회비로 분류를 한다.

히지만 협회가 법인이거나, 법인격있는 단체등 법정단체의 경우에는 바로 비용으로 처리가 가능하나 임의단체에 지급하는 회비 및 특별회비등은 세법상 지정기부금으로 보아 한도액등을 계산해야 한다. 따라서 협회비등을 지급한 경우에는 영수증을 발급받은 후 그 협회의 성격에 따라 비용, 지정기부금, 비지정기부금등으로 처리하여야 한다.

✅ 복리후생비와 여비교통비

복리후생비는 강사, 직원, 원생들을 위한 복리후생 차원에서 지출하는 비용을 말하며 여비교통비는 학원장 또는 강사, 직원의 업무와 관련하여 지급하는 출장비, 외근비, 해외시찰비, 여비등을 말한다.

복리후생비

식대, 간식대, 회식비, 경조사비등이 이에 해당하며, 일반적인 정규증빙서류를 수취하면 모두 비용인정이 가능하다. 또한 사업주가 부담하는 건강보험료와 고용보험료가 있는데 학원에서는 4대보험을 가입하는 경우가 드물기 때문에 잘 발생하지는 않는다.

복리후생비에서 주의해야할 내용이 식대와 접대비, 그리고 복리후생비의 규모이다. 식대의 경우 급여에 포함하여 지급하고 있으면 복리후생비로 처리할 수 없으며, 접대비를 복리후생비로 처리하면 안된다. 또한 복리후생비는 일반적으로 학원 규모 및 직원수등을 기준으로 적정여부를 판정하는데 매출 및 비용 대비 과다한 복리후생비가 계상되어 있으면 세무조사등 불이익을 받을 수 있으니 주의해야 한다.

복리후생비의 종류

① 학원 부담분 건강보험료, 고용보험료
② 강사, 직원을 위한 식대, 간식비, 회식비등
③ 사회통념상 타당한 범위내의 경조사비
④ 학생들에게 지급하는 간식등

복리후생비 유의할 점

① 식대를 따로 지급하는 경우 회사에서 제공하는 식대는 비용(필요경비)로 인정받지 못한다. 근로소득자의 경우 10만원을 한도로 근로소득 비과세를 적용받을 수 있으나, 사업소득자인 경우는 비과세내용이 없으므로 식대를 따로 지급한다고 해도 원천징수를 해야 한다.

② 강사 및 종업원의 사기에 영향을 미치지 않는 골프회원권, 콘도회원권등은 비용(필요경비)로 인정받지 못한다. 즉, 학원장 본인을 위한 회원권등은 복리후생비로 처리할 수가 없다.

③ 경조사비의 경우 사회통념상 타당한 범위 내에서만 비용인정이 가능하다. 그리고 임직원등이 아닌자에게 지급하는 경조사비는 복리후생비가 아닌 접대비에 해당한다.

증빙의 수취

복리후생비의 경우 빈번하게 발생하는 비용이므로 일반적인 정규증빙서류를 수취하면 된다. 하지만 3만원 초과분에 대해서는 영수증 수취 시 가산세 등이 있으므로 가급적 신용카드를 사용하거나 현금영수증(지출증빙용)을 발급받으면 된다. 또한 신용카드의 경우에는 강사나 직원명의의 카드를 사용한 것 도 인정받을 수 있다. 단, 이 경우에는 지출결의서등 학원내부규정에 의해 증빙을 준비해두어야 한다.

출장비·외근비등은 여비교통비로 처리한다.

학원장 또는 강사, 직원의 업무와 관련하여 지급하는 출장비, 외근비, 해외시찰비, 여비등은 전액 비용으로 인정된다. 따라서 업무와 관련이 있다면 해외여행비 역시 비용으로 인정이 가능하지만 사업상 필요한지, 업무와 관련있는지의 여부는 여행의 목적, 여행지, 여행경로, 여행기간등을 참작하여 과세관청에서 판정한다. 그리고 사규등으로 지급근거를 만들어 놓는 것이 좋지만 현실적으로 불가능하거나 부득이 한경우에는 관련 근거(교육공문, 출장계획서등)와 함께 영수증(지출증빙)을 함께 철해두면 된다.

여비교통비의 요건

① 학원의 업무수행상 필요하다고 인정되어야 한다.

② 지급규정·사규등의 합리적인 기준 및 거래증빙 등 객관적인 자료에 의해 지급 사실이 입증되어야 한다.

③ 업무수행상 필요하다고 인정되는 금액을 초과하지 아니해야 한다.

그리고 위 요건에 대한 입증은 모두 학원에서 해야 한다.

여비교통비의 종류

① 택시비, 버스요금 등 출장여비
② 지방출장 및 세미나 에 따른 교통비, 유류비, 통행료 및 숙박비
③ 해외 시찰 및 세미나 등에 따른 항공비, 숙박비

Q 세법에서는

업무수행상 필요한 해외여행의 판정(소통 27-26)

① 사업자 또는 종업원의 해외여행이 사업상 필요한 것인가는 그 여행의 목적, 여행지, 여행경로, 여행기간 등을 참작하여 판정한다. 다만, 다음에 대항하는 여행은 원칙적으로 당해 사업의 업무수행상 필요한 해외여행으로 보지 아니한다.

  1. 관광여행의 허가를 얻어 행하는 여행

  2. 여행알선업자 등이 행하는 단체여행에 응모하여 행하는 여행

  3. 동업자단체. 기타 이에 준하는 단체가 주최하여 행하는 단체여행으로서 주로 관광목적이 라고 인정되는 것

② 사업자 또는 종업원의 해외여행이 위 ①의 각호에 해당하는 경우에도 그 해외여행 기간 중에 있어서의 여행지, 수행한 업무의 내용 등으로 보아 사업과 직접 관련이 있는 것이 있다고 인정되는 때에는 그 여비 가운데 당해 사업에 직접 관련 있는 부분에 직접 소요된 비용(왕복 교통비는 제외)은 여비로서 비용(필요경비)에 산입한다.

해외여행 동반자의 여비처리(소통 27-27)

사업자 또는 종업원의 업무수행 상 필요하다고 인정되는 해외여행에 그 친족 또는 그 업무에 상시 종사하고 있지 아니하는 자를 동반한 경우에 그 동반자와의 여비를 사업자가 부담하는 때 에는 그 여비는 사업자에 대하여는 출자금의 인출로 하며 종업원에 대하여는 당해 자의 급여로

한다. 다만, 그 동반이 다음에 해당되는 경우와 같이 해외여행의 목적을 달성하기 위하여 필요한 동반이라고 인정되는 때에는 그러하지 아니한다.

1. 사업자 또는 종업원이 상시 보좌를 필요로 하는 신체장애자인 경우
2. 국제회의의 참석 등에 배우자를 필수적으로 동반하도록 하는 경우
3. 그 여행의 목적을 수행하기 위하여 외국어에 능숙한 자 또는 고도의 전문적 지식을 지니는 자를 필요로 하는 경우에 그러한 적임자가 종업원 가운데 없기 때문에 수시로 위촉한 자를 동반하는 경우

여비교통비의 증빙

여비교통비의 경우 교통비의 영수증 처리가 중요하다. 버스, 택시 등 대중교통을 이용시에는 영수증을 수취하도록 하고 항공기, 철도등을 이용하는 경우에는 승차권으로 대신할 수 있다. 외국에서 현금으로 사용한 금액은 현지 영수증을 수취하면 된다. 강사, 종업원이 영수증을 수취하지 못한 경우에는 지출결의서등 학원 내부관리 규정에 의거 지급근거를 남겨두면 된다.

✅ 접대비, 복리후생비, 기부금, 광고선전비는 같으면서도 다르다.

접대라고 하면 거래처와 어두컴컴한 룸싸롱 같은 곳에서 양주를 마시는 부정적인 이미지가 먼저 떠오르지만 세법에서 보는 접대비는 학원업무와 관련하여 특정인에게 (직원이 아닌) 접대성 성격(반대급부를 기대하고)으로 지출한 비용을 의미한다. 또한 "접대비"란 단어가 중요한 게 아니고 어떤 명목이든 상관없이 유사한 성질의 비용으로서 학원업무와 관련되어 지출한 금액은 접대비로 본다.

하지만 접대비는 학원업무와 관련하여 지출한 금액이라 하더라도 불특정다수에게 지출하는 광고선전비와 다르고, 학원업무와 직접관련없이 특정인에게 지출하는 기부금과도 다르다.

또한 강사, 종업원등 직원에게 복리후생 목적으로 지출하는 복리후생비와도 성격이 다르다고 할 수 있나. 예를 들어 직원에게 경조사비로 지출한 경우에는 복리후생비로 보지만 거래처에 경조사비를 지출한 경우에는 접대비로 본다.

접대비와 복리후생비, 기부금, 광고선전비의 차이를 표로 나타내면 다음과 같다.

	접대비	복리후생비	기부금	광고선전비
사업관련	O	O	X	O
한도	O	X	O	X
대상	특정인	임직원	특정인	불특정다수

접대비는 반드시 대표자카드로 사용하자.

접대비의 경우에는 영수증(지출증빙)을 수취하는 과정에서 주의해야 한다. 1회 지출 접대비가 1만원(단, 경조사비는 20만원)을 초과하는 경우에는 반드시 다음에 해당 하는 법정증빙을 수취해야 비용으로 인정받을 수 있기 때문이다. 특히 신용카드로 접대비를 지출하는 경우 법인학원의 경우에는 법인카드(개인학원의 경우 대표자명의 신용카드)로 접대비를 지출하는 경우에만 인정받을 수 있으므로 이는 주의를 요한다. 복리후생비등 기타 비용의 경우에는 가족카드, 직원카드를 사용해도 인정을 받을 수 있지만 접대비의 경우에는 그러하지 아니하다.

① 신용카드매출전표
② 현금영수증(영수증(지출증빙)용)
③ 계산서 또는 세금계산서, 매입자발행세금계산서

단, 다음의 경우에는 정규증빙을 수취하지 않아도 접대비로 인정받을 수 있다.

① 현금 이외의 다른 지출수단이 없는 국외지역 지출 접대비 ; 학원은 거의 해당사항 없음
② 농·어민으로부터 직접 접대용 재화를 구입한 경우로 금융기관을 통해 지급한 것에 한함.

접대비에는 한도가 있다.

접대비는 다른 비용(필요경비)과 다르게 세법상 한도액을 정하여두고 있다. 따라서 세법상 한도액을 초과하는 금액은 비용(필요경비)으로 인정받지 못한다.

접대비 한도액은 다음과 같이 계산한다.
접대비 한도액 = ① + ②
① 2400만원 X 당해 과세기간의 월수 / 12
② 수입금액 X 적용률

수입금액별 적용률은 다음과 같다.

수입금액	적용률
100억원 이하	0.2%
100억원 초과 ~ 500억원 이하	0.1%
500억원 초과	0.03%

[사례]

양천학원에서는 2019년 1년간 접대비로 아래와 같이 지출하였다.

① 2019년 학원 총수입금액 : 430,000,000원

② 학원장 명의 신용카드사용금액중 접대비금액 : 2600만원

③ 학원장 배우자 명의 신용카드사용금액 중 접대비금액 : 100만원

④ 현금지출금액 : 100만원

접대비 해당금액 : 2600만원

③,④번은 접대비 요건에 맞지 않으므로 접대비로 인정하지 않으며 경비인정도 불가

접대비한도 = (2400만원 * 12/12) + (430,000,000*0.2%) = 24,860,000원

접대비 사용금액 2600만원중 한도인 2486만원을 초과하는 114만원은 경비인정 불가

문화접대비

문화접대비란 2020년 12월 31일 이전에 문화비로 지출한 금액으로 문화비는 국내 문화관련 지출로 다음의 용도로 지출한 비용을 말한다.

1. 「문화예술진흥법」 제2조에 따른 문화예술의 공연이나 전시회 또는「박물관 및 미술관 진흥법」에 따른 박물관의 입장권 구입

2. 「국민체육진흥법」제2조에 따른 체육활동의 관람을 위한 입장권의 구입

3. 「영화 및 비디오물의 진흥에 관한 법률」 제2조에 따른 비디오물의 구입

4. 「음악산업진흥에 관한 법률」 제2조에 따른 음반 및 음악영상물의 구입

5. 「출판문화산업 진흥법」 제2조제3호에 따른 간행물의 구입

6. 「관광진흥법」 제48조의2제3항에 따라 문화체육관광부장관이 지정한 문화관광 축제의 관람 또는 체험을 위한 입장권·이용권의 구입

7. 「관광진흥법 시행령」 제2조제1항제3호마목에 따른 관광공연장의 입장권으로서 입장권 가격 중 식사·주류 가격과 공연물 관람 가격이 각각의 시가 등에 비추어 적정한 가격으로 기재되어 있는 입장권의 구입

8. 기획재정부령으로 정하는 박람회의 입장권 구입

9. 「문화재보호법」 제2조제2항에 따른 지정문화재 및 같은 조 제3항에 따른 등록 문화재의 관람을 위한 입장권의 구입

10. 「문화예술진흥법」 제2조에 따른 문화예술 관련 강연의 입장권 구입 또는 초빙강사에 대한 강연료 등

11. 자체시설 또는 외부임대시설을 활용하여 해당 내국인이 직접 개최하는 공연 등 문화예술행사비

12. 문화체육관광부의 후원을 받아 진행하는 문화예술, 체육행사에 지출하는 경비

문화접대비도 한도가 있다.

문화접대비도 일반접대비처럼 한도액이 있는데, 한도액은 문화접대비 지출액과 일반접대비한도액의 20% 중 작은 값으로 한다.

✅ 임대료의 이중계약, 무상사용은 피해야 한다.

학원임대차계약을 하다보면 이중계약의 유혹, 무상사용의 유혹이 종종 일어난다.

이중계약이란 실제 임대차계약과 다르게 임대차계약을 하나 더 하는 것을 말하며, 무상사용은 부모님의 건물이나 상가에서 무상으로 임차하여 학원을 운영하는 것을 말한다.

이중계약은 집주인만 좋은일 시키는 것이다.

학원을 계약하다보면 부동산이 또는 집주인이 은근슬쩍 이중계약을 요구하는 경우가 있다.

예를 들어 월세로 계약을 한 후 학원은 부가가치세 환급을 받지 못하니 부가가치세 없이 또는 임대료중 일부만 부가가치세를 적용하여 그만큼 임대료를 깍아주는 대신에 계약서는 보증금만 있는 전세계약서로 작성을 하자는 식이다.

학원입장에서는 당장 월 부가가치세를 아낄 수 있으므로 넙죽 계약을 하고 만다. 하지만 이는 집주인만 좋은 일을 시키는 것이다. 아래의 사례로 살펴보자.

임대차계약
[실제] 보증금 7천만원, 월임대료 500만원(부가가치세별도)
[이중계약] 보증금 7천만원, 월임대료 500만원(세금계산서 미발행)

양천학원 연간 수익구조는 다음과 같다.
- 매출액 5억원
- 임대료를 제외한 비용 3.5억원
- 다른 소득공제는 없다고 가정.

1. 실제계약대로 진행할 경우
소득금액 = 5억(매출액) - 3.5억(비용) - 6600만원(임대료,부가가치세포함) = 8400만원
종합소득세는 약 1450만원

2. 이중계약으로 진행할 경우

소득금액 = 5억(매출액) - 3.5억(비용) = 1.5억
종합소득세는 약 3700만원
[학원장입장]
임대료중 부가가치세로 600만원(50만원 x 12개월)을 아꼈지만(?) 종합소득세를 약 2250만원 더 내는 결과로 학원장입장에서는 손해이다.

[집주인입장]
집주인의 경우 실제로 계약을 했으면 임대소득이 6천만원으로 계산되어 종합소득세를 납부해야 하나,
이중계약을 한다면 납부할 세금이 거의 없다.

부모님부동산이라도 적정임대료를 지불해야 한다.

만약 부모님이 자녀에게 본인소유 부동산을 무상임대한다면 부동산임대에 따른 부가가치세 문제가 발생하지 않는 것으로 알고 있는 경우가 많다.

하지만 세법에서는 사업용부동산에 대해서 가족 등 특수관계인간의 부동산 무상임대는 부가가치세를 과세하도록 하고 있으니 주의하여야 한다.

만약 무상임대를 하였다면 임대인(부모)이 납부할 부가가치세는 다음과 같이 계산된다.

과세표준 = 임대부동산의 시가 × 50% × 과세대상일수 / 365 × 정기예금이자율

* 부가가치세는 과세표준의 10/110

여기서 끝나는 게 아니다. 무상사용으로 인해 임차인이 이득을 보았으므로 이 금액이 1천만원 이상이라면 증여세가 과세될 수 도 있다.

따라서 부모님 부동산이라면 적정임대료를 지불하고 진행하는 것이 유리하다.

세법에서는

[제 목]

특수관계자간 부동산 무상임대용역에 대한 부가가치세 과세에 따른 세금계산서 발급 여부

부가, 부가가치세과-123,2014.02.17

[요 지]

사업자가 특수관계인에게 사업용 부동산의 임대용역을 공급하는 것은 용역의 공급으로 보아 부가가치세가 과세되는 것으로서, 공급한 용역의 시가를 공급가액으로 보는 것이며, 시가를 과세표준으로 하는 경우에 정상적인 거래 시가와 낮은 대가와의 차액에 대하여 세금계산서를 발급할 의무가 없는 것임

[회 신]

사업자가 대가를 받지 아니하고 타인에게 용역을 공급하는 것은 용역의 공급으로 보지 아니하나, 사업자가 「부가가치세법 시행령」 제26조제1항에서 정하는 특수관계인에게 사업용 부동산의 임대용역을 공급하는 것은 용역의 공급으로 보아 부가가치세가 과세되는 것입니다. 이 경우 부가가치세 과세표준은 같은법 제29조제4항제3호에 따라 공급한 용역의 시가를 공급가액으로 보는 것이며, 시가를 과세표준으로 하는 경우에 정상적인 거래 시가와 낮은 대가와의 차액에 대하여 같은법 제32조에 따른 세금계산서를 발급할 의무가 없는 것입니다.

✅ 인테리어, 비품, 권리금은 비용이 아닌 자산이다.

학원장이 가장 많이 오해하는 부분 중 하나가 바로 인테리어와 비품 등의 비용처리이다.

세법에서는 이를 고정자산으로 보아 일정기간(4년)에 걸쳐 비용처리를 하도록 하고 있다.(이를 감가상각이라고 하며, 다음편에 좀더 자세히 살펴보기로 한다) 하지만 학원장입장에서는 세법상 비용처리가 아닌 현금흐름상 비용처리를 하기 때문에 계산된 순이익과 차이가 발생한다.

예를 들어 2019년 1월에 인테리어 비용으로 1억원을 지출하였고, 2019년 매출은 5억, 인테리어 포함 비용으로 5억을 지출한 경우 학원입장에서는 2019년에는 본전이라고 생각한다. 하지만 세법에서는 비용중 1억원은 감가상각을 통해서 처리하므로 약 4500만원만 인정되므로 세법상 이익은 5500만원으로 계산되어 세금이 나오게 된다.

여기서는 위 내용을 좀 더 자세히 살펴보기로 한다.

자산에는 일정한 조건이 있다.

자산에는 일정한 조건이 있다. 달리 말하면 아래의 조건을 갖춘 경우에는 자산으로 계상하여 감가상각을 통해 비용처리를 해야하며 지출한 금액 전체를 비용처리할 수 없다.

① 학원운영과 관련하여 사용할 목적으로 보유할 것
   건물, 인테리어, 시설집기 등의 경우 자산으로 분류되고 이를 유형자산이라 한다. 만약 추후 매각 등을 통해 매매차익을 얻을 투자목적으로 보유하는 자산은 투자자산이라 한다. 학원의 경우 대부분은 학원운영을 위해서 보유하므로 투자자산으로 분류될 가능성은 거의 없고, 대부분 유형자산으로 분류한다.

② 사용기간이 1년 이상일 것

유형자산과 무형자산은 그 사용기간이 1년 이상이어야 한다. 즉 장기간에 걸쳐서 학원의 수익에 기여하여야 한다. 예를 들어 인테리어를 1년마다 바꾸는 경우는 없으므로 이는 자산에 속한다고 볼 수 있다.

유형자산이란 1년 이상 사용할 것으로 예상되는 자산을 말한다.

건물, 인테리어, 비품, 차량등 일반적으로 1년을 초과하여 사용할 것이 예상되는 자산을 유형자산이라고 한다. 그렇기 때문에 지출과 동시에 비용으로 처리되지 않고 일정내용연수에 따라 감가상각과정을 거쳐 비용으로 처리된다. 학원의 경우 가장 많이 적용되는 유형자산은 다음과 같은 것들이 있다.

① 건물 : 건물, 엘리베이터 및 기타 부속설비
② 차량운반구 : 학생수송 차량(버스, 승합차등), 학원장 승용차
③ 비품 : 복사기, 책상 등(컴퓨터등은 더 이상 비품으로 처리하지 않음)
④ 시설장치 : 인테리어 등

권리금은 유형자산이 아닌 무형자산이다.

무형자산은 유형자산과 달리 물리적 실체가 없는 자산이지만 직접적인 통제가 가능하고 장차 경제적 효익을 가져올 수 있는 자산을 의미한다. 학원의 경우 기존학원의 인수과정에서 발생되는 권리금이 대표적인 무형자산이라고 할 수 있다.

🔍 세법에서는

영업권의 범위(소통 33-4)

무형고정자산에 속하는 영업권에는 다음의 것이 포함되는 것으로 한다.

1. 사업의 양수도과정에서 양수도 자산과는 별도로 양도사업에서 소유하고 있는 허가. 인가 등 법률상의 특권, 사업상 편리한 지리적 여건, 영업상의 비법, 신용. 명성. 거래선 등 영업상의 이점 등을 감안하여 적절한 평가방법에 따라 유상으로 취득한 가액
2. 사업인가당시 인가조건으로 부담한 기금(반환받을 수 있는 경우를 제외한다) 및 기부금등

자산을 취득할 때 붙는 금액은 자산취득가액이다.

자산을 취득할 때는 취득에 따른 부대비용이 발생하는 경우가 많다.

세법에서는 매입가액뿐만 아니라 취득세, 등록세등 취득시까지 지출된 기타 부대비용을 모두 포함하도록 하고 있다. 그리고 자산의 가치를 증가시키는 비용(이를 세법에서는 "자본적지출"이라 한다.)은 취득가액에 포함하고, 가치증가와 무관한 비용(이를 세법에서는 "수익적지출"이라 한다.)은 당해연도비용으로 처리한다.

예를 들이 건물에 엘리베이터를 설치하는 경우는 건물의 가치가 증가하므로 자본적지출로 보아 건물의 취득가액에 포함하여야 하고, 건물 외벽도장등은 가치증과와는 무관하므로 비용(수익적지출)으로 처리한다.

또한 무형자산인 권리금의 경우에는 보통 기존 매도자와의 거래에 의해서 결정된 가액으로 한다. 보통 일정기간동안의 수강료 등 상호 협의하에 결정되는 경우가 많다. 단, 이에 대해 계약서등에 명확히 기재를 하고, 원천징수 및 지급근거를 남겨두어야 한다.

산정하고, 이에 따라 선정된 장부가액을 기초로 하여 당해연도의 감가상각비를 계산한다.

감가상각자산의 가치를 증가시키기 위해 지출한 수선비로 다음과 같은 지출을 말한다. (소령67②)

ⓐ 본래의 용도를 변경하기 위한 개조

ⓑ 엘리베이터 또는 냉난방장치의 설치

ⓒ 빌딩 등의 피난시설 등의 설치

ⓓ 재해 등으로 인하여 건물. 기계. 설비등이 멸실 또는 훼손되어 당해 자산의 본래용도로의 이용가치가 없는 것의 복구

ⓔ 기타 개량. 확장. 증설 등 ⓐ, ⓑ 와 유사한 성질의 것.

단, 다음 중 하나에 해당하는 경우로 당해 수선비를 비용(필요경비)로 계상한 경우에는 자본적 지출로 보지 아니하고 전액 비용(필요경비)로 인정한다. (소령 67③)

ⓐ 개별자산별로 수선비로 지출한 금액이 300만원 미만인 경우

ⓑ 개별자산별로 수선비로 지출한 금액이 직전과세기간종료일 현재 장부가액의 5%에 미달하는 경우

ⓒ 3년 미만의 주기적인 수선을 위하여 지출하는 비용의 경우

취득에 소요되는 비용이 모두 인정받는 것은 아니다.

자산을 취득하는데 소요되는 금액은 자산으로 계산을 하여야 하지만 예외적인 경우가 있다.

만약 학원장이 직계존속등 특수관계있는 자로부터 시가보다 높은 가액으로 매입한 경우 시가초과액은 취득가액에서 제외된다. 이는 자산의 과대계상을 통해 비용이 과다하게 계산되므로 세금에 영향을 미치기 때문이다. 또한 증여문제가 발생할 수도 있으므로 시가 범위내에서 처리하여야 한다.

1년 이상을 사용하는 자산이라도 비용처리하는 경우가 있다.

앞서 살펴본 자산의 조건 중에 사용기간 1년 이상이 있었다. 하지만 컴퓨터, 핸드폰, 노트북 등은 사용기간이 1년 이상이더라도 구입한 즉시 비용처리를 할 수 있다.

이를 세법에서는 즉시상각대상이라고 하는데 통상 단가가 100만원 이하이고, 교체, 폐기등이 수시로 발생하여 소모성 성격이 강한 자산(특히 IT기기등)은 즉시비용으로 처리가 가능하다. 컴퓨터, IT기기등 교환주기가 빠른 현실을 세법도 반영한 것이다.

소액자산 : 개당 100만원 이하로서 고유업무 성질상 대량으로 보유하는 자산이 아닌 자산
기타자산 : 전화기(휴대용전화기 포함), 개인용 컴퓨터 및 그 주변기기 등

✅ 감가상각을 좀 더 파헤쳐 보자.

유형자산 및 무형자산은 장기간에 걸쳐 학원의 수익창출에 기여를 하게 된다. 따라서 학원의 운영에 기여할 것으로 추정된다면, 지출한 시점에 모두 비용처리하는 것이 아니고 일정기간에 걸쳐 적절하게 배분하여 비용처리를 하여야 한다. (회계학에서는 수익비용대응의 원칙에 부합한다고 한다.) 이와 같이 유형자산 및 무형자산의 취득금액을 합리적인 방법에 의해 일정기간동안 체계적으로 배분하는 것을 감가상각이라고 한다.

감가상각비를 계산하기 위해서는 취득가액과 내용연수가 필요하다.

감가상각비를 계산하기 위해서는 취득가액과 잔존가액, 그리고 내용연수가 필요하다.

이는 자산의 취득가액을 세법상 정해둔 일정기간(내용연수)동안 세법에 의한 방법에 의해 계산을 하기 위해서 정해둔 요건이라고 보면 된다.

또한 감가상각 방법은 자산의 종류에 따라서 정액법, 정률법 등으로 감가상각비를 계산한다.

취득가액은 앞에서 살펴보았으므로 여기서는 그 외 부분에 대해 살펴보기로 한다.

내용연수는 세법상 정해져있다.

내용연수란, 해당자산이 수익창출에 기여할것으로 생각되는 예상 사용기간으로 세법에서는 업종과 자산의 형태에 따라서 내용연수를 부여하고 있다. 학원의 경우 기본적으로 4년의 내용연수를 적용하되 차량은 5년, 건물의 경우에는 40년을 적용한다.

자산의 종류	감가상각방법		내용연수
	신고시(선택)	무신고시	
건물	정액법	정액법	40년(30~50년)*
비품,시설장치,차량운반구등	정액법, 정률법	정률법	4년(3년~5년)
차량(학원전용차량외)	정액법	정액법	5년
무형고정자산(영업권등)	정액법	정액법	5년

* 건축물등의 경우 구조에 따라 내용연수가 다르다. 철골, 철근콘크리트조건물의 경우가 대부분이므로 40년의 내용연수를 적용하지만 다른 구조(연와조, 블록조등)의 건축물의 경우 기준내용연수가 다르게 적용된다.

감가상각방법은 신고, 변경이 가능하다.

감가상각방법 및 내용연수는 학원장이 적용하고자 하는 방법으로 신고를 할 수 있다. 감가상각방법을 신고하고자 하는 때에는 종합소득세 신고시까지(과세표준확정신고 기한까지) 감가상각방법신고서를 제출하여야 한다.

하지만 건물과 영업권의 경우에는 정액법만 적용이 가능하므로 변경을 할 수가 없다. 따라서 학원에서는 비품에 대한 감가상각변경을 정률법에서 정액법으로 변경하는 것만 가능한데 절세효과가 더 떨어지기 때문에 실무상으로 감가상각방법을 변경하는 경우는 거의 없다.

> ### 세법에서는
>
> 영업권 및 사업용고정자산의 포괄인수시 감가상각방법(소통 33-12)
> 타인으로부터 영업권 및 기타의 사업용고정자산을 포괄적으로 양수한 경우에도 영업권 및 기타 각 자산의 취득가액은 각 자산별로 구분하여 계산하여야 한다.
>
> 자산을 포괄승계 받은 경우 적용할 내용연수(소통 33-14)
> 사업양도로 인하여 자산을 양도인의 장부가액으로 포괄승계 받은 경우에는 승계한 사업자가 적용하던 내용연수를 그대로 적용하여야 한다.

감가상각비 계산방법

감가상각비는 아래와 같은 방법으로 계산을 한다. 즉, 계산방법이 정해져 있어서 계산된 금액만 비용인정이 되고, 초과한 금액은 비용으로 인정하지 않는다.(이를 감가상각비 한도초과액이라고 한다)

① 정액법

감가상각비 = 취득가액 / 내용연수

② 정률법

감가상각비상각 = 취득가액 × 상각율 (5년기준 45.1%)

취득가액은 엄밀히 따지면 잔존가액도 반영하여야 하지만 여기서는 이해를 돕기 위해 모두 생략하였다.

특수한 경우 감가상각비의 계산

① 과세기간 중 학원을 개원, 폐원 또는 취득, 양도하는 경우

과세기간 중에 학원을 개원하거나 폐원한 경우 또는 당해 과세기간 중에 신규자 산을 취득하거나 양도한 경우 해당과세기간인 1년을 충족하지 못하였기 때문에 월단위로 해당기간만큼만 감가상각비를 계산한다. 이때 1월 미만의 일수는 1월로 한다.

> ex) 5월 15일에 신규자산을 취득한 경우 당해과세기간에는 5월부터 12월 까지 8개월간 사용한 것으로 간주한다.

② 자본적지출을 비용(필요경비)로 계상한 경우

자본적지출이란 고정자산의 가치와 내용연수를 증가시키기 위해 투입된 지출로 이는 지출한 시점에 비용처리를 할 수 없고, 해당 자산과 동일하게 감가상각을 해야 한다. (이를 세법에서는 즉시상각의제라고 하며 감가상각의 계산을 다시 해야 한다.) 만약 비용으로 처리한 경우 세법에 의한 상각범위액과 비교하여 세 무조정을 하여야 한다. 독자들은 참고만 하길 바란다.

ex) 자본적지출로 1천만원을 지출한후 비용(필요경비)로 계상한 경우 (회사
　　계상 감가상각비 5백만원, 감가상각비 한도액 7백만원인 경우)
　　세법상 감가상각비로 파악하는 금액은 1천5백만원(자본적지출 1천만원
　　+ 회사계상 감가상각비 5백만원)으로 한도금액 7백만원을 초과하므로
　　차액 8백만원은 비용(필요경비)로 인정하지 않는다.

세법에서는

중고자산을 구입한 경우

중고자산을 취득하는 경우에는 그 자산의 내용연수를 기준내용연수(건물 40년, 비품등 5년)의 50%에 상당하는 연수와 그 기준내용연수의 범위 안에서 내용연수를 정할 수 있다. 이때 중고자산의 내용연수를 신고하고자 하는 때에는 "내용연수신고서"를 과세표준확정신고기한까지 제출하여야 한다.

> **내용연수변경이 가능한 중고자산의 범위 등(소칙 35)**
> 1. 법인 또는 다른 사업자로부터 취득한 자산으로서 당해 자산의 사용연수가 이를 취득한 사업자에게 적용되는 기준내용연수의 50% 이상이 경과된 자산을 말한다.
> 2. 기준내용연수의 50%에 상당하는 연수를 계산함에 있어서 6월 이하는 없는 것으로 하고, 6월을 초과하는 경우에는 1년으로 한다.

❷ 차량이 있다면 비용처리를 위해서 한번더 생각해야 한다.

학원이 복식부기의무자(연매출 7500만원 이상)이거나 법인이라면 차량과 관련된 비용을 인정받으려면 차량운행일지작성 및 세법상 요건을 갖춰야 한다.

차량과 관련된 비용은 유류비, 자동차보험료, 자동차감가상각비, 수리비등(이하 차량유지비라고 한다.)이 있으며, 학원과 관련되었다고 해서 모두 인정받는 것은 아니라는 의미이다. 단, 학원에서 학생수송을 위해 직접사용하는 승합차(9인승이상 카니발 등)은 제외된다.

대상 차량

세법에서 문제삼는(?) 차량은 개별소비세법 제1조제2항제3호에 해당하는 승용자동차 이다.

우리가 일반적으로 생각하는 승용차, suv는 모두 여기에 해당한다고 보면 된다.

단, 배기량이 1천cc 이하인 경차와 9인승이상 승합차는 제외된다. 학원에서 학생 수송차량으로 많이 사용하는 그랜드스타렉스, 카니발(9인승, 11인승에 한함), 로디 우스(11인승에 한함)등은 차량운행일지 작성대상이 아니다.

차량관련비용

차량에 대한 감가상각비. 유류비, 보험료, 수선비, 자동차세, 통행료 및 임차료(리스 또는 할부 구입시)등 업무용승용차의 취득, 유지를 위하여 지출한 비용은 모두 차량 관련비용으로 본다.

단, 감가상각비는 정액법으로만 비용처리가 가능하고, 운전기사의 급여는 인건비로 처리되어 차량관련비용으로 보지 않는다.

운행일지를 작성해야 하고 전용자동차보험에 가입해야 한다.

법인의 경우에는 업무전용자동차보험에 가입하여야 한다. 업무전용자동차보험에 가입하지 아니한 경우에는 차량관련비용은 전액 비용으로 인정받지 못한다.

단, 개인학원은 학원장명의로 자동차보험에 가입해도 무방하다.

운행기록부를 작성해야 한다.

차량이 업무용으로 사용되었다는 것을 증명(?)하기 위해서 운행기록부를 작성하여야 한다. 운행기록부에서 가장 중요한 내용은 업무용사용거리로 업무용 사용거리란 학원과 관련된 업무를 수행하기 위하여 주행한 거리로, 출·퇴근거리도 포함한다. 따라서 거래처 접대를 위한 운행, 직원들 경조사 참석을 위한 운행도 모두 업무용 사용거리에 포함시킬 수 있다.

또한 소득세, 법인세신고시 업무용승용차관련비용명세서를 제출해야 하며, 운행기록부는 과세관청의 요청시 즉시 제출해야 하고, 입무에 대한 소명은 학원장에게 있으므로 주의하여야 한다.

차량유지비는 업무사용비율만큼만 비용인정 받는다.

업무전용자동차보험을 가입하고 운행기록부를 작성했다고 차량유지비가 모두 비용 처리되는 것은 아니다. 즉, 차량유지비중 업무사용비율만큼만 비용처리가 되고, 만약 운행기록부를 작성하지 않았다면 1년에 1천만원을 한도로 비용처리를 할 수 있다.

특히, 법인학원의 경우 운행기록부를 작성하지 않거나, 업무사용비율이 100%가 아닌 경우 대표자의 상여로 처분(대표자에게 급여처리되어 소득세가 부과됨)될 수 있으므로 주의하여야 한다.

차량가액 5000만원
1년간 지출한 차량관련비용 : 보험료 120만원, 유류대 400만원, 통행료 30만원이라고 가정할 경우
차량관련비용은
감가상각비 1,000만원 + 1년간 지출한 차량관련비용 550만원 = 1550만원

사례1. 차량운행일지를 작성하지 않은 경우
차량관련비용중 1000만원만 비용인정되고 나머지 550만원은 비용인정되지 않음. (감가상각비 불인정등은 생략)

사례2. 차량운행일지를 작성하였으나 전체 운행거리 20,000km 중 업무용사용거리가 18,000km로 확인되는 경우
차량관련비용 1550만원 x 18,000/20,000 = 1395만원만 비용인정됨.

사례3. 차량운행일지상 운행거리가 모두 업무용으로 사용되었을 경우
차량관련비용 1550만원은 전액 비용처리가됨.

업무용승용차 운행기록부

【업무용승용차 운행기록부에 관한 별지 서식】 〈2016.4.1. 제정〉

과세기간	. . ~ . .	업무용승용차 운행기록부	상 호 명	
			사업자등록번호	

1. 기본정보

①차 종		②자동차등록번호	

2. 업무용 사용비율 계산

③사용일자(요일)	④사용자		운행내역				업무용 사용거리(km)		⑩비 고
	부서	성명	⑤주행 전 계기판의 거리(km)	⑥주행 후 계기판의 거리(km)	⑦주행거리(km)		⑧출퇴근용(km)	⑨일반업무용(km)	
	⑪과세기간 총주행 거리(km)				⑫과세기간 업무용 사용거리(km)			⑬업무사용비율(⑫/⑪)	

(뒤 쪽)

작 성 방 법

1. ① 업무용승용차의 차종을 적습니다.
2. ② 업무용승용차의 자동차등록번호를 적습니다.
3. ③ 사용일자를 적습니다.
4. ④ 사용자(운전자가 아닌 차량이용자)의 부서, 성명을 적습니다.
5. ⑤ 주행 전 자동차 계기판의 누적거리를 적습니다.(당일 동일인이 2회 이상 사용하는 경우 ⑤란을 적지 않고 ⑦란에 주행거리의 합만 적을 수 있습니다.)
6. ⑥ 주행 후 자동차 계기판의 누적거리를 적습니다.(당일 동일인이 2회 이상 사용하는 경우 ⑥란을 적지 않고 ⑦란에 주행거리의 합만 적을 수 있습니다.)
7. ⑦ 사용시마다 주행거리(⑥-⑤)를 적거나, 사용자별 주행거리의 합을 적습니다.
8. ⑧ 업무용 사용거리 중 출·퇴근용(원격지 출퇴근을 포함) 사용거리를 적습니다.
9. ⑨ 업무용 사용거리 중 제조·판매시설 등 해당 업체의 사업장 방문, 거래처·대리점 방문, 회의 참석, 판촉활동, 업무관련 교육·훈련 등 일반업무용 사용거리를 적습니다.
10. ⑪~⑬ 해당 과세기간의 주행거리 합계, 업무용 사용거리 합계, 업무사용 비율을 각각 적습니다.

210mm×297mm[백상지 80g/㎡ 또는 중질지 80g/㎡]

✅ 대출이자인데 비용인정을 못 받는다?

앞에서 학원운영과 관련되었다면 비용으로 인정받는다고 했다. 하지만 차량유지비도 학원운영과 관련되었는데 경우에 따라서는 일부만 인정되고, 지금 살펴볼 대출이자도 경우에 따라서는 비용인정을 못 받을 수 있다.

학원관련대출이 아니면 이자비용을 인정받지 못한다.

학원자산등을 구입하기 위해 차입한 금액을 용도와 다르게 사용한 경우 사업의 부실화 및 폐혜를 방지하기 위하여 대출이자에 대해서 비용인정을 하지 않는데 이를 세법에서는 초과인출금에 대한 지급이자라고 한다.

용어는 잘 와닿지 않을 수 있으므로 무시하여도 되고, 그 내용만 이해하면 된다. 즉, 학원용으로 대출을 실행시키고 부동산 투기, 자택구입등 사업과 관련없이 자금을 전용하는 경우에는 학원용 자산의 합계액이 대출액의 합계에 미달할 수밖에 없는데 그 미달금액에 상당하는 이자비용은 비용(필요경비)으로 인정하지 않는다는 의미이다.

예를 들어 5억원(대출이율 5%)을 대출받아서 2억원은 학원인테리어 등에 사용하고 나머지 3억은 개인용도 등으로 사용한 경우 대출이자 2500만원 중 3/5은 비용인정을 하지 않는다. 세법에서는 적수라는 개념으로 그 계산을 하고 있으나 이에 대한 내용은 생략하기로 한다.

채권자가 불분명할 경우 이자비용을 인정받지 못한다.

아래와 같이 채권자가 불분명한 경우 해당 차입금에 대한 지급이자는 비용(필요경비)로 인정을 받지 못한다. 그리고 이와 같은 차입금이 아니더라도 원천징수를 제대로 이행하지 아니한 지급이자의 경우에는 비용(필요경비)로 인정받지 못한다.

"그럼 원천징수를 하면 되지 않을까요?" 라고 질문하시는데 타인에게 이자비용을 지급할 때 원천징수할 금액은 이자금액의 27.5%로 꽤 높다. 따라서, 현실적으로 금융기관 차입금에 대한 이자비용 외에는 거의 인정받을 수 없다.

채권자가 불문명한 경우라 함은 다음과 같다(소령76).
① 채권자의 소재 및 성명을 확인할 수 없는 차입금
② 채권자의 능력 및 자산상태로 보아 금전을 대여한 것으로 인정할 수 없는 차입금
③ 채권자와의 금전거래사실 및 거래내용이 불분명한 차입금

세법에서는

사업과 가사에 공통으로 관련되는 비용의 비용(필요경비) 계산(소통 33-3)
사업과 가사에 공통으로 관련되어 지급하는 금액에 대하여 사업과 관련된 비용(필요경비)의 계산은 다음 각호와 같이 한다.
1. 지급금액이 주로 부동산임대소득 또는 사업소득·산림소득을 얻는데 있어서 업무 수행상 통상 필요로 하는 것이고, 그 필요로 하는 부분이 명확히 구분될 때에는 그 구분되는 금액에 한하여 비용(필요경비)로 산입한다.
2. 사업에 관련되는 것이 명백하지 아니하거나 주로 가사에 관련되는 것으로 인정되는 때에는 비용(필요경비)로 산입하지 아니한다.

사업용으로 사용된 것이 확인되는 차입금에 대한 지급이자의 비용(필요경비)산입 여부(소득 해석편람 33-3-3)
가사관련경비의 비용(필요경비)불산입 규정을 적용함에 있어, 차입금이 사업용으로 사용된 것이 확인된 경우에는 그 차입금에 대한 지급이자는 비용(필요경비)에 산입한다.

거주자의 가사경비관련 초과인출금계산시 사업용자산가액의 범위
1. 사업용자산의 합계액이 부채의 합계액에 미달하는 경우에 그 미달하는 금액(초과인출금)에 상당하는 부채의 지급이자는 비용(필요경비)에 산입하지 아니함.
2. "사업용자산의 합계액"을 계산함에 있어서 토지와 건물의 가액은 장부가액으로 하며, 이 경우 취득가액은 소득세법 시행령 제89조 제1항의 규정에 의하여 실제취득가액으로 하는 것임. 다만, 실제취득가액을 알 수 없는 경우에는 취득당시의 소득세법 제99조 및 같은법 시행령 제164조의 규정에 의한 기준시가에 지방세법에 의한 취득세, 등록세 상당액을 가산한 금액으로 할 수 있는 것이며, 재고자산의 가액은 소득세법 시행령 제91조의 규정에 의한 평가방법에 따라 평가한 가액으로 하는 것임.
3. 초과인출금의 적수의 계산은 매월말 현재의 초과인출금의 잔액에 경과일수를 곱하여 계산할 수 있는 것임.(소득 46011-21418.2000.12.13)

장기성 예,적금의 사업용 자산 해당 여부(소득 해석편람 33-3-6)
은행 대출금 등과 연계되어 부득이 발생한 예.적금 등은 사업용 자산으로 보아 초과인출금을 계산한다.

초과인출금 계산시 대출관련 예금을 사업용자산에 포함하는지 여부(소득 해석편람 33-3-7)
초과인출금을 계산함에 있어서, 사업과 관련하여 보험회사로부터 대출받은 차입금 중 일부를 당해 보험회사에 예치한 경우 그 예치금은 사업용자산에 해당한다.

✅ 세법에서 인정하는 영수증은 따로 있다.

비용지출을 하고 영수증을 받았다고 모두 인정받는 것은 아니다. 세법에는 정규증빙만 인정하기 때문이다.

정규증빙이란 세금계산서, 계산서, 신용카드매출전표, 현금영수증을 말한다.

학원을 하다 보면 거래명세표, 입금증, 간이영수증, 계약서, 견적서 등을 많이 받는데 이는 세법상 정규증빙이 아니라서 원칙적으로는 비용인정을 받을 수 없다. 세금계산에 있어서 정규증빙은 매우 중요한데, 정규증빙을 받지 못한 경우 비용인정을 못받거나, 추가불이익이 있으므로 모든 거래에 있어 정규증빙을 받는 것은 매우 중요하다.

정규증빙의 1번 타자 세금계산서

세금계산서란 정규증빙에 있어서 가장 중요한 증빙이다. 따라서 예외적인 경우를 제외하고는 재화와 용역을 공급받은 경우에는 반드시 세금계산서를 수취하여야 한다.

1) 세금계산서가 왜 중요할까

학원운영중 발생하는 비용중 교재비, 수도요금 등을 제외하곤 거의 모든 비용은 과세 대상이다. 여기서 과세, 면세의 구분은 재화나 용역을 공급받는자 즉, 학원이 기준이 아니고 공급하는자가 기준이다. 간혹 학원이 면세사업자이므로 세금계산서를 수취해도 매입세액공제를 못받기 때문에 중요하지 않게 생각하는 경우가 많은데 이는 잘못된 생각이다. 세금계산서등 정규증빙을 수취하지 않은 경우에는 가산세의 문제가 발생하고 심지어 비용으로 인정받지 못하는 경우도 생기기 때문이다.

2) 세금계산서를 받을 때에는 필요적 기재사항을 확인해야 한다.

세금계산서를 수취하는 경우에는 필요적 기재사항을 반드시 확인하여야 한다. 필요적 기재사항은 공급자 등록번호, 상호, 성명, 사업장주소, 공급받는자 등록번호, 작성년월일, 공급가액, 세액 이다. 다음 세금계산서에서 굵은선 항목으로 이 부분이 표시되어 있으므로 해당 내용을 잘 살펴본다면 세금계산서 부실기재로 인해 가산세등 불이익을 방지할 수 있다.

책 번 호													권	호
세금계산서(공급받는 자 보관용)														
일 련 번 호														

공급자	등 록 번 호				-				공급받는자	등 록 번 호				
	상호(법인명)		성 명 (대표자)						상호(법인명)			성 명 (대표자)		
	사업장 주소								사업장 주소					
	업 태		종 목						업 태			종 목		

작성		공 급 가 액									세		액						비 고	
연	월	일	공란수	조	천	백	십	억	천	백	십	만	천	백	십	일	천	백	십	억 천 백 십 만 천 백 십 일

월	일	품	목	규 격	수 량	단 가	공 급 가 액	세 액	비 고

합 계 금 액	현 금	수 표	어 음	외상 미수금	이 금액을 **영수**함

210㎜×148.5㎜(인쇄용지(특급) 34g/㎡)

3) 세금계산서를 받지 않아도 되는 경우

다음에 해당되는 거래에 있어서는 세금계산서를 교부받지 않아도 무방하므로 영수증을 수취하면 된다.

① 택시운송 사업자, 노점 또는 행상을 하는 사업자로부터 공급받는 재화 또는 용역

② 목욕·이발·미용업을 영위하는 자로부터 공급받는 재화 또는 용역

③ 부동산임대료 중 간주임대료에 해당하는 부분

④ 신용카드매출전표, 현금영수증을 교부받은 경우

면세사업자와의 거래시에는 계산서를 받자.

부가가치세 면세사업자(서점, 총판, 수도요금 등)로부터 재화를 공급받는 경우에는 계산서를 수취하여야 한다. 계산서는 세금계산서와 달리 부가가치세가 기재되지 않고 공급가액만 기재가 되어있다. 세금계산서와 마찬가지로 필요적 기재사항의

전부 또는 일부가 기재되어 있지 않거나 사실과 다르게 기재되어 있을 경우 인정받지 못한다.

특히 교재비의 경우 출판사등이 면세사업자이므로 계산서 수취대상이다. 따라서 총판을 통한 교재의 구입, 프랜차이즈를 통한 교재구입(가맹비는 제외), 일반서점을 통한 교재 및 도서의 구입시 계산서를 반드시 수취하여야 한다. 하지만 자체 제작하는 교재의 경우 교재가 아닌 인쇄물이므로 과세대상에 해당하여 세금계산서를 수취하여야 한다. 물론 신용카드로 결재 또는 현금영수증을 받은 경우에는 계산서를 받지 않아도 된다.

신용카드결제는 신용카드매출전표(카드영수증)만 있으면 된다.

신용카드매출전표라 함은 신용카드결제 후 수취하는 카드영수증을 의미한다. 여기서 신용카드는 여신전문금융업법에 의한 신용카드, 직불카드, 체크카드, 선불카드, 외국에서 발행된 신용카드등도 모두 포함된다.

국세청홈택스에 사업용신용카드로 등록한 경우에는 해당 카드영수증을 별도로 보관하지 않아도 되고, 카드영수증대신 카드사가 발행한 월별이용대금명세서만 있어도 증빙으로 인정받을 수 있다.

🔍 세법에서는

신용카드매출전표로 보는 경우
다음 중 어느 하나에 해당하는 증빙자료를 보관하고 있는 경우에는 신용카드매출전표를 보관하고 있는 것으로 본다.(소령 208조의 2 ④)
① 「여신전문금융업법」에 의한 신용카드업자로부터 교부받은 신용카드 월별이용대금명세서 및 「조세특례제한법」규정에 의한 선불카드·현금영수증의 월별이용대금명세서. 매년 말에 제공받는 신용카드 등의 연간 사용합계표는 해당하지 않는다.
② 「여신전문금융업법」에 의한 신용카드업자로부터 전송받아 전사적자원관리시스템에 보관하고 있는 신용카드, 직불카드 및 「조세특례제한법」규정에 의한 선불카드·현금영수증의 거래정보
③ 선불카드의 경우에는 실지명의가 확인되는 기명식 선불카드에 한한다.(소득법126의2①)

선불카드와 포인트카드는 정규증빙이 아니다.

해당 카드는 유가증권등에 해당하여 실제 해당카드로 지출한 경우 현금영수증을 발급받아야 비용으로 인정이 가능하다.

구분	내용	인정여부
법인카드	법인명의카드와 대표자명의의 개인카드로서 사업에 사용한 것이 명확히 입증되는 신용카드. 신용카드에 법인명의와 당해 법인의 종업원 개인명의가 함께 기재되고, 신용카드 이용에 따른 대금의 상환이 일차적으로 개인계좌에서 결제되나 최종적으로 해당 법인이 연대하여 책임지는 형태로 발급된 신용카드(재경부 법인 46012-150, 2000.10.12)	인정
직불카드	직불카드회원과 신용카드가맹점간에 전자 또는 자기적 방법에 의하여 금융거래계좌에 이체하는 등의 방법으로 물품 또는 용역의 제공과 그 대가의 지급을 동시에 이행할 수 있도록 신용카드업자가 발행한 증표 (법령 158③)	
체크카드	직불카드와 같이 예금잔액 범위 내에서 사용이 가능하나, 신용카드와 같이 모든 신용카드가맹점에서 사용이 가능한 카드	
백화점카드	재정경제부장관으로부터 신용카드업의 허가를 받은 백화점운용사업자가 발행하여 금융기관을 통하여 이용대금을 결제하는 카드	
선불카드 (무기명)	신용카드업자가 대금을 미리 받고 이에 상당하는 금액을 전자 또는 자기적 방법으로 기록하여 발행한 증표로서 그 소지자의 제시에 따라 신용기드가맹점이 그 기록된 범위 내에서 물품 또는 용역을 제공할 수 있도록 한 카드 (조특법 126조의2①) ex) 무기명 교통카드,고속도로 카드등	불인정
포인트카드	고객에 대한 보상프로그램의 일종으로서 사용실적에 따른 포인트 별로 사은품지급 등의 혜택을 부여함에 있어 그 포인트의 누적관리를 목적으로 교부된 카드 ex) 통신사마일리지 카드등	

세법에서는

월별 신용카드사용내역서 (법인 46012-133, 2000.1.14)

법인세법 제116조 제2항 제1호의 규정을 적용함에 있어서 여신전문금융업법에 의한 신용카드 업자가 신용카드 이용법인에 신용카드 사용내역을 월별로 일괄하여 통보하는 경우, 당해 통보 서에 의하여 신용카드의 이용자. 재화 또는 용역을 공급한 자. 이용일자. 이용금액 및 이용내역 등 여신전문금융업법에 의한 매출 전표의 기재내용을 확인할 수 있는 경우에는 같은 규정에 의 한 영수증(지출증빙)서류로 볼 수 있는 것임.

현금영수증은 세금계산서와 같다.

현금결제시 (금융기관 이체를 통한 결제 포함)에는 사업자등록번호가 기재된 현금영 수증을 수취해야 한다. 물론 세금계산서를 받아도 되지만 현금영수증을 받아두는게 좀 더 편리하나.

현금영수증을 비용으로 처리하기 위해서는 지출증빙용으로 받아야 하므로, 핸드폰 번호가 아닌 사업자등록번호를 알려주어야 한다.

세법에서는

임직원명의로 교부받은 현금영수증의 정규증빙 해당여부(서01-230, 2005. 1. 1)

법인세법 제25조 제2항 및 같은법시행령 제41조 제7항의 규정은 법인이 1회에 접대에 지출한 접대비가 5만원을 초과하는 경우에 적용하는 것이므로 1회에 접대에 지출한 접대비가 5만원 이하인 경우에는 당해 법인의 임직원명의로 신용카드(현금영수증 포함)를 수취하더라도 법인의 업무와 관련하여 지출한 것이 입증되는 경우에는 같은법 제25조 제5항의 접대비로 인정되는 것이며, 법인이 사업자로부터 거래건당 5만원을 초과하는 재화 또는 용역(접대비 제외)을 공급 받고 임직원명의 현금영수증을 수취한 경우 당해 거래가 법인의 업무와 관련하여 지출된 비 용임이 입증되는 때에는 같은법 제76조 제5항에 규정된 가산세를 적용하지 아니하는 것임.

✅ 증거(지출증빙)가 있어야 비용인정을 받을 수 있다.

앞서 살펴본바와 같이 학원과 관련된 지출이라면 모두 비용인정을 받을 수 있으나 그 전제조건이 두가지가 있는데 그중 하나가 세금계산서로 대표되는 영수증이다. 즉, 영수증이 없으면 아무리 학원과 관련된 비용이라도 인정을 받을 수 없다.

다만, 일반적으로 알고 있는 영수증과는 달리 세법에서는 그 내용에 대해 상세한 규정을 두고 있다. 그리고 학원규모, 거래현황 등에 따라 세법에서 정한 영수증(이를 "정규증빙"이라고 한다)을 수취, 보관하고 있지 않은 경우 가산세 등 제제도 가하고 있다. 이는 허위 영수증으로 비용을 과대계상하고 이로 인한 탈세를 막기 위한 필수적인 제도로서 학원장이라면 그 의무를 다 하여야 한다.

세법에서 말하는 정규증빙이란 세금계산서, 계산서, 신용카드매출전표, 현금영수증을 의미한다.

영수증은 5년간 보관해야 한다.

모든 학원장은 학원의 운영과 관련된 모든 거래에 있어서 수취한 영수증은 신고기한 (개인의 경우 매년 5월 31일, 법인의 경우 사업연도 종료일로부터 3월)이 경과한 날부터 5년간 이를 보관하여야 한다.

일반적으로 잘못알고 있는 내용이 영수증(지출증빙)을 세무신고시에 제출하는 것으로 알고 있는데 영수증은 장부작성을 위한 기초자료이고, 이 장부를 근거로 신고서를 작성한 후 세무신고시에는 신고서만 제출한다.

세부서에서는 신고된 신고서를 근거로 그 내용을 검토하여 신고의 적정성 여부를 파악한다. 이때 신고서에 문제점이 있거나 탈세의 혐의가 있는 경우에는 신고내용에 대한 소명을 요청하거나 세무조사를 수행하는데 이때 영수증(지출증빙)을 가지고 그 적정성을 따진다. 그리고 영수증(지출증빙)은 5년간만 보관하면 그 의무를 다하는 것이다.

세법에서는

거주자가 부동산임대소득금액·사업소득금액 또는 기타소득금액을 계산함에 있어서 그 비용의 지출에 대한 증빙서류는 확정신고기간종료일부터 5년간 보관하여야 한다.(소법 160의 2①)

정규증빙은 사업자와의 거래시에만 받으면 된다.

정규증빙의 수취대상은 사업자와의 거래이다. 따라서 비사업자와의 거래에 있어서는 정규증빙을 수취하지 않더라도 가산세가 없다. 왜냐하면 비사업자는 정규증빙을 발행할 수 없기 때문이다.

다만 비사업자로부터 재화 또는 용역을 제공받고 그 대가를 지급하는 경우에는 거래사실을 확인할 수 있는 자료와 함께 금융거래등을 통하여 증빙을 남겨두어야 한다. 그리고 다음에 해당하는 사업자로부터 재화 또는 용역을 공급받는 경우에는 정규영수증(지출증빙)을 수취하지 아니하여도 된다.

1) 수익사업을 영위하지 아니하는 비영리법인
2) 국가 및 지방자치단체 또는 지방자치단체조합
3) 금융보험업을 영위하는 법인
4) 국내사업장이 없는 외국법인
5) 읍, 면 지역 소재 간이과세자

세법에서는

다른 법인과 공동구매한 재화를 사전약정에 따라 분배받고 대가로 지급한 금액의 영수증(지출증빙)여부(서01-2184, 2006.10.30)

법인(공동구매의 대표법인, 이하 "갑법인"이라 함)이 사무용 컴퓨터 구입시 구매단가를 낮추고자 다른 법인(이하 "을법인"이라 함)과 공동구매한 재화를 사전약정에 따라 을법인이 갑법인으로부터 재화를 분배받고 그 대가로 지급한 금액에 대하여는 법인세법 제116조(영수증(지출증빙)서류의 수취 및 보관)및 같은법 제76조 제5항의 규정을 적용하지 아니하는 것이나, 이 경우에도 갑법인은 사업자로부터 공동구매한 재화 또는 용역에 대하여 같은법 제116조 제2항 각호에 규정된 증빙서류를 수취하여 이를 보관하여야 하는 것임

교육용역제공법인이 지급하는 포상금의 영수증(지출증빙)수취의무대상 여부
(법인46012-910, 2000.04.08.)

다른 법인 등에 교육용역을 제공하는 법인이 사전약정에 의하여 교육성적이 우수한 법인 등에 대하여 포상금으로 지급하는 금액으로서 재화 또는 용역의 공급대가에 해당하지 아니하는 것에 대하여는 법인세법 제116조의 규정에 의한 영수증(지출증빙)의 수취·보관의무규정이 적용되지 아니하는 것이며, 동 포상금이 건전한 사회통념상 상관행에 비추어 정상적인 거래라고 인정되는 경우에는 각사업연도소득금액계산상 손금에 산입할 수 있는 것임.

상품권을 구입판매하는 경우 계산서발행 및 영수증(지출증빙)서류수취대상 여부
(부가 46015-3650, 2000.10.26)

1. 상품권을 자기책임과 계산하에 구입하여 판매하는 경우에 있어서 당해 상품권은 부가가치세가 과세되지 아니하는 것으로 부가가치세법 제16조의 규정에 의한 세금계산서를 교부할 수 없는 것임.
2. 상품권발행회사의 상품권을 취득하여 일반소비자에게 판매하는 상품권유통사업자인 법인이 상품권을 판매하는 경우에 법인세법 제121조에 규정한 계산서의 작성 및 교부의무가 없는 것이며, 상품권유통법인으로부터 상품권을 구입하는 법인의 경우에도 법인세법 제116조 (영수증(지출증빙)서류의 수취 및 보관)의 규정 및 같은법 제76조 제5항에 규정하는 영수증(지출증빙)서류의 수취관련 가산세가 적용되지 아니하는 것이나, 상품권을 구입하여 접대비로 사용하는 법인의 경우에 같은법 제25조 제2항 각호에 규정된 접대비의 지출 외에는 1회의 접대에 지출한 접대비가 5만원 이상인 경우 각사업연도소득금액계산시 이를 손금에 산입하지 아니하는 것임.

임차보증금지불시 세금계산서 등을 미수취시 증빙불비가산세적용 여부
(법인 46012-2005, 2000.09.29)

부동산임대업을 운영하는 법인이 임차인과의 임대차계약내용과 관련하여 지급하는 임대보증금에 대하여는 법인세법 제116조 "영수증(지출증빙)서류의 수취 및 보관"의 규정을 적용하지 아니하는 것임.

✅ 정규증빙이 없으면 비용인정을 받을 수 없을까?

원칙적으로 정규증빙이 없으면 비용인정을 받을 수 없다. 하지만,

3만원 이하 거래분은 영수증으로 비용인정

3만원 이하 거래분은 정규영수증(지출증빙)외에 영수증, 거래명세표, 입금증등을 수취해도 거래내역만 입증된다면 비용으로 인정받을 수 있다.

1. 건당거래금액이 3만원 이하인 경우. 30만원의 거래를 3만원영수증 10장으로 쪼개는 것은 인정받지 못한다.
2. 읍·면지역 소재 간이과세자와 거래한 경우
3. 금융·보험용역을 제공받은 경우
4. 국내사업장이 없는 비거주자 또는 외국법인과 거래한 경우
5. 농어민으로부터 재화 또는 용역을 직접 공급받은 경우
6. 국가등으로부터 재화 또는 용역을 공급받은 경우
7. 비영리법인으로부터 재화 또는 용역을 공급받은 경우
8. 원천징수대상 사업소득자로부터 용역을 공급받은 경우(원천징수한 경우에 한하며, 강사료등이 여기에 속한다)

강사료를 3.3%로 지급한 경우 영수증을 안받아도 된다.

학원강사에게 사업소득으로 보수를 지급하고 3.3% 원천징수한 후 해당 내용을 신고, 납부한 경우 지출증빙을 수취하지 않아도 비용인정이 가능하다.

세금계산서를 못받은 경우에는 매입자발행세금계산서제도를 활용하자.

매입자발행세금계산서 제도는 사업자(일반과세자)로부터 재화 또는 용역을 공급받았음에도 그에 대한 세금계산서를 발행받지 못하는 경우, 학원장(재화 또는 용역을 공급받은 사업자)이 관할세무서장의 확인을 받아 세금계산서를 발행할 수 있는 제도이다.

세금계산서를 교부받지 못한 경우 매입자발행세금계산서를 발행하여 보관하는 때에는 세금계산서의 수취, 보관의무를 이행한 것으로 보아, 해당비용을 인정받을 수 있다.

특히 학원의 경우 재화, 용역을 공급받고 세금계산서 발행을 거부받거나, 발급받지 못한 경우가 종종 있는데 이때는 일정요건을 갖추어 관할세무서장의 확인을 받아 학원장이 세금계산서를 발행할 수 있고, 정규증빙서류로 사용할 수 있다. 단, 매입자발행세금계산서를 신청하기 위해서는 공급자의 인적사항, 계약서, 지급내역등을 확보해두어야 한다.

학원을 인수받는 경우

학원을 포괄양수도에 의한 방법으로 인수하는 경우에도 계약서, 지급근거만으로 비용인정이 가능하다. 단, 권리금을 지급하는 경우에는 이와 별계로 원천징수의무를 다해야 한다.

그 외 영수증만 받아도 비용처리가 되는 경우

비사업자와의 거래
택시, 버스등 대중교통을 이용하고 받은 영수증
항공기, 기차, 고속버스등을 이용하고 받은 승차권
유료도로 통행료 등

🔍 세법에서는 ────────────

동문회 회보 등의 증빙수취 의무(법인 46012-1338, 2000.6.9)

법인이 사업자가 아닌 동문회 또는 학교학생회 등이 발간하는 회보 및 행사지 등에 광고를 게재하는 대가로 회보발간비 및 행사비를 지원한 경우에도 위 영수증(지출증빙)서류수취관련규정을 적용하지 아니하는 것임.

폐업자로부터 재화를 공급받는 경우 (법인 46012-1774, 2000.8.16)

법인이 사업을 실질적으로 폐업하고 부가가치세법 제5조 제4항 규정에 의하여 폐업신고를 한자로부터 같은법 제6조 제4항에 의하여 폐업시 잔존재화(사업용고정자산을 포함)로써 과세된 재화를 구입한 경우에는 사업자로부터 재화를 공급받은 것으로 보지 아니하므로 법인세법 제116조 제2항 및 같은법 제76조 제5항의 규정을 적용하지 아니하는 것임.

미등록사업자 등과의 거래시 영수증(지출증빙)(법인 46012-199, 2000.1.20)

미등록사업자로부터 부동산임대용역을 공급받는 경우에도 법인세법 제116조 제1호 및 제2호의 규정에 의한 영수증(지출증빙)(다만, 부가가치세법 제25조 규정에 의한 간이과세자 또는 과세특례자에 해당하는 임대사업자로부터 부동산임대용역을 공급받는 경우에는 법인세법시행규칙 제79조 제10호의 규정에 의한 경비 등의 송금명세서에 의할 수 있음)의 수취대상에서 제외되는 것이 아님.

간이과세사업자로부터 식사용역을 제공받고 영수증을 받는 경우 영수증(지출증빙)가산세적용 여부 (법인 46012-2392, 2000.12.16)

법인이 사업자로부터 건당 거래금액(부가가치세 포함)이 10만원 이상인 재화 또는 용역을 공급받고 그 대가를 지급하는 경우 법인세법 제116조 및 같은법 시행령 제158조의 규정에 의하여 세금계산서 등의 증빙서류를 수취하여야 하는 것이나, 세금계산서나 계산서가 아닌 영수증을 교부받는 경우에는 부가가치세법 제32조의 규정에 의하여 재화 또는 용역을 공급받은 때마다 영수증을 교부받아야 하는 것이므로 영수증상의 거래금액을 기준으로 법인세법 제76조 제5항의 규정에 의한 가산세적용 여부를 판단하는 것임.

◎ 정규증빙을 제대로 못챙기면 가산세를 물어야 한다.

사업자에게 재화와 용역을 공급받고 그 대가를 지불한 후 정규증빙서류를 수취하지 않는 경우에 세법에서는 가산세 등 제재를 가하고 있다. 2008년부터는 거래건당 기준금액을 3만원으로 인하하면서 더 엄격하게 적용을 하고 있다.

물론 정규증빙서류를 수취하지 아니하였더라도 그 거래사실 자체를 부인(손금불산입 또는 필요경비불산입) 하는 것은 아니다. 객관적인 정황상 거래사실이 확인되는 경우 손금이나 비용으로 인정을 하되 증빙불비가산세, 영수증수취명세서 미제출 가산세 등으로 제재를 하고, 거래상대방에게 해당부분에 대한 과세를 한다.

정규증빙을 받지 않으면 증빙불비가산세 대상이다.

정규증빙서류란 앞에서 살펴본 바와 같이 세금계산서, 계산서, 신용카드매출전표, 현금영수증을 의미한다. 만약 정규증빙서류이외의 서류를 수취한 경우에는 증빙불비가산세 (거래금액의 2%)가 부과된다. 증빙불비 가산세는 개인사업자와 법인사업자, 과세사업자와 면세사업자, 일반과세자와 간이과세자의 여부와 상관없이 적용이 되며, 최근에는 정규증빙 미수취에 대한 검증이 점점 강화되고 있으므로 주의하여야 한다.

단, 정규증빙수취대상이 아닌 거래와 거래단위별 공급대가가 3만원 이하인 경우 등에는 증빙불비가산세가 적용되지 아니한다.

비용인정이 안되면 가산세도 적용하지 않는다.

증빙불비가산세는 비용(필요경비)로 인정받는 부분에 한해서 적용하는 것 이므로 세법상 비용으로 인정받지 못하는 경우에는 가산세가 적용되지 않는다. 즉, 경비인정을 받지 못해 소득금액 및 세액에 미치는 영향이 없기 때문에 가산세를 적용할 여지도 없는 것 이다.

또한 단순경비율, 기준경비율을 적용하는 개인학원의 경우에는 증빙불비가산세가 적용되지 아니한다. 단, 기준경비율 적용대상자의 경우 주요경비인 매입비용, 임차료, 인건비에 해당하는 부분은 증빙불비가산세가 적용된다.

정규증빙이 아닌 영수증을 받은 경우에는 영수증수취명세서를 제출해야 한다.

세금계산서, 계산서, 신용카드매출전표, 현금영수증등 정규증빙 외의 증빙을 수취한 경우에는 영수증수취명세서를 제출하여야 한다. 이는 개인사업자만 적용되는 규정으로 법인사업자는 제출대상이 아니며, 개인사업자 중 소규모학원은 제외한다.

영수증수취명세서를 제출하지 않으면 제출하지 않거나 불분명한 금액의 1%를 가산세로 부과하고, 영수증수취명세서는 종합소득세신고시 제출한다.

정규증빙을 수취하지 않으면 거래상대방에게도 피해가 간다.

정규증빙수취는 사업자의 의무라고 했다. 반대로 생각하면 정규증빙의 발행역시 사업자의 의무이다. 과세관청에서는 정규증빙을 수취하지 않은 거래에 대해서는 증빙불비가산세, 영수증 수취명세서 미제출 가산세와 별개로 거래상대방에게 패널티를 가하고 있다. 정규증빙을 받지 못했다는 얘기는 거래상대방이 매출을 누락하기 위해서 정규증빙을 발행하지 않았다고 보기 때문이다.

예를 들어 학원에서 인테리어등을 하고 정규증빙을 수취하지 않으면 비용인정을 받지 못함이 원칙이나 사실관계를 입증하면 비용인정을 해준다. 그때 증빙불비가산세등을 학원에 부과한다. 하지만 여기서 끝이 아니고 과세당국에서는 소명한 사실관계를 가지고 실제 인테리어시공업자의 세금신고내역을 분석하여 세금을 부과한다. 이 경우 대부분은 인테리어업자는 세금신고를 하지 않았기 때문이다.

⊘ 기부금! 좋은일을 하면 세금도 줄여준다.

누가봐도 좋은일인 불우이웃돕기, 이재민성금등을 지출하거나, 국방, 정당 등 국가 등에 지출한 금액은 기부금으로 보아 비용으로 인정받을 수 있다.

기부금은 사업자가 특수관계 없는 자에게 사업과 직접 관계없이 무상으로 지출하는 재산적증여의 가액을 말한다(소령 79 ①). 앞에서 비용으로 인정받으려면 사업과 관련이 있어야 한다고 말했다. 따라서 사업과 관련이 없으므로 비용(필요경비)로 인정받지 않아야 하지만 기부금에 한해서 공익성과 정책상 목적에 의하여 비용(필요경비)로 인정하거나, 소득공제로 인정해주고 있다.

> **세법에서는**
>
> 기부금과 접대비 등의 구분 (소통 34-4)
> 사업자가 금전 또는 물품 등을 기증한 경우에 그 금품의 가액은 거래실태별로 다음에 규정하는 기준에 따라 접대비 또는 기부금으로 구분한다. 다만, 정치단체, 사회단체, 기념사업회 등에 지급한 경우에는 이를 기부금으로 한다.
> 1. 업무와 관련하여 지출한 금품 : 접대비
> 2. 제1호에 해당되지 아니하는 금품 : 기부금

법정기부금

법정기부금은 대표적으로 다음과 같으며 해당하여 소득금액을 한도로 전액공제가 가능하다.

① 국가등에 기증하는 금품

국가 또는 지방자치단체(지방자치단체 조합 포함)에 무상으로 기증하는 금품의 가액. 다만, 「기부금품의 모집 및 사용에 관한 법률」의 적용을 받는 기부금품은 규정1)에 의하여 접수하는 것에 한한다.

---

1) 제5조 (국가 등 기부금품 모집·접수 제한)
   ① 국가 및 지방자치단체 및 그 소속 기관·공무원과 국가 또는 지방자치단체에서 출자·출연하여 설립된 법인·단체는 기부금품의 모집을 할 수 없다. 다만, 대통령령이 정하는 국가 또는 지방자치단체에서 출자·출연하여 설립된 법인·단체는 그러하지 아니하다.
   ② 국가 또는 지방자치단체 및 그 소속 기관·공무원과 국가 또는 지방자치단체에서 출자·출연

② 국방헌금과 국군장병 위문금품의 가액

③ 이재민을 위한 구호금품

④ 자원봉사용역의 가액

「재난 및 안전관리기본법」에 따른 특별재난지역의 복구를 위하여 자원봉사한 경우 그 자원봉사용역의 가액

⑤ 다음의 학교등에 시설비, 교육비, 장학금 또는 연구비로 지출하는 기부금

- 「사립학교법」에 따른 사립학교
- 비영리 교육재단(사립학교의 신축·증설, 시설 확충, 그 밖에 교육환경 개선을 목적으로 설립된 비영리 재단법인만 해당한다)
- 「근로자직업능력 개발법」에 따른 기능대학
- 「평생교육법」에 따른 원격대학 형태의 평생교육시설
- 「경제자유구역 및 제주국제자유도시의 외국교육기관 설립·운영에 관한 특별법」에 따라 설립된 외국교육기관
- 「산업교육진흥 및 산학연협력촉진에 관한 법률」에 따른 산학협력단
- 「한국과학기술원법」에 따른 한국과학기술원, 「광주과학기술원법」에 따른 광주과학기술원 및 「대구경북과학기술원법」에 따른 대구경북과학기술원
- 「국립대학법인 울산과학기술대학교 설립·운영에 관한 법률」에 따른 울산과학기술대학교
- 「재외국민의 교육지원 등에 관한 법률」 제2조제3호에 따른 한국학교(대통령령으로 정하는 요건을 충족하는 학교에 한한다) - 법인세법 시행규칙 별표 6의4(책자 부록의 「법정기부금 단체」 참고)

하여 설립된 법인·단체는 자발적으로 기탁하는 금품이라도 법령에 다른 규정이 있는 경우를 제외하고는 이를 접수할 수 없다. 다만, 다음 각 호의 어느 하나에 해당하는 경우에는 그러하지 아니하다.

1. 대통령령이 정하는 바에 의하여 사용용도와 목적을 지정하여 자발적으로 기탁하는 경우로서 기부심사위원회 심의를 거친 경우
2. 모집자의 의뢰에 의하여 단순히 기부금품을 접수하여 모집자에게 전달하는 경우
3. 제1항 단서 규정에 의한 대통령령이 정하는 국가 또는 지방자치단체에서 출자·출연하여 설립된 법인·단체가 기부금품을 접수하는 경우

⑥ 다음의 병원에 시설비, 교육비 또는 연구비로 지출하는 기부금

- 「국립대학병원 설치법」에 따른 국립대학병원
- 「국립대학치과병원 설치법」에 따른 국립대학치과병원
- 「서울대학교병원 설치법」에 따른 서울대학교병원
- 「서울대학교치과병원 설치법」에 따른 서울대학교치과병원
- 「사립학교법」에 따른 사립학교가 운영하는 병원
- 「암관리법」에 따른 국립암센터
- 「지방의료원의 설립 및 운영에 관한 법률」에 따른 지방의료원
- 「국립중앙의료원의 설립 및 운영에 관한 법률」에 따른 국립중앙의료원
- 「대한적십자사 조직법」에 따른 대한적십자사가 운영하는 병원
- 「한국보훈복지의료공단법」에 따른 한국보훈복지의료공단이 운영하는 병원
- 「방사선 및 방사성동위원소 이용진흥법」 제13조의2에 따른 한국원자력의학원
- 「국민건강보험법」에 따른 국민건강보험공단이 운영하는 병원
- 「산업재해보상보험법」 제43조제1항제1호에 따른 의료기관

⑦ 「사회복지공동모금회법」에 따른 사회복지공동모금회, 재단법인 바보의 나눔 등 사회복지사업, 그 밖의 사회복지활동의 지원에 필요한 재원을 모집·배분하는 것을 주된 목적으로 하는 비영리법인으로서 법정 요건을 갖춘 법인에 지출하는 기부금

정치자금기부금

정치자금법에 따라 정당(같은 법에 따른 후원회 및 선거관리위원회 포함)에 기부한 정치자금 중 10만원까지는 세액공제를 하고, 10만원을 초과하는 금액은 정치자금 기부금으로 전액 공제 가 가능하다.

지정 기부금

지정 기부금은 사회, 복지, 문화, 예술, 교육, 종교, 자선 등 공익성기부금으로 앞서 살펴본 법정기부금, 정치단체기부금 외의 기부금을 말한다. 지정기부금은 비종교단체에 지출한 기부금과 종교단체 기부금으로 나뉘며, 해당 기부금의 종류에 따라 공제한도 등이 다르다. 현실에서 가장 많이 발생하는 기부금이므로 기부를 하였을 경우에는

해당 기부금영수증을 잘 챙겨두어야 한다. 기획재정부장관이 지정한 기부금 단체는 국세청홈택스 → 공익법인공시 → 기부금단체 간편조회에서 확인이 가능하다.

기부금에는 한도가 있다.

기부금이라고 모두 비용인정을 해주는 것은 아니다. 해당내용은 복잡하므로 세금신고시에는 반드시 세무사의 도움을 받아 진행하기 바란다.

(1) 법정기부금 및 정치자금기부금의 한도

당해연도의 소득금액 - 이월결손금

(2) 특례기부금

(당해연도 소득금액 - 이월결손금 - 법정기부금 및 정치자금기부금) × 50%(문화예술진흥기금으로 출연히는 금액은 100%)

(3) 지정기부금

① 종교단체 기부금이 있는 경우

(당해연도소득금액 - 이월결손금 - 법정기부금 등) X 10%

+

$\min \begin{cases} ① (당해연도소득금액 - 이월결손금 - 법정기부금 등) X 10\% \\ ② 종교단체 외에 지급한 금액 \end{cases}$

☞ 종교단체 기부금만 있는 경우라면 결과적으로 한도는 소득금액의 10%가 된다.

② 종교단체 외의 기부금만 있는 경우

(당해연도소득금액 - 이월결손금 - 법정기부금 등) X 30%

공제를 다 받지 못한 기부금은 이월이 가능하다.

학원장의 경우 기부금공제액이 종합소득금액을 초과하는 경우에는 그 초과하는 금액은 다음 과세기간으로 이월하여 공제를 받을 수 있다. 다만, 기부금 이월공제 기간은 10년간 이월공제를 허용한다. 따라서 개원초기의 경우에도 기부금을 지출한 내역이 있다면 기부금영수증을 잘 챙겨두어 신고를 하여야 향후 종합소득세를 절세할 수가 있다.

현물로 기부한 경우도 기부금으로 처리가 가능하다.

기부금은 현금주의에 의하여 계산하나, 현물등으로 제공한 경우에는 당해자산의 시가로 평가한다.

다만, 법정기부금의 경우에는 장부가액으로 한다.

> **세법에서는**
>
> 어음으로 지급한 기부금의 비용(필요경비)계상시기(소통 34-3)
> 1. 기부금의 지급을 위하여 어음을 발행(어음의 배서를 포함한다)한 때에는 그 어음이 실제로 결제된 날에 기부금이 지급된 것으로 한다.
> 2. 기부금의 지급을 위하여 수표를 발행하는 때에는 당해 수표를 교부한 날에 지급된 것으로 한다.

기부금명세서를 제출해야 한다.

기부금을 비용(필요경비)로 계상한 때에는 종합소득세 또는 법인세신고시에 기부금명세서를 관할세무서장에게 제출하여야 한다.

✅ 학원과 관련되었어도 비용인정을 못 받을 수 있다.

학원을 운영하는 도중에 발생한 비용이라고 해도 모두 비용(필요경비)로 인정받는 것은 아니다. 세법에서는 비용(필요경비)에 산입하지 않는, 즉 경비로 인정받지 못하는 내용을 정해놓고 있다.

여기서는 비용으로 인정받지 못하는 내용에 대해 살펴보기로 한다.

소득세와 지방소득세

다음에 해당하는 소득세등 이와 관련된 세금과 공과금등은 비용(필요경비)으로 인정하지 않는다.

① 소득세와 소득세중간예납분
② 지방소득세
③ 원천징수의무자가 원천징수세액을 징수하지 아니하고 대신 납부한 원천징수세액

벌금 · 과료(통고처분에 의한 벌금 또는 과료에 상당하는 금액을 포함한다)와 과태료

(1) 벌금, 과태료등은 적법절차를 지켰으면 납부하지 아니하여도 되었을 금액이므로 비용(필요경비)로 인정하지 않는다.
　① 사업자 또는 그 종업원이 법규를 위반하고 지급한 벌과금, 과태료
　② 업무와 관련하여 발생한 교통사고 벌과금
　③ 기타 법규미이행에 따른 가산금등

(2) 다음에 해당하는 금액은 벌금 및 과태료에 해당하지 아니하는 것으로 한다. (소통 33-2②)

　① 사계약상의 의무불이행으로 인하여 과하는 지체상금(정부와 납품계약으로 인한 지체상금을 포함하며 구상권행사가 가능한 지체상금을 제외한다)
　② 산업재해보상보험료의 연체금 및 보험급여액징수금
　③ 국유지사용료의 납부지연으로 인한 연체료
　④ 전기요금의 납부지연으로 인한 연체가산금
　⑤ 의료보험료의 가산금

가사 경비와 이에 관련되는 경비

학원과 무관하거나 학원운영과 연관성이 없는 경비등은 가사경비로 간주하여 비용(필요경비)로 인정하지 않는다.

(1) 학원장이 가사와 관련하여 지출한 경비

학원장이 지출한 비용이 가사와 관련하여 지출하였음이 확인되는 경비는 가사관련경비로 보아 비용(필요경비)에 산입하지 아니한다.

(2) 초과인출금에 대한 지급이자

사업용자산의 합계액이 부채액의 합계에 미달하는 경우에는 그 미달금액에 상당하는 이자비용은 비용(필요경비)으로 인정하지 않는다. 즉, 앞서 살펴본바와 같이 대출이자임에도 비용으로 인정받지 못한다.

감가상각비 등 한도를 초과하는 금액

다음에 해당하는 금액은 세법상 계산한 한도금액과 비교하여 초과하는 금액은 비용(필요경비) 불산입한다.

(1) 감가상각비
(2) 접대비
(3) 기부금

업무무관 비용

학원운영과 직접적인 관련성이 없는 비용은 비용(필요경비)로 인정하지 않는다. 이와 같은 비용을 살펴보면 다음과 같다.

① 학원과 관련없는 자산을 취득·관리함으로 발생하는 비용
② 학원장이 아닌 제3자가 주로 사용하는 자산등의 유지·관리비
③ 업무무관 지급이자로 업무와 관련없는 자산을 취득하기 위해 차입한 차입금에 대하 지급이자
④ 학원운영과 무관하게 지출한 접대비 및 기타 비용

선급비용

2년 이상의 과세기간에 걸친 비용으로 당해연도 및 차기년도에도 영향을 미치는 비용으로 세무조정과정등을 거쳐 선급비용으로 계상한 후 당해년도에는 비용(필요경비)으로 인정하지 아니한다.

대표적으로 자동차보험료등이 있다.

손해배상금

학원의 경우 종종 손해배상금이 발생하는 경우가 있는데 여기서 중요한 것은 고의 또는 중과실이다. 세법에서는 학원업무와 관련한 손해배상금으로 고의 또는 중대한 과실로 타인의 권리를 침해함으로 발생하는 금액은 비용(필요경비)로 인정하지 아니한다. 즉, 고의 또는 중대한 과실이 없는 한 학원업무와 관련된 손해배상금은 비용(필요경비)로 산입할 수 있다.

🔍 세법에서는

교통사고로 인한 위자료 지급시 비용(필요경비)산입여부(소득 해석편람 33-99-1)
사업소득이 있는 거주자의 사용인이 업무수행 차 차량을 운행 중 교통사고를 일으킴으로써 사용자로서 그 피해자에게 치료비와 위자료를 지급하는 경우, 사업주가 그 사고의 발생에 대하여 고의 또는 중대한 과실이 없는 한 지급한 피해배상금은 당해 거주자의 소득금액을 계산함에 있어서 비용(필요경비)에 산입할 수 있다.

⊘ 인건비는 신고를 해야 비용인정을 받을 수 있다.

인건비, 특히 강사료는 학원에서 제일 큰 비중을 차지하는 비용으로 강사료를 제대로 비용처리하지 못하면 학원장의 소득세 문제뿐 아니라 세무조사의 위험에도 노출된다. 왜냐하면 강사료누락은 비용누락을 의미하고, 비용누락의 이유는 바로 매출누락과 직접 연결되기 때문이다.

학원 세무조사의 주된 내용이 매출누락인 점을 감안하면 강사료의 비용처리는 가장 중요하다고 볼 수 있다.

물론 현실적으로 강사료를 제대로 책정하지 못하는 경우도 많다. 왜냐하면 강사들의 경우에도 소득세 및 사회보험을 부담하기 싫어하므로 처음부터 강사계약시 소득 신고를 하지 않는 것을 조건으로 내세우는 경우도 많고, 부득이하게 신용불량자로 되어있는 경우에도 마찬가지로 소득신고를 하지 않기를 바라기 때문이다.

하지만 가장 중요한 것은 원칙이다. 계속적인 편법과 다른 방법을 강구하다가는 더 큰 손실을 입을 수 있는데, 결과적으로 그 손해는 모두 학원장에게 귀속되기 때문이다.

근로계약서 또는 용역계약서를 반드시 작성하자.

일반적으로 학원의 경우 강사와 학원의 계약에 있어 근로계약으로 인한 근로자의 신분보다는 용역계약에 의한 사업소득자의 신분이 대다수이다.

즉, 강사를 자유직업소득자(프리랜서)로 간주하여 사업소득원천징수 3% (주민세 0.3% 별도)로 세무신고 및 강사료 처리를 완료한다.

물론, 경우에 따라선 근로계약을 체결하는 경우도 있지만 학원업의 특성상 강사의 잦은 이동과, 성과급제도로 인해 대다수의 학원들은 사업소득으로 처리하는 경우가 많다. 하지만 수익배분, 계약기간등 추후 분쟁을 예방하기 위해선 계약서를 반드시 작성하는 것이 좋으며, 세부적인 내용등도 구두계약보다는 문서로 남겨놓길 바라며, 노무사와 상담을 받아보는 것이 좋다.

인건비를 지급하는 경우에는 원천징수를 하고, 계좌이체로 지급하자.

원천징수란 인건비를 지급할 때 이를 지급하는자(원천징수의무자; 학원장)가 그 금액을 받는자(소득자;강사)가 내야할 세금을 미리 징수하여 대신 납부하는 것을 말한다.

지급받는 자가 개별적으로 세금을 계산하여 직접 내는 경우 불편할 뿐만 아니라 과도한 행정업무가 일어나기 때문에 지급하는 자가 일괄적으로 대신 신고, 납부토록하여 납세행정을 간소화하기 위한 제도이다.

학원의 경우 학원장이 원천징수의무자 이므로 강사료 등 원천징수소득을 지급하는 경우에는 원천징수를 성실하게 이행할 의무가 있다.

또한 강사료 및 급여를 지급하는 경우에는 급여대장을 작성하여 보관하여야 하고 사업용계좌를 통하여 지급하여야 인정받을 수 있다. 현금으로 주는 경우에는 인건비 지급사실을 인정받기 어려울 수 있으니 주의해야 한다.

인건비 원천징수대상은 근로소득, 사업소득, 기타소득 및 퇴직소득이 있다.

현행 세법에서는 다음의 소득을 지급하는 경우 소득세를 원천징수하도록 하고 있다.

① 이자소득금액

② 배당소득금액

③ 대통령령이 정하는 사업소득에 대한 수입금액(3.3%를 떼는 강사소득)

④ 근로소득금액

⑤ 연금소득금액

⑥ 기타소득금액

⑦ 퇴직소득금액

⑧ 대통령령이 정하는 봉사료수입금액

이중 학원과 관련된 주요 원천징수대상소득과 세율을 따로 살펴보면 다음과 같다.

구 분	내용(세율)
근로소득	강사급여, 상여금 (근로소득 간이세액표를 따름)
일용근로소득	알바급여, 일용근로자 일당 (일당 10만원 이상인 경우)
퇴직소득	강사퇴직금 (별도의 세액계산이 필요)
기타소득	외부강사특강, 초빙에 따른 대가 (지급전금액의 6.6%)
사업소득	강사료 등 인적용역 (지급전금액의 3.3%)

원천징수 의무자는 학원장이다.

세법상 국내에서 거주자나 비거주자에게 원천징수대상이 되는 소득금액 또는 수입금액을 지급하는 자는 원천징수를 하여야 할 의무가 있기 때문이며, 학원장은 세법에서 규정하는 원천징수의무자이다.

원천징수한 세금은 신고를 하고 납부해야 하고 지급명세서는 별도로 제출해야 한다.

원천징수의무자인 학원장은 원천징수한 소득세와 지방소득세를 매월 신고하고 납부하여야 한다. 다만, 일정요건을 충족한 경우 원천징수한 소득세를 반기(6개월)마다 신고하고 납부 할 수 있다.

원천징수내역은 매월 또는 반기마다 신고하지만 이때는 인원수와 금액, 원천징수내역만 신고하므로 강사 및 직원별 개별내역은 신고되지 않는다.

따라서 매년 2월말 또는 3월10일까지 인건비 상세내역을 신고해야 하는데 이를 지급명세서제출이라고 한다.

학원에서 자체적으로 인건비를 처리하는 학원의 경우 원천징수신고를 잘 하고나서 지급명세서 제출을 하지 않아 가산세(총금액의 2%)를 부담하는 경우가 많으므로 놓치지 않도록 주의해야 한다.

원천징수영수증을 교부해야 한다.

인건비를 지급하는 학원장은 다음연도 2월 말일까지 근로소득원천징수영수증을, 사업소득을 지급하는 학원장은 사업소득을 지급하는 때에 그 소득금액 기타 필요한 사항을 기재한 원천징수영수증을 그 받는자(강사)에게 교부하여야 한다.

하지만 현장에서는 교부하는 경우는 거의 없으며, 근로자, 강사의 요청이 있는 경우에만 별도로 교부하고 있다. 또한 강사의 경우도 매년 4월말에서 5월초 국세청 홈택스에서 전년도 원천징수영수증의 직접 조회, 출력이 가능하므로 학원장에게 굳이 요청할 필요는 없다.

원천징수세액이 1,000원 미만인 경우에는 원천징수를 하지 않는다.

원천징수세액이 1,000원 미만인 경우에는 원천징수를 하지 않는다. 단, 이때도 인건비 신고는 하여야 하고, 지급명세서도 제출해야 한다.

6개월마다 인건비를 신고할 수 있다.(원천징수세액의 납부에 관한 특례)

원천징수세액의 납부는 매월 하여야 하나 상시고용인원수 및 업종등을 참작하여 다음에 해당하는 학원의 경우에는 원천징수한 소득세를 반기마다 납부할 수 있다. 이때의 신고, 납부기한은 매년 7월10일과 다음해 1월 10일이다.

(1) 적용대상

① 직전연도의 상시고용인원이 20인 이하인 학원

여기서 상시고용인원은 직전연도 1월부터 12월까지의 매월 말일 현재의 상시고용인원의 평균인원수로 한다.

② 원천징수관할세무서장으로부터 승인을 얻거나 국세청장이 정하는 바에 따라 지정을 받은 자

(2) 승인신청 및 통지

원천징수세액을 매 반기별로 납부할 수 있도록 승인을 얻고자 하는 학원은 반기의 직전 월의 1일부터 말일까지 원천징수관할세무서장에게 신청하여야 한다.(소령 186③) 그리고 신청을 받은 원천징수관할 세무서장은 당해 원천징수의무자의 원천징수세액 신고, 납부의 성실도 등을 참작하여 승인여부를 결정 한 후 신청일이 속하는 반기의 다음 달 말일까지 이를 통지하여야한다.(소령 186④) 이때 통지가 없으면 승인한 것으로 본다.

승인신청기한	승인통지기한	적용
6월1일 ~ 6월 말일	7월 말일까지	하반기부터
12월 1일 ~ 12월 말일	다음연도 1월 말일까지	다음연도 하반기부터

(3) 반기별납부 포기

원천징수세액을 반기별로 납부하고 있는 경우에는 신고, 납부의 세무절차가 간소화 되어 편리할수는 있으나 다수의 강사를 보유하거나, 강사료가 큰 경우에는 그에 해당하는 원천징수세액도 만만치 않아서 반기에 해당하는 원천징수세액을 납부할 때 자금부담이 생길수도 있다.

따라서 원천징수세액을 반기별로 납부하고 있는 학원장이 반기별 납부를 포기하고 매월 신고 납부하고자 하는 경우에는 매월별로 납부하고자 하는 월의 직전 월의 말일까지 "원천징수세액반기별납부포기 신청서"를 제출하여야 한다. 이때 포기신청서를 제출한 달까지의 원천징수내역은 포기신청서를 제출한 달의 다음달 10일까지 신고, 납부하여야 한다.

예시) 반기별 납부대상인 학원이 9월부터 매월 신고납부하고자 하는 경우

8월 31일까지 포기신청서 제출

9월 10일까지 7~8월 원천징수내역 신고, 납부

9월 귀속분부터는 매월 신고, 납부

✅ 학원강사 인건비는 근로소득일까? 사업소득일까?

학원강사 인건비는 근로소득으로 신고해야 할까? 사업소득으로 신고해야 할까?

세법상 근로소득은 고용관계가 있거나 이와 유사한 계약에 의한 근로를 제공한자에게 지급하는 급여를 말하고, 사업소득은 고용관계없이 독립된 자격으로 계속적으로 용역을 공급하고 일의 성과에 따라 지급하는 수당이라고 정의하고 있다.

일반적으로 학원강사는 근로소득으로 처리하는게 맞으나 학원은 관행적으로(?) 사업소득(3.3%소득이라고 불리는)으로 신고하는 경우가 많고, 국세청에서도 이부분에 대해 크게 문제를 삼고 있지는 않고 있다.

근로소득으로 처리할 경우

강사급여를 근로소득으로 처리할 경우에는 세법에서 정해둔 간이세액표에 의해 원천징수를 하고 인건비를 신고한다.

4대보험을 적용하는 강사라고 하면 대부분 근로소득자라고 보면 된다. 또한 근로소득으로 처리하는 경우에는 연말정산대상자에 해당하기 때문에 학원에서는 매년 2월 연말정산도 진행해야 한다.

또한 법인학원의 학원장의 경우에도 근로소득에 해당한다. 근로소득으로 처리할 경우 급여라 함은 기본급을 포함한 상여, 기타제수당을 모두 포함하되, 다음의 금액은 비과세되므로 원천징수대상이 아니다.

① 식대(식사를 제공하는 경우 제외), 월10만원 이하
② 차량유지비(본인명의 차량을 학원을 위해 운행하고 지급받는 경우), 월 20만원 이하
③ 보육수당(강사등이 6세이하 자녀가 있는 경우), 월10만원 이하

근로소득자가 있는 경우에는 연말정산을 진행해야 한다.

연말정산이라 함은 지난 1년간의 연봉 전체에 대한 최종 세금과 매월 원천징수한 세금의 합계를 비교 한후 전자가 크면 세금을 더 걷고, 후자가 크면 차액만큼 환급을 해주는 것을 말한다. 세법에서는 당해연도 근로소득금액에서 종합소득공제를 한 후 이를 근거로 종합소득산출세액을 계산하고 세액공제 및 기 원천징수된 세액을 공제한 차액을 원천징수한 후, 만약 이미 원천징수하여 납부한 소득세가 재계산한 금액을 초과하는 때에는 그 초과액은 당해 근로소득자에게 환급하여야 한다. (소법 제137조 ②)라고, 매우 어렵게 표현하고 있다.

매년 말 신문 및 언론에서는 연말정산을 통해 많은 세금을 환급받는것처럼 오인하게 하는데 이는 공제받을 항목이 많거나, 부양가족이 많을 경우 적용될 뿐 일반적인 단독공제대상자의 경우에는 생각만큼 환급을 받지 못하거나, 심지어 추가납부를 하는 경우도 많이 생기므로 오해하지 않기 바란다.

```
[(1년간 총급여 - 근로소득공제) - 종합소득공제]*세율 - 근로소득세액공제 ----①
1년간 간이세액표에 의해 매월 원천징수한 금액의 합계 -----------------②
① 〉 ②   추가원천징수
① 〈 ②   환급 혹은 추후 원천징수세액에서 공제
```

사업소득으로 보는 경우

강사료의 경우 대부분의 학원에서는 사업소득으로 처리한다.

이때 3.3%를 떼는 금액의 기준은 매월 지급하는 보수로써 기본보수외에 특강비, 수당, 식대, 차량유지비등 강사에게 지급하는 모든 금액이 포함된다고 봐도 무방하다.

또한 사업소득에 해당하는 강사료를 지급할 때에 원천징수를 하여야 하며, 강사료는 매번 변동이 된다면 원천징수금액은 지급시마다 차이가 발생한다.

> **세법에서는**
>
> 사업소득의 원천징수시기 및 방법(원천 해석편람 127-2-1)
> 소득세법 시행령 제184조 제1항의 소득을 지급하는 자는 소득세법 제127조 제1항의 규정에 의거 원천징수의무를 지게 되며 사업소득을 지급하는 거래관행이 발생 건마다 지급할 때는 매 건별로 원천징수하고 여러 건을 정산하여 일정시점에 지급한다면 그 지급시점에 지급하는 금액에 대하여 원천징수한다.

사업소득으로 처리하는 경우에는 연말정산을 하지 않는다.

사업소득으로 처리하여 3.3%를 떼고 보수를 지급하는 경우 강사의 소득은 사업소득에 해당하여 연말정산 대상이 아니다. 즉, 매년 2월에 학원에서는 별도의 연말정산 업무를 진행하지 않으며, 강사는 매년 5월 개별적으로 종합소득세 신고를 하여야 한다.

기타소득으로 처리하는 경우

타 학원의 강사를 초빙해서 특강을 하는 경우, 입시전문가를 초빙해서 입시설명회를 하는 경우등 1회성 또는 비반복적인 강의를 의뢰하고 강의료를 지급하는 경우에는 기타소득으로 처리하면 된다. 하지만 실무적으로는 모두 사업소득으로 처리하고 있다.

또한 학원등을 양수하고 영업권을 지급하는 경우에도 기타소득으로 처리하고 8.8% 세금을 원천징수 하면 된다.

입시학원의 강사에게 지급하는 강사료에 대한 소득구분

거주자가 학교 강사로 고용되어 지급받는 강사료 등은 그 지급방법이나 명칭여하를 불구하고 근로소득에 해당하는 것이며, 일시적으로 강의를 하고 받은 강사료 등은 사업소득에 해당하는 것임. 이 때 고용관계가 있는지 여부의 판단은 근로제공자가 업무 내지 작업에 대한 거부를 할 수 있는지, 시간적, 장소적인 제약을 받는지, 업무수행과정에 있어서 구체적인 지시를 받는지, 복무규정의 준수의무 등을 종합적으로 판단할 사항임. 또한 학교와 학원이 계약을 체결하고 당해 학원에 고용된 강사로 하여금 강의를 하게 하고 그 대가로 학원이 지급받은 금액은 당해 학원의 사업소득의 총수입금액에 산입하는 것임.(소득 46011-2004,1996.7.12)

시간강사료의 소득구분(소득통칙 20-2)

학교 등과의 근로계약에 의하여 정기적으로 일정한 과목을 담당하고 강의를 한 시간 또는 날에 따라 강사료를 지급받는 경우에 동일한 학교에서 3월 이상 계속하여 강사료를 지급받는 경우에 한하여 법 제20조에 규정하는 일반급여자의 근로소득으로 본다.

시간급파트타임 고용계약근로자가 동일한 고용주에게 3월이상 고용된 경우는 월별근로자임

시간급파트타임으로 고용계약하여 근로를 제공하는 경우는 소득세법시행령 제20조에서 규정하는 일용근로자에 해당하나 동일한 고용주에게 3월이상 계속하여 고용된 자는 이에 해당하지 아니한다.(법인 46013-1944,1998.7.14)

✅ 아르바이트도 인건비신고를 해야 한다.

아르바이트(이하 알바라고 한다)를 세법에서는 일용직소득이라고 한다. 학원에서 일용직이라 함은 파트타임강사, 알바, 잡급 의 명칭으로 불리고 있는 단기 용역제공자를 말한다.

알바의 경우 세금을 떼는 경우는 거의 없다.

알바 (세법상 일용근로자)의 급여를 지급하는 때에는 일당에서 15만원을 공제한 후 남은금액에 대해 세율을 적용하여 세금을 뗀다. 일당 15만원으로 한달내내 알바를 한다고 하면 이론상 월 450만원까지는 원천징수할 금액이 없으나. 현실적으로 이런 경우는 거의 없다.

일용근로자의 원천세액계산

[(지급액 − 근로소득공제(10만원/일) × 원천징수세율] − 근로소득세액공제

알바의 근로소득의 인정기간

세법에서는 동일사업장에서 동일 사업주에게 계속 고용된 기간이 3개월 이상인 경우에는 알바(일용직)로 인정하지 않는다. 따라서 계속해서 3개월 이상 고용된 알바의 경우에는 근로소득자로 신고하여야 한다.

알바의 지급명세서는 분기마다 제출한다.

앞서 살펴본 근로소득, 사업소득, 기타소득등은 지급명세서를 1년에 1회, 매년 2월말 또는 3월10일까지 제출한다고 하였다. 하지만 알바의 지급명세서는 매 분기마다다 제출을 하여야 한다. 이를 일용직지급명세서 제출이라고 하며, 미제출시에는 가산세등이 발생하므로 놓치지 않도록 주의하여야 한다.

문제는 4대보험이다.

알바의 경우에도 국민연금 등 4대보험 대상이다.

많은 학원장들이 알바는 별도의 세금을 떼지 않는다고 알고 있고, 심지어 4대보험 대상자라는 사실을 아는 학원장은 거의 없다.

최근에는 많이 당해서(?) 알바도 4대보험 문제가 발생한다는 사실을 알게 되었지만 아직까지도 많은 학원장이 이 부분을 잘 모르고 있다.

과거에는 고용보험, 산재보험에서 문제가 많이 발생하였으나, 최근에는 국민연금, 건강보험에서도 4대보험 문제가 발생하고 있으므로 알바급여 처리시에는 주의를 요한다.

또한 매월15일까지 근로내역확인서라는 서류를 근로복지공단에 제출하여야 하므로 이역시 놓치지 않도록 주의하여야 한다.

알바가 4대보험에 적용되는 경우

일반적으로 4대보험의 경우 1개월 미만 고용된근로자를 일용근로자(알바)라고 한다.

1) 국민연금

   1개월 미만 근무시에는 대상이 아니나 월 8일 이상 근무 또는 60시간 이상 근무한 경우에는 국민연금이 적용된다.

2) 건강보험

   국민연금과 같이 1개월 미만 근무시에는 대상이 아니나 월60시간 이상 근무한 경우에는 건강보험 적용대상이다.

3) 고용보험, 산재보험

   고용·산재보험은 근무일수와 상관없이 모든 알바가 적용대상이다.

단, 4대보험업무는 세무사, 국세청업무가 아니므로 보다 정확한 내용은 반드시 노무사 또는 4대보험공단에 확인후 진행하여야 한다.

✅ 퇴직금에도 세금이 있다.

학원에 있어 퇴직금은 최근에 생긴 가장 큰 관심사 중 하나이다. 학원강사는 보통 3.3% 원천징수하는 사업소득자 이므로 퇴직금지급대상이 아니라고 생각하는 학원장이 많으나 학원의 특성상 사업소득자로 소득구분이 되어 있을 뿐 실제는 근로자인 경우가 많고, 또한 근로기준법이 강화되면서 1인 이상 사업장에서 1년 이상 근무한 자가 퇴직하는 경우에는 퇴직금을 의무적으로 지급해야 하기 때문이다. 즉, 학원 강사의 경우 근로자여부가 매우 중요하므로 이에 대한 부분은 노무사와 상담을 필요로 한다. 이하에서는 퇴직금 및 퇴직연금제도에 대해 일반적인 내용과 세법을 연결해서 살펴보고자 한다.

퇴직금지급요건

퇴직금이란 계속근로기간 1년에 대하여 30일분 이상의 평균임금을 퇴직금으로 퇴직하는 강사, 종업원에게 지급하는 것을 말한다. 퇴직금의 지급요건은 아래의 요건을 갖추어야 한다.

① **근로기준법상 근로자이어야 한다.**
근로자여부는 기간제, 파견제 이든 불문한다. 다만, 계속근로기간이 1년 미만인 근로자, 4주간을 평균하여 1구간의 소정근로시간이 15시간 미만인 근로자의 경우 퇴직금제도가 적용되지 않는다(근로자퇴직급여보장법 4①).

② **계속근로기간이 1년 이상이어야 한다.**
계속근로연수는 원칙적으로 근로자의 입사일부터 퇴직일까지의 기간을 말한다. 근로자가 그 적을 보유하고 근로관계를 유지하고 있다면 휴직기간도 휴직사유에 관계없이 근속연수에 포함된다.

③ **퇴직 또는 근로자의 퇴직금중간정산요구가 있어야 한다.**
근로자가 퇴직을 하거나 퇴직금중간정산요구가 있어야 한다. 여기서 퇴직이라 함은 근로계약의 해지만이 아니고 근로자의 사망 또는 학원의 폐업 등 실질적인 근로계약이 종료되는 모든 경우를 말한다. 하지만 세법에서는 현실적인 퇴직일 경우 퇴직으로 간주한다.

세법에서 보는 퇴직

세법에서는 아래에 해당하는 경우 현실적인 퇴직이라고 보아 퇴직으로 간주한다. 퇴직으로 본다는 의미는 퇴직금으로 처리할 수 있다는 의미이다.

① 사용인이 임원으로 취임한 경우
② 상근임원이 비상근임원이 된 경우
③ 근로자퇴직급여보장법에 따라 사용인의 퇴직급여를 중간정산하여 지급하는 경우
④ 임원보수를 연봉제로 전환하고 향후 퇴직급여를 지급하지 않는 조건으로 그때까지의 퇴직 급여를 정산하여 지급하는 경우
⑤ 임원에게 정관이나 정관에서 위임된 퇴직급여지급규정에서 정한 다음의 사유로 중간정산 하여 퇴직급여를 지급하는 경우
  • 1년 이상 무주택 세대주인 임원의 주택구입
  • 임원(부양가족 포함)의 3개월 이상의 질병 치료 또는 요양
  • 천재지변 기타 재해

단, 다음의 경우는 세법에서 현실적 퇴직으로 보지 아니한다. 따라서 퇴직금으로 보지 않고 근로소득등으로 본다.

① 임원이 연임된 경우
② 대주주의 변동으로 인하여 계산의 편의, 기타 사유로 퇴직급여를 지급하는 경우
③ 외국법인의 국내지점 종업원이 본점(본국)으로 전출하는 경우
④ 정부투자기관 등이 민영화됨에 따라 전종업원의 사표를 일단 수리한 후 재채용한 경우
⑤ 근로자퇴직급여보장법에 따라 퇴직급여를 중간정산하기로 하였으나 이를 실제로 지급하지 않은 경우

퇴직금은 비용으로 처리할 수 있다.

퇴직금은 계속근로년수 1년에 대하여 30일분 이상의 평균임금을 지급하여야 하며, 세법상 퇴직금은 업무와 관련된 지출이므로 현실적인 퇴직의 경우에 강사나 종업원 등에게 지급한 퇴직급여에 대해서는 비용(필요경비)로 인정받을 수 있다. 단, 다음에 해당할 경우 인정받지 못한다.

① 현실적 퇴직이 아닌 임원 또는 사용인에게 지급한 퇴직급여
② 법인학원의 비상근임원에게 지급한 퇴직금 중 부당행위계산 부인에 해당하는 것
③ 법인학원의 임원퇴직금 한도초과액

법인학원 임원은 퇴직금 한도가 있다.

강사나 종업원에게 지급하는 퇴직금은 법정 퇴직금이하로만 지급하지 않으면 문제가 되지 않는다. 반대로 해석하면 법정퇴직금 이상을 지급하여도 특수관계자이거나 임원이 아닌 이상 지급한 금액을 모두 퇴직금으로 인정받을 수 있다.

하지만 임원의 경우에는 세법에서 퇴직금 한도를 규정하고 있다. 따라서 법인학원을 운영하는 학원장이 대표이사인 본인을 포함하여 임원에게 퇴직금을 지급할 경우 주의하여야 한다.

특히 2012.1.1. 이후부터는 정관에 정해진 임원퇴직금지급규정과 상관없이 세법상 정해진 임원퇴직금 한도를 초과하는 금액은 퇴직소득이 아닌 근로소득으로 보아 처리해야 한다.

> 임원퇴직금 한도 = 퇴직 직전 3년간 총급여의 연평균환산액 × (3/10) × 근속기간

> ※ 임원의 범위
> 임원이란 다음의 직무에 종사하는 자를 말한다.
> ① 법인의 회장, 사장, 부사장, 이사장, 대표이사, 전무이사 및 상무이사 등 이사회의 구성원 전원과 청산인
> ② 합명회사, 합자회사 및 유한회사의 업무집행사원 또는 이사
> ③ 감사
> ④ 그 밖에 위에 준하는 직무에 종사하는 자
> 임원에 해당하는지 여부는 그 직책에 관계 없이 종사하는 직무의 실질내용에 따라 판단한다.

퇴직금중간정산을 위해서는 요건을 충족해야 한다.

퇴직금 중간정산이라 함은, 근무중인 강사 또는 종업원의 퇴직전에 계속근로한 기간에 대한 퇴직금을 미리 정산하는 제도를 말한다. 하지만 퇴직금중간정산요건을 갖추지 않은 경우에는 퇴직금으로 인정되지 않으므로 주의하여야 한다.

(1) 퇴직금중간정산 요건

① 근로자의 요구가 있어야 한다.

근로자의 요구가 없는 경우 학원장이 일방적으로 지급한 퇴직금 중간정산은 효과가 없다.

② 학원장의 승낙이 있어야 한다.

근로자가 퇴직금중간정산을 요청하였더라도 학원장이 반드시 중간정산을 하여야 하는 것은 아니다. 경영상 정당한 사유가 있을 경우에는 중간정산 요구를 거절 할 수 있다.

(2) 강사, 종업원의 퇴직금 중간정산

학원장은 강사 또는 직원의 요구가 있는 경우 퇴직하기 전에 당해 강사, 직원이 계속 근로한 기간에 대한 퇴직금을 미리 정산하여 지급할 수 있다. 하지만 2012. 7. 26 이후 부터는 주택을 구입하거나, 부양가족 중 6개월 이상 요양등 일부 예외적인 경우에만 퇴직금중간정산이 가능하다.

※ 중간정산사유 (근퇴령 8)

1. 무주택자인 가입자가 주택을 구입하는 경우
2. 가입자 또는 그 부양가족이 6월 이상 요양을 하는 경우
3. 가입자가 「채무자 회생 및 파산에 관한 법률」에 따른 회생절차개시의 결정을 받은 경우
4. 가입자가 「채무자 회생 및 파산에 관한 법률」에 따른 파산선고를 받은 경우
5. 그 밖에 천재지변 등 고용노동부령으로 정하는 사유와 요건을 갖춘 경우

---

(3) 임원 퇴직금중간정산

법인학원의 학원장(대표이사)의 경우 임원이므로 강사나 종업원의 퇴직금중간
정산과는 다르다.

임원의 퇴직금 중간정산 사유는 다음과 같다.

> ※ 임원 퇴직금 중간정산 사유
> 무주택 세대주가 전세자금을 마련하거나 주택을 구입하려는 경우
> 3개월 이상 걸리는 질병의 치료 및 요양을 위한 경우
> 천재지변과 그에 준하는 재해를 입은 경우

퇴직연금은 DC형과 DB형이 있다.

(1) 확정기여형(DC. Defined Contribution)

학원이 매년 연봉의 12분의 1 이상을 근로자의 개별 계좌에 적립해 주면, 강사
또는 근로자는 자기 책임하에 은행,보험,증권사 등 금융회사에 운용 방법을
지시하는 방식으로 개인에게 투자운용 선택권을 주지만 손실 책임도 개인이
부담한다. 즉, 운용성과에 따라 퇴직시 연금 또는 일시금이 변동된다.

확정기여형 퇴직여금제도를 설정한 경우 학원에서는 납부한 부담금을 퇴직급여
(비용)로 인식하고, 퇴직연금운용자산, 퇴직급여충당금등은 인식하지 않으므로
보다 간편한 세무처리가 가능하다.

(2) 확정급여형(DB. Defined Benefit)

학원이 퇴직금에 해당하는 금액을 은행. 보험, 증권사 등에 맡겨 운용하며, 강사
또는 근로자는 퇴직시 사전에 확정된 급여수준(퇴직금과 동일)만큼의 연금 또는
일시금을 수령한다. 따라서 강사 또는 근로자가 받을 퇴직급여가 고정돼 있다.

(3) 퇴직금과 DB, DC 의 비교

구분	퇴직금	확정급여형(DB)	확정기여형(DC)
비용부담	사용자	사용자	사용자 (근로자추가 부담 가능)
적립방법 및 수급권보장	사내적립, 불안정	부분 사외적립(60% 이상) 부분 보장	전액 사외적립 (연간 임금총액의 1/12 이상), 완전보장
급여형태	일시금	일시금 또는 연금	
적립금 운용주체	-	사용자	근로자
세제	사내적립 25% 손비 인정	퇴직급여충당금 한도 내 100% 사외적립 손비인정	납입 부담금 전액 손비인정
적합기업 및 근로자	도산위험이 없고 임금상승률이 높은 사업장	임금상승률이 높은 사업장, 관리능력이 있는 기업	연봉제, 체불위험이 있는 기업, 직장이동이 빈번한 근로자
급여수준	연간 30일분의 평균임금×근속연수 이상		운용결과에 따라 변동
중간정산 (중도인출)	가능	불가 (일정 요건하 담보대출)	가능 (일정 요건하)

(고용노동부 2011.7.25. 보도자료)

(4) 개인형퇴직연금(IRP)

개인형퇴직연금제도란, 학원장(법인의 경우), 강사, 종업원이 퇴직이나 이직할 때 퇴직일시금을 자신명의의 퇴직계좌에 적립해 놓고 노후에 연금으로 수령할 수 있도록 한 퇴직연금 상품이다. IRP는 운용수익에 대한 이자소득세도 면제되고 장래 연금수령시에도 세율의 세율을 적용받는 등 절세효과가 있는 만큼 최대한 활용하는 것이 유리하다.

퇴직금에도 세금이 있다.

학원에서 퇴직연금을 가입한 경우에는 불입시점에 비용처리가 되므로 별도로 세금 신고를 하지 않아도 된다. (DC형인 경우)

하지만 퇴직연금에 가입하지 않고 실제로 근로자나 임원이 퇴직할 때 퇴직금을 지급하는 경우에는 퇴직한 달의 다음달 10일까지 원천징수를 하고 해당 내역을 신고, 납부하여야 한다.

퇴직금은 근속연수에 따라 원천징수세액이 달라지므로 보통은 세무사사무실에서 처리하고 있고, 국세청 홈택스에서 대략적인 세금계산이 가능하므로 해당세액을 공제한 후 지급하면 된다.

퇴직금 정산 신청서

본인은   를(을) 퇴직하면서 아래와 같이 퇴직금 정산 신청서를 제출합니다.

○ 퇴직금 정산기간
- 기산일 : 20   년   월   일 부터
- 정산일 : 20   년   월   일 까지
- 수령방법
  1. 현금수령
  2. 계좌입금 : 은행명(   ) 계좌번호(   )

○ 서약내용
- 퇴직금 정산 이후 재직기간중의 퇴직금 산정을 위한 계속근로연수 및 퇴직금 지급률에 대하여 이의를 제기하지 않을 것을 확약합니다.
- 퇴직금 정산으로 회사에 재산 및 기타 손실을 초래한 경우에는 민·형사상 책임이 본인에 있음을 확약합니다.

20   년   월   일

퇴직금 정산 및 지급 확인서

본인은   를(을) 퇴직하면서 퇴직금의 지급을 신청하였고 **20   년 월   일자로 금   (₩   )원**의 퇴직금을 지급받았습니다. 이에 체불된 퇴직금이 없음을 확인하는 바입니다.

아울러 재직전후 퇴직금과 관련하여 민·형사상, 노동법상 어떠한 이의도 제기하지 않겠습니다. (부제소의 특약)

20   년   월   일

- 성명 :   (인) • 주민등록번호 :
- 주소 :

대표자 귀중

✅ 사업용 계좌를 잊지 말자.

사업용계좌제도는 학원과 관련한 모든 거래(수입.지출)에 따른 자금이동을 사업용 계좌를 통하도록 하는 제도로서 2007년 7월 1일부터 시행되었다. 하지만 유예기간을 거쳐서 2008년 1월 1일부터 본격적으로 시행되었으며, 법인의 경우에는 법인통장을 사용하므로 해당사항이 없으며 일정요건을 갖춘 개인사업자에게만 해당된다.

복식부기의무학원은 사업용계좌 대상자이다.

직전연도 매출액이 7500만원을 넘는 학원사업자는 학원과 관련하여 재화 또는 용역을 공급받거나 수강료등을 수취하는 경우 그 거래대금의 결재등에는 사업용 계좌를 사용하여야 한다. 사업용계좌란 기존의 개인계좌와는 별개로 사업과 관련된 거래만 사용하여야 한다. 따라서 기존계좌의 경우 사업용계좌로 전환하거나 신규로 사업용계좌를 개설해야 한다.

사업용계좌로 개인거래하여도 세법상 불이익은 없다. 다만 추후 학원거래가 아니라는 것을 입증하여야 하며 이에 대한 입증책임이 학원장에게 있을 뿐이다.

사업용계좌의 요건

사업용계좌는 다음의 요건을 모두 갖춰야 한다.(소득세법시행령208조의5)

① 「금융실명거래 및 비밀보장에 관한 법률」제2조 제1호에 해당하는 금융기관에 개설한 계좌일 것

> 🔍 **세법에서는**
>
> 취급기관 : 금융실명거래 및 비밀보장에 관한 법률 제2조 제1호의 금융기관
> - 한국은행, 한국산업은행, 한국수출입은행, 중소기업은행 및 은행법에 의한 금융기관
> - 장기신용은행, 농협, 수협, 상호저축은행, 우체국, 새마을금고, 신용협동조합, 종합금융회사 등
> - 기타 대통령령이 정하는 기관 : 산림조합 등

② 사업과 관련된 용도로만 (가급적)사용할 것.

③ 개설되는 계좌의 통장에 이름(학원장)과 사업자의 상호가 함께 기재될 것(상호가 있는 경우에 한한다) :홍길동(××수학전문학원)

사업용계좌의 개설

직전년도 수입금액이 업종별 기준금액 이상인 자는 사업용계좌를 개설해야 한다.

업 종 별	기준금액
1. 농업·수렵업 및 임업, 어업, 광업, 도·소매업, 부동산매매업, 기타 2호 및 3호에 해당하지 아니하는 업	3억원
2. 제조업, 숙박 및 음식점업, 전기·가스 및 수도사업, 건설업, 소비자용품수리업, 운수창고 및 통신업, 금융 및 보험업	1.5억원
3. 부동산임대업, 사업서비스업, 교육서비스업, 보건 및 사회복지사업, 사회 및 개인서비스업, 가사서비스업	75백만원

학원은 서비스업에 해당하므로 직전연도 총수입금액이 7500만원 이상이면 사업용계좌 개설 대상자이다.

사업용계좌는 사업장당 1개 이상의 사업용계좌를 개설하여야 한다. 따라서 사업용계좌는 사업장별로 2개 이상 개설할 수도 있다. 또한 하나의 계좌로 여러 사업장에서 함께 사용할 수도 있으므로 학원장의 편의에 따라서 선택하면 된다. 단, 사업장마다 사업용계좌 등록은 무조건 해야 한다.

사업용계좌의 신고는 6월말까지

복식부기의무자는 복식부기의무자로 적용되는 과세기간의 개시일부터 6개월 이내(매년 6월 30일까지)에 사업용계좌를 개설하고 해당 사업자의 사업장관할세무서장에게 신고하여야 한다. 다만, 사업용계좌가 이미 개설·신고되어 있는 경우에는 해당사항이 없으며, 사업용계좌를 변경하거나 추가로 개설하는 경우 매년 5월 31일까지신고하여야 한다.

사업용계좌의 사용방법

사업용계좌를 사용해야 하는 학원은 학원사업과 관련한 거래에 있어서는 모두 사업용계좌를 사용하여야 한다.

(1) 사업용계좌를 사용해야 하는 거래

① 수강료를 금융기관을 통하여 결제하거나 결제받는 때
② 강사료등 인건비 및 임차료를 지급할 때

(2) 사업용계좌를 사용하지 아니하여도 되는 거래

다음에 해당되는 거래의 경우에는 사업용계좌를 사용하지 아니하여도 무방하다.

① 신용카드매출전표나 현금영수증을 수취한 거래
② 거래건당 금액(부가가치세를 포함한다)이 3만원 이하인 거래
③ 그밖에 증빙서류의 수취가 곤란한 거래로 재정경제부령이 정하는 거래

세법에서는

재정경제부령이 정하는 거래
1. 거래상대방이 읍·면지역에 소재하는 간이과세사업자로서 신용카드가맹점이 아닌 경우
2. 금융·보험용역을 제공받은 경우
3. 국내사업장이 없는 비거주자 또는 외국법인과 거래한 경우
4. 농어민(법인제외)으로부터 재화 또는 용역을 직접 공급받은 경우
5. 국가·지방자치단체 또는 지방자치단체조합으로부터 재화용역을 공급받은 경우
6. 비영리법인으로부터 재화 또는 용역을 공급받은 경우
7. 원천징수대상 사업소득자로부터 용역을 공급받은 경우(원천징수한 경우에 한한다)
8. 방송용역
9. 전기통신역무(통신판매업자가 부가통신사업자로부터 부가통신역무를 제공받는 경우 제외)
10. 국외에서 재화 또는 용역을 공급받은 경우
11. 택시운송용역을 공급받은 경우
12. 전산발매통합시스템에 가입한 사업자로부터 입장권·승차권 등의 구입
13. 항공기의 항행용역을 제공받은 경우
14. 부동산임대용역을 제공받은 경우로서 전세금 또는 임대보증금에 대한 부가가치세액을 임치인이 부담하는 경우
15. 연체이자를 지급하는 경우
16. 유료도로의 운영용역을 공급받는 경우(통행료 징수와 관련된 것을 말함)

사업용계좌의 미개설, 미사용시에는 당연히 가산세가 있다.

복식부기의무자가 사업용계좌를 미개설, 미신고하거나 신고된 사업용계좌를 사용하지 않을 경우 미개설 또는 미사용한 수입금액의 0.2%가 가산세로 부과된다.

(1) 사업용계좌 미사용시 가산세

거래대금을 금융기관을 통하여 결제하거나 결제받을 때, 인건비 및 임차료를 지급하거나 지급받을 때에 사업용계좌를 사용하지 아니한 경우 사업용계좌를 사용하지 아니한 금액의 0.2%에 상당하는 금액을 가산세로 부과한다.

(2) 사업용계좌를 미개설, 미신고시 가산세

사업용계좌를 미개설 또는 미신고시에는 미신고기간 수입금액의 0.2%와 미사용 거래금액 합계의 0.2%중 큰 금액을 가산세로 부과한다.

사업용 신용카드 등록제도

사업용신용카드 등록제도는 학원관련 재화구입 또는 용역을 제공받으면서 신용카드로 결제한 후 매입세액 공제를 신청할 경우 거래처별 수취명세서를 제출하지 않고 매입세액공제를 받을 수 있게 하는 제도이다. 학원은 면세사업자이므로 신용카드등의 사용에 따른 매입세액공제를 받을 수는 없으나, 앞서 살펴본 정규 증빙 수취, 보관의 편의를 위해 등록해두는 것이 좋다.

사업용신용카드 등록은 국세청홈택스홈페이지에서 조회/발급 – 현금영수증 – 사업용신용카드코너에서 사업용으로 사용할 신용카드를 등록하면 된다. 최대 50개 신용카드까지 등록이 가능하나, 사업자등록증상 대표자명의 신용카드 및 공동대표자 명의 신용카드를 등록할 수 있다.

세금신고

학원의 세금신고는 매월 하는 인건비 신고, 매년 2월초에 하는 사업장현황신고, 매년 5월에 하는 종합소득세신고(법인의 경우 매년 3월)가 있다.

✅ 사업장현황신고는 매년 2월 10일까지 이다.

부가가치세가 면제되는 면세사업자중 개인사업자는 1년간의 수입금액 및 사업장현황(인적사항, 시설현황등)을 기한내에 관할 세무서에 신고해야 하는데 이를 사업장현황신고라고 한다. 학원은 대부분이 면세사업자이므로 사업장현황신고를 해야 한다. 개인사업자만 해당하므로 법인학원은 사업장현황신고 대상이 아니다.

사업장현황신고는 5월에 있을 종합소득세 신고를 앞두고 성실신고여부를 미리 가늠해 볼 수 있는 중요한 신고이므로 성실하게 신고해야 한다. 특히 입시학원에 대해서는 현금 수수를 유도하여 수입금액을 제대로 신고하지 않는다고 판단하고 있으므로 주의를 요한다. 하지만 최근에는 카드와 현금영수증으로 인해 매출액이 100% 노출되어 수입금액을 누락하는 경우는 거의 없다.

모든 개인학원은 사업장현황신고 대상자이다.

학원사업자는 특별한 사유가 없는 한 사업장현황신고를 하여야 하나 다음 중 어느 하나에 해당하는 경우는 제외한다.

(1) 부가가치세 겸영사업자로서 부가가치세 신고시 면세수입금액 신고를 한 때
(2) 부가가치세 과세사업자, 면세법인
(3) 학원장이 사망하거나 출국함으로써 과세표준 확정신고 특례규정이 적용되는 경우

과세기간 및 신고기한

사업장현황신고는 1년(1/1~12/31)을 과세기간으로 한다.

(1) 과세기간
   ① 계속사업자 : 매년 1월 1일 ~ 12월 31일
   ② 신규개업자 : 사업개시일 ~ 12월 31일
   ③ 폐업자 : 1월 1일 ~ 폐업일

(2) 신고기한
   사업장현황신고기간은 과세기간 다음해 2월 10일까지 이다. 단, 폐업 또는 휴업한 때에는 폐업 또는 휴업신고와 함께 사업장현황신고서를 제출하여야 한다.

사업장현황신고서 작성

사업장현황신고는 사업자의 인적사항, 수입금액명세, 시설현황, 비용내역등 사업장의 지난 1년간의 운영내용 및 학원의 제반 현황과 관련된 사항을 신고하는 제도이다. 사업장현황신고서에는 이와 관련된 내용을 상세히 기재하도록 되어있다. 여기서는 사업장현황신고서와 수입금액검토표 작성방법을 알아보기로 한다.

홈택스 서비스를 이용할 경우 온라인상에서 직접 입력을 하면 된다.

(1) 사업장현황신고서 작성
   사업장현황신고서 각 항목별로 작성방법을 살펴보기로 한다.

   ① 기본사항란
   학원의 과세기간 및 사업자 기본사항을 기재한다.

과세기간		년 월 일 ~ 년 월 일		
사업자	상호	사업자등록번호		공동사업 [ ]여 [ ]부
	성명	주민등록번호		
	사업장소재지		전화번호	
	전화번호	휴대전화	전자우편주소	

② 수입금액(매출액)내역란

수입금액(매출액) 내역

(단위:원)

업 태	종 목	업 종 코 드	합 계	수입금액	수입금액 제외
(1)					
(2)					
(3)					
합 계					

수입금액에 대한 내역으로 사업장현황신고시 가장 중요한 항목이라고 할 수 있다.
- 학원업의 경우 업태는 교육서비스업, 종목은 학원별로 보습학원, 입시학원 등으로 기재한다.
- 업종코드는 보습학원은 809005, 예체능입시학원은 809004, 교습소는 809007을 기재하며, 기재하지 않아도 무방하다.
- 수입금액은 1년간 총수입금액을 적으면 된다. 여기서 총수입금액은 아래 수입금액 결제수단별 구성명세란의 합계금액과 일치하여야 한다. 만약 학원고정자산등을 매각한 경우 해당금액은 수입금액제외란에 기재한다.

③ 수입금액(매출액) 결제수단별 구성명세란

수입금액(매출액) 결제수단별 구성명세

(단위:원)

합 계	신용카드 매출	현금영수증 매출	그 밖의 매출	
			계산서발행금액	기타매출

수입금액을 결제수단별로 구분 기재한다.
신용카드매출과 현금영수증매출은 누락되지 않도록 특히 주의하여야 한다.
학원은 계산서를 발행하는 경우는 거의 없으므로 계산서발행금액란은 무시하되 현금으로 수취하였으나 현금영수증발행을 하지않은 수강료가 있는 경우에는 기타매출란에 기재한다.

④ 정규증빙수취금액란

정규증빙(계산서 · 세금계산서 · 신용카드) 수취금액

(단위:원)

합 계	매입 계산서		매입 세금계산서		신용카드 · 현금영수 증 매입금액
	전자계산서	전자계산서 외	전자세금계산서	전자세금계산서 외	

해당과세기간중 정규증빙인 세금계산서,계산서, 신용카드등을 수취한 금액을 기재한다. 아래 기본경비금액과 비교해서 정규증빙수취금액이 상대적으로 적을 경우 가공경비계상혐의로 의심을 받을 수 있으므로 누락되지 않도록 주의 하여야 한다.

⑤ 기본사항란

기본사항 (과세기간 종료일 현재)

(단위:㎡,원,대,명)

시 설 현 황				종업원 수
건물면적(전용면적)	임차보증금	차량	그 밖의 시설	

12월 31일 현재 학원의 기본사항을 기재한다. 임차보증금은 임대차계약서를 기준으로 작성하고, 차량 및 그밖의 시설은 학원과 관련된 차량 및 시설의 가액을 지개한다. 종업원수에는 사업소득자인 강사(3.3%강사)의 경우는 해당 인원수에서 제외한다.

⑥ 기본경비란

기본경비 (연간금액)

(단위:원)

합 계	임차료	매입액	인건비	그 밖의 경비

학원을 운영하면서 지출한 기본경비를 기재한다. 만약 학원이 장부를 작성하지 않아 기준경비율로 신고하는 경우 임차료, 매입액, 인건비가 매우 중요하므로

해당 금액을 명확히 기재하여야 한다.

매입액은 교재구입비는 포함하되, 차량운반구, 시설장치등은 포함되지 않으니 주의하여야 한다.

또한 강사가 사업소득자에 해당하는 경우에는 인건비에 해당하지 않으므로 그밖의 경비에 기재하여야 한다.

⑦ 공동사업자의 수입금액 부표란

※ 공동사업자인 경우만 작성합니다.

⑦ 공동사업자의 수입금액 부표

상 호		사업자등록번호	
수입금액 분배내용			
공 동 사 업 자		분배비율(%)	수입금액(원)
성 명	주민등록번호		
합 계			

학원을 공동사업으로 운영하는 경우에 작성한다.

사업자등록증상 공동사업자의 인적사항을 기재한 후 공동사업계약서상 분배비율에 맞춰 수입금액을 분배하여 기재한다. 단, 수입금액의 합계는 앞면의 수입금액(매출액)의 합계와 일치하여야 하며, 분배비율의 합계는 100%가 되어야 한다.

(2) 학원사업자 수입금액 검토표 작성

1. 기본사항								
①사업자등록번호				②상호			③성명	
④생 년 월 일					⑤종목		⑥업종코드	
사업장 시설	⑦강 의 실	( )㎡	⑧강의실수	( )개	강 좌 수			
					⑬ 단 과 반	⑭ 종 합 반	⑮ 주 간 반	⑯ 야 간 반
	⑨사 무 실	( )㎡	⑩책 상 수	( )개				
	⑪휴게실외	( )㎡	⑫통학버스등	( )대	( )개	( )개	( )개	( )개

과세기간 종료일(매년 12월 31일)을 기준으로 학원의 기본사항을 기재한다.

2. 직원현황
(단위 : 명, 원)

구 분	⑰인 원	⑱연간총급여액	⑲원천징수세액
⑳강 사			
㉑사무직 등 기타			

직원 및 강사에게 지급된 연간 총급여액과 인원수, 원천징수세액을 기재한다.

급여를 지급한 후 원천징수를 하지 않은 경우 원천징수세액은 기재하지 않는다. 다만, 세법상 원천징수불이행에 따른 가산세등 문제가 발생할 수 있으니 급여를 지급한 후에는 반드시 원천징수를 하고 신고, 납부하여야 한다.

3. 교습현황(별지작성가능)
(단위 : 명, 원)

㉒종합/단과	㉓주간/야간	㉔과목명(과정명)	㉕개강회수	㉖정원	㉗수강연인원	㉘수강단가	㉙총수강료(=㉗×㉘)

교습현황은 종합, 단과반과 주간, 야간으로 구분 작성하고 개설과정이 많은 경우에는 별지로 작성하면 된다.

정원은 학원등록증 및 학원원칙에 등록된 정원으로 기재하고 수강단가가 변경된 경우 수강단가별로 구분하여 기재한다.

4. 총수입금액 명세
(단위 : 원)

구분	해 당 과 세 기 간							
	㉚합 계	㉛수강료	㉜특강비	㉝입학금	㉞교재대	㉟모의고사비	㊱고용보험기금등지원금액	㊲기타수입
㊳총수입금액								

총수입금액 명세는 사업장현황신고서상 수입금액 합계와 일치하여야 한다.

수강료 외에 특강비등을 수취한 경우 해당내용을 구분하여 기재하여야 함을 유의한다.

5. 주요 기본경비 사용금액 검토

(단위 : 원)

㊵교재구입비 · 제조비	㊵광고 선전비	사업장 임차비용		㊸차량 유지비	㊹전기료	㊺기타증빙 수취경비
		㊶보증금	㊷연간임차료			
			(월)			

이 부분은 경비사용에 대한 검토표로 교재의 구입 또는 자체제작에 따른 비용은 ㊵에 기재하며 임차료, 광고선전비, 차량유지비, 전기료외에 지출한 모든 비용의 합계는 ㊺에 기재한다.

계산서의 제출도 잊지 말자.

해당 과세기간에 계산서를 수취하거나 발행하였다면 매출·매입처별 계산서합계표를 사업장현황신고서와 함께 제출하여야 한다.

사업장현황신고시에는 세금계산서와 계산서를 제출하는 것이 아니고 (세금)계산서를 매출·매입처별로 합계한 합계표만 제출한다. 다만, 부가가치세법에 의하여 부가가치세 신고시 제출한 분은 제외한다.

매출·매입처별 (세금)계산서 합계표 작성시 사업자등록번호와 매수, 금액이 매우 중요하므로 오류가 생기지 않도록 유의하여야 한다.

사업장현황신고불이행시에는 학원사업자는 가산세등 제제사항이 없으나 복식부기 의무자인 학원사업자가 매출·매입처별계산서합계표를 제출하지 아니하였거나, 사실과 다르게 기재된 경우에는 그 공급가액의 0.5%에 상당하는 금액을 가산세로 하여 결정세액에 가산한다.

사업장현황신고시 다음내용도 잊지 말자.

(1) 2이상의 학원을 운영하는 경우

2이상의 학원 있는 학원장은 각 학원별로 사업장현황신고를 하여야 한다. 즉, 사업자등록증이 발급되어있는 모든 학원은 각각 신고 대상이다.

(2) 휴업, 폐업의 경우

학원을 휴업, 폐업한 경우 휴업, 폐업신고와 함께 사업장현황신고서를 제출하여야 한다.

(3) 공동사업의 경우

학원을 공동사업으로 영위하고 있는 경우 대표공동사업자가 사업장현황신고서를 작성하여 제출하고, 대표자 및 구성원 각각의 지분별 수입금액을 추가 작성하여 제출한다.

(4) 가산세

학원의 경우 사업장현황신고를 하지 않더라도 세법상 가산세등이 규정되어 있지는 않다. 하지만 복식부기의무자인 학원이 세금계산서합계표와, 계산서합계표를 제출하지 아니하면 제출하지 아니한 공급가액의 0.5%를 미제출 가산세로 부과한다.

또한 사업장현황신고를 하지 않으면 관할세무서 혹은 지방국세청장이 사업장현황을 조사, 확인할 수 있으므로 신고는 반드시 하여야 한다.

사업장현황신고를 하지 않으면 사후관리를 받을 수 있다.

사업장현황신고 불성실 신고혐의가 있는 학원의 경우에는 수입금액에 대해 세밀하고 정확하게 검증할 계획이므로 주의하여야 하며, 이는 추후 세무조사까지 연결되므로 성실하게 신고하여야 한다.

> **세법에서는**
>
> 사업장관할세무서장 또는 지방국세청장은 학원사업자에게 다음의 사유가 있는 때에는 사업장 현황을 조사 확인하거나 이에 관한 장부 및 서류, 물건 등의 제출을 요구하거나 기타 필요한 사항을 명할 수 있다(소득세법 79, 소득세법시행령 141 ④).

(1) 사업장현황의 조사 · 확인의 사유

학원이 사업장현황신고를 하지 않은 경우 학원으로 직접 방문 현지확인을 하거나 서면으로 조사를 할 수 있다. 따라서 불필요한 세무부담을 줄이기 위해서도 사업장현황신고의 성실신고는 매우 중요하다.

① 사업장현황신고서를 제출하지 아니한 경우
② 사업장현황신고서 내용 중 시설현황, 인건비, 수입금액 등 기본사항의 중요부분이 미비하거나 허위라고 인정되는 경우
③ 매출 · 매입에 관한 계산서 수수내역이 사실과 현저하게 다르다고 인정되는 경우
④ 사업자가 그 사업을 휴업 또는 폐업한 경우

(2) 사업장별 수입금액의 조사 확인방법

사업자의 수입금액은 그 사업자가 비치하고 있는 장부 기타 증빙서류에 의하여 산정함을 원칙으로 한다. 다만, 사업자의 수입금액을 장부 기타 증빙서류에 의하여 계산할 수 없는 경우에는 동일업종등의 내용 및 현황 등을 참고하여 계산한 금액으로 한다.

참고자료 수입금액 불성실신고유형(국세청보도자료 2014.1. 15, 학원부분만 발췌, 수정)

사업장현황신고 불성실 신고자에 대한 엄정한 사후검증 실시(국세청보도자료 2014. 1.15)

2 수입금액 불성실 신고자에 대한 엄정한 사후검증 실시

□ 전년도에 수입금액 누락혐의가 큰 1,112명에 대해 수입금액 사후검증을 실시하여 1,002명으로부터 538억 원을 적출하였음.

□ 금년도에는 검증인원을 최소화하되, 경제적 어려움을 겪고 있는 영세사업자는 대상에서 제외하고, 현금거래로 외형노출을 꺼리는 고소득자영업자 위주로 대상을 선정하여,

○ 그동안 업무처리과정에서 파악된 업종별 불성실 신고유형을 활용하여 '세밀하고 정확하게' 수입금액을 검증할 계획임.

○ 수입금액 검증 결과 불성실 신고자에 대해서는 소득세 확정신고 이후 필요경비에 대해서도 검증할 예정임.

① 신고된 사업용계좌가 아닌 종사직원이나 친인척 명의의 차명계좌를 통해 진료비,수강료를 입금받고 수입금액 신고누락
② 실제는 공동사업형식이나 단독사업자로 등록 후 평균 1~2년 주기로 개업과 폐업을 반복하여 사업자를 바꾸는 수법으로 수입금액 분산
③ 현금으로 결제하면 신용카드로 결제할 때의 금액에 10 ~ 15% 정도를 할인해 주고 서비스제공등으로 현혹하여 신용카드 결제를 의도적으로 회피하는 수법으로 수입금액 탈루
④ 수입금액 노출을 피하기 위하여 수강료대장과 학생관리대장을 별도로 관리하는 수법으로 수입금액 탈루
⑤ 기준수강료와 다르게 수강료 수취하면서도 기준수강료 수준으로 신고하거나 수강단가를 낮추어 신고하는 수법으로 수입금액 탈루
⑥ 정규과정 외에도 추가과정을 개설하여 수강하도록 권유하고 추가과정에 대한 수입금액 신고누락
⑦ 수입금액 노출을 우려하여 학원측과 강사의 상호 합의하에 학원 수입금액과 강사료 지급액을 축소 신고하는 수법으로 수입금액 탈루
⑧ 수강료 이외에 특강비, 교재대, 원복 구입대금 및 방과후 교육비 등을 현금으로 수령하고 수입금액 신고누락
⑨ 특강반의 경우 인원이 상대적으로 소수이고 개별적 관리가 용이한 점을 이용, 학부모와 연락하여 차명계좌로 결제를 유도하고 수입금액 탈루
⑩ 유아영어학원에서 카드결제시 교육비 결제와 교재비 결제를 별개로 결제하도록 하는 수법으로 수입금액 탈루
⑪ 실제로 부가가치세 면세사업인 보습학원임에도 학원비 수령시 10%의 부가세를 별도로 수령하고도 세금계산서 발행 없이 수입금액 신고누락

✅ 강사료, 인건비신고는 매월 해야 한다.

강사료등 인건비는 그냥 지급하면 안된다.

세법에서는 인건비를 지급할 때 그 지급하는 자가(학원장이) 세금을 떼고, 그 내용을 신고하도록 하고 있는데 이를 원천세신고라고 한다.

인건비신고는 매월 해야 하나, 세무서장의 승인을 얻거나 지정을 받은 자는 6개월마다(반기별) 신고, 납부가 가능하다.

원천징수세액은 매월 10일까지 한다.

학원장은 원천징수의무자로서 강사료등을 지급할 때에 소득세 원천징수의무를 진다. 그리고 이렇게 원천징수한 세액은 그 징수일이 속하는 달의 다음달 10일까지 원천징수관할세무서에 원천징수이행상황신고서를 제출하여야 한다.

신고기준이 되는 날은 지급한 달이므로 지급한 달의 다음달 10일이다.

일반적으로 매월 말일에 지급을 하고 다음달 10일에 신고를 하지만 학원에 따라서 해당월 급여를 다음달에 지급하는 경우가 있는데 이경 우 신고는 다다음달 10일까지이다. 즉 귀속기준이 아닌 지급기준으로 신고를 한다.

귀속	지급일	신고일	설명
1월	1월 31일	2월 10일	1월 급여를 1월 말에 지급한 경우 지급한 달의 다음달 10일인 2월 10일까지 신고, 납부
1월	2월 5일	3월 10일	1월 급여를 2월 5일에 지급한 경우 지급한 달의 다음달 10일인 3월 10일까지 신고, 납부

원천징수신고를 하면서 납부도 같이 해야 한다.

의외로 많은 학원장이 실수를 하는 것 중에 하나다. 인건비 신고를 하면 신고와 함께 원천징수한 세금을 같은 기한까지 납부해야 한다.

만약 학원장이 징수하였거나 징수하여야 할 세액을 그 기한 내에 납부하지 아니 하였거나 미달하게 납부한 때에는 원천징수납부불성실가산세 징수한다.

인건비신고는 6개월마다 할 수도 있다.

다음에 해당하는 학원은 인건비신고를 매월이 아닌 6개월마다 신고, 납부할 수 있다.

(1) 적용대상

① 직전연도의 상시고용인원이 20인 이하인 학원

여기서 상시고용인원은 직전연도 1월부터 12월까지의 매월 말일 현재의 상시고용인원의 평균인원수로 한다.

② 원천징수관할세무서장으로부터 승인을 얻거나 국세청장이 정하는 바에 따라 지정을 받은자

(2) 승인신청 및 통지

6개월마다 인건비를 신고하고자 하는 경우 6월 또는 12월에 학원관할세무서장에게 신청하여야 한다. 그리고 신청을 받은 원천징수관할세무서장은 당해 원천징수의무자의 원천징수세액 신고, 납부의 성실도 등을 참작하여 승인여부를 결정한 후 신청일이 속하는 반기의 다음달 말일까지 이를 통지하여야한다.

승인신청기한	승인통지기한	적용
6월1일 ~ 6월 말일	7월 말일까지	하반기부터
12월 1일 ~ 12월 말일	다음연도 1월 말일까지	다음연도 하반기부터

(3) 반기별납부 포기

인건비신고를 6개월마다 하는 경우 원천징수세액의 부담으로 인해 반기별납부를 부담스러워하는 경우가 많다. 이때는 반기별 납부 포기가 가능한데, 매월신고 하고자 하는 월의 직전 월의 말일까지 "원천징수세액반기별납부포기신청서"를 제출하면 된다. 단, 이때 포기신청서를 제출한 달까지의 원천징수내역은 포기 신청서를 제출한 달의 다음달 10일까지 신고, 납부하여야 한다.

  예시) 9월부터 매월 신고납부 하고자 하는 경우

    8월 31일까지 포기신청서 제출

    9월 10일까지 7~8월 원천징수내역 신고, 납부

    10월분부터는 매월 신고, 납부

원천싱수영수증 교부

근로소득을 지급하는 학원장은 당해연도의 다음연도 2월 말일까지 근로소득원천징수 영수증을 그 받는 자에게 교부하여야 한다. 다만, 당해연도의 중도에 퇴직한 자에 대하여는 그 퇴직일이 속하는 달분까지의 근로소득에 대하여 그 퇴직일이 속하는 달분의 급여의 지급일의 다음달 말일까지 교부하여야 한다.

그리고 사업소득을 지급하는 학원장은 사업소득을 지급하는 때에 그 소득금액 기타 필요한 사항을 기재한 원천징수영수증을 그 받는자(강사)에게 교부하여야 한다.

하지만 실무에서는 원천징수영수증의 교부의 실익이 없어서 교부를 하는 경우는 거의 없으며 근로자, 강사의 요청이 있는 경우에 교부하고 있다. 또한 매년 4월말이 후부터는 전년도 원천징수영수증을 강사가 직접 국세청 홈택스 사이트에서 도 조회가 가능하므로 원천징수영수증을 교부하는 경우는 거의 없다.

인건비신고를 제때 하지 않으면 가산세 대상이다.

학원장이 원천징수하였거나 원천징수해야 할 세액을 그 기한내에 납부하지 아니하 였거나 미달하게 납부한 때에는 미납세액의 3%에 1일당 미납세액의 0.025%의 가산세를 부담하여야 한다. 단, 미납세액의 10%를 한도로 한다.

$$가산세 = 미납세액의 3\% + 미납세액의 0.025\% / 1일$$

5월 10일까지 원천징수이행상황신고를 하였으나 원천징수세액(320,000원)을 납부하지 못하고
5월 20일에 납부한 경우 가산세금액은?
(320,000 × 3%) + (320,000 × 0.025% × 10일) = 10,400원

인건비신고를 직접해보자

인건비 신고는 매월 10일까지 전월인건비에 대한 내역을 신고하고, 원천징수한 세액을 납부한다고 하였다.
인건비 신고를 할 때는 원천징수이행상황신고서를 세무서에 제출하는데 여기서는 원천징수이행상황신고서
작성방법에 대해서 살펴보기로 한다.
원천징수이행상황신고서는 국세청홈택스를 통해 전자신고도 가능하다.

①신고구분						[ ]원천징수이행상황신고서 [ ]원천징수세액환급신청서	②귀속연월	년 월
매월	반기	수정	연말	소득 처분	환급 신청		③지급연월	년 월
원천 징수 의무자	법인명(상호)			대표자 (성명)			일괄납부 여부	여, 부
							사업자단위과세 여부	여, 부
	사업자(주민) 등록번호			사업장 소재지			전화번호	
							전자우편주소	@

① 신고구분란은 매월분 신고서는 "매월"에, 반기별 신고서는 "반기"에, 수정신고서는 "수정"에, 소득처분에
   따른 신고시에는 "소득처분"에 "○"표시를 하며, 매월분 신고서에 계속근무자의 연말정산분이 포함된 경
   우에는 "매월" 및 "연말"란 두 곳에 모두 "○"표시를 한다.
   원천싱수세액을 환급신청하려는 경우 "환급신청"란에 "○" 표시하고 ㉑환급신청액을 표기한 후 원천징
   수세액환급신청서 부표를 작성하면 된다.
② 귀속연월란은 소득의 귀속된 월을 기재하며, 반기별납부자의 경우에는 반기 개시월(상반기는 ××년 1월,
   하반기는 xx년 7월)을 기재한다. 연말정산의 경우 2013년귀속 일 경우 2014년 2월로 기재한다.
③ 지급연월란은 소득을 지급한 월을 기재하며, 반기별납부자는 반기 종료월 (상반기는 ××년 6월, 하반기는
   ××년 12월)을 기재한다.

보통의 경우 해당월의 급여를 매월말에 지급을 하므로 귀속연월과 지급연월은 같지만 해당월의 급여를 다음달에 지급하는 경우에는 귀속연월과 지급연월이 틀리므로 다르게 기재하여야 한다. 원천징수이행상황신고는 지급연월을 기준으로 하므로 귀속이 이번달이라도 지급이 다음달이면 신고는 다다음달10일까지 하면 된다. "원천징수의무자"란에는 상호, 대표자성명, 사업장등록번호등 학원의 기본사항을 기재한다.

원천징수 내역및 납부세액란에는 해당월에 지급한 소득의 원천징수내역및 납부세액을 기재한다. [   ]표시는 기재하지 않는다.

1. 매월신고 및 기본신고서 작성방법
(1) 근로소득(A01~A10)
근로소득자가 있는 경우에는 그 성격에 따라서 간이세액, 중도퇴사, 일용근로, 연말정산의 해당란에 기재한다. 일반적인 근로소득자의 경우에는 간이세액란에 인원 및 총지급액, 원천징수한 세액을 기재하면 되고, 일용근로자가 있는 경우에는 일용근로(A03)란에 인원및 총지급액, 원천징수한 세액을 기재한다.
근로소득자중 중도퇴사자가 있는 경우에는 1월부터 퇴사월까지 지급한 총금액 및 원천징수세액을 기재하며 퇴사시에 연말정산을 보통 환급세액이 나오므로 그 세액을 적되 △표시를 해서 차감하면 된다.
매년 1월 귀속분을 지급하는 경우에는 연말정산을 해야 하므로 연말정산후 환급세액을 △표시를 한후 기재하면 된다.
최종적으로 A01~A04 까지의 합계는 가감해서 A10 가감계 란에 기재한다.
신고기한내에 신고를 하지 못한 경우에는 가산세를 계산하여 ⑧가산세란에 기재한다.

(2) 퇴직소득 (A20)
퇴직소득은 퇴사자가 발생하여 퇴직금을 지급하였을 경우 기재하며 퇴직소득원천징수 방법에 따라 원천징수를 한 금액을 징수세액에 기재한다.

(3) 사업소득(A25~A30)
학원에서 가장 많이 발생하는 원천징수세액으로 해당월에 총 지급한 인원수와 총지급액을 기재하고 3% 원천징수한 세액을 ⑥ 소득세 등 에 기재한다. 원천징수이행상황신고서는 소득세 원천징수에 대한 신고이므로 주민세와 관련된 부분은 기재하지 않는다.
학원강사의 사업소득은 연말정산 대상이 아니므로 A26란에 기재할 사항은 없다.

(4) 총합계의 기재

수정신고(세액)	A90							
총합계	A99							

총합계(A99)란은 간이세액(A01)부터 수정신고(세액;A90)까지의 합계를 적는다
여기서 수정신고(세액;A90)은 수정신고로 발생한 납부 또는 환급할 세액을 기재하는 란으로 수정신고시에는
기재하지 않고, 당월분 신고를 할때 기재한다.

(5) 환급세액의 조정

❷ 환급세액 조정 (단위 : 원)										
전월 미환급 세액의 계산			당월 발생 환급세액				⑱ 조정대상 환급세액 (⑭+⑮+ ⑯+⑰)	⑲ 당월조정 환급세액 계	⑳ 차월이월 환급세액 (⑱-⑲)	㉑ 환급 신청 액
⑫전월 미환급 세액	⑬기 환급 신청 세액	⑭차감잔액액 (⑫-⑬)	⑮일 반환 급	⑯신탁 재산 (금융 회사 등)	⑰그밖의 환급세액					
					금융 회사 등	합병 등				

환급세액의 조정라는 환급세액이 있는 경우에 납부세액과의 차액을 조정하는란으로 다음과 같이 기재한다.
① 전월로부터 이월된 환급세액(전월 원천징수이행상황신고서의 ⑳ 차월 이월 환급세액)을 ⑫ 전월 미환급
   세액에 기재한다.
② 징수세액(⑥~⑧)란에 환급할 세액 만 있는 경우에는 그 합계를 ⑮일반환급란에 기재한다.
③ 징수세액(⑥~~⑧)란에 각 소득종류별로 납부할 세액과 환급할 세액이 각각 있는 경우는 다음과 같이
   작성한다.
   (가) 납부할 세액의 합계 〉 ⑱ 조정대상환급세액
       ⑱조정대상환급세액란의 금액을 ⑨당월조정환급세액란에 코드[A10, A20,··]순서대로 기재하여 조
       정환급하고, 잔액은 납부세액(⑩⑪)란에 기재한다.
   (나) 납부할 세액의 합계 〈 ⑱ 조정대상환급세액
       우선은 위 (가)의 방법으로 조정하여 환급하고 ⑱조정대상환급세액의 나머지 잔액은 ⑳ 차월이월
       환급세액란에 기재한다.
   (다) ⑨당월조정환급세액란의 합계액[A99]을 ⑲ 당월조정환급세액계란에 기재한다.

2. 반기신고시 작성방법
반기신고시에는 인원, 총지급액, 귀속월, 지급월등을 기재시 주의하여야 한다.
(1) 인원
반기신고시에는 간이세액(A01)의 경우에는 반기의 마지막달(6월, 12월)의 인원을 기재하고, 중도퇴사(A02)
와 일용근로(A03), 사업소득(A25)등은 반기기간동안(6개월)의 총 인원을 기재한다.

(2) 지급액

지급액은 반기기간(6개월)의 총 지급액을 기재한다. 즉, 간이세액(A01)의 인원수를 제외하고는 모두 합계를 기재한다고 이해하면 된다.

(3) 귀속, 지급, 제출일자

반기신고의 경우 신고는 상반기, 하반기로 나누어 매년 2회 신고한다.

기간	귀속월	지급월	제출일자
상반기(1/1 ~ 6/30)	00년 1월	00년 6월	00년 7월 10일
하반기 (7/1 ~ 12/30)	00년 7월	00년 12월	01년 1월 10일

✅ 연말정산은 학원에서 해줘야 한다.

연말정산은 근로자(보통 4대보험을 가입한 강사, 직원을 말한다)의 근로소득에 대한 세액을 계산하는 절차로 원천징수의무자인 학원장이 하여야 한다.

따라서 학원장은 근로자가 아니기 때문에 연말정산대상자가 아니다. 다만, 법인학원인 경우에는 근로자에 해당하여 이때는 연말정산을 해야 한다.

연말정산은 2월에 한다.

올해 근로소득이 발생한 근로자는 내년 2월분 급여를 지급받을 때 연말정산을 한다. 언론 등에서는 12월부터 연말정산에 대해 떠들지만 세무일정상 연말정산은 2월 급여를 지급할 때 하므로 학원에 따라 2월말에서 3월 10일 사이에 최종 반영되어 계산이 된다고 볼 수 있다.

물론 연말정산에 적용되는 소득공제 자료는 매년 1월 1일부터 12월 31일에 해당하는 자료만 반영이 된다.

연말정산 자료는 근로자가 준비를 한다.

연말정산은 학원에서 진행을 하지만 그에 해당하는 자료는 근로자가 준비하여야 한다. 국세청홈택스에서 연말정산간소화서비스를 제공하고 있으므로 해당 사이트에서 관련자료를 출력 또는 다운로드받아 학원에 제출하면 된다. 만약 간소화서비스에서 제공하지 않는 자료는 근로자가 직접 수집하여 소득·세액공제신고서와 공제증명자료를 학원에 제출하여야 한다.

따라서 학원장은 근로자별로 해당자료를 취합하여 연말정산을 진행하면 된다.

연말정산일정
(국세청 보도자료수정; 2018귀속으로 실제 일정은 변동이 있을 수 있음)

구 분	일 정	주 요 내 용
회사⇨근로자 연말정산 업무준비	~'18. 12. 31.	□ 연말정산 신고 유형을 선택하고 근로자에게 일정 및 정보 제공 (참고) 국세청 홈페이지→성실신고지원 →연말정산 안내
근로자 연말정산간소화자료 확인	'19. 1. 15. ~ 2. 28.	□ 연말정산 간소화서비스에서 소득세액공제 증명 자료를 확인 (참고) 홈택스→연말정산 간소화서비스 □ 조회되지 않는 의료비 신고센터 운영 (1. 15.~ 17.)
근로자⇨회사 소득 · 세액공제 증명자료 수집 및 제출	'19. 1. 20. ~ 2. 28.	□ 간소화에서 제공하지 않는 영수증은 근로자가 직 접 수집하고, 소득세액공제 신고서와 공제 증명자 료를 함께 회사에 제출 아래 공제 항목은 첨부서류를 작성하여 함께 제출 · 기 부 금 공제 ⇨ 기부금명세서 · 의 료 비 공제 ⇨ 의료비지급명세서 · 신용카드 공제 ⇨ 신용카드 등 소득공제 신 청서
회사⇨근로자 공제서류 검토 및 원천징수 영수증 발급	'19. 1. 20. ~ 2. 28.	□ 회사는 근로자가 제출한 소득세액공제신고서와 증명서류, 공제요건 등 검토 □ 회사는 연말정산 세액계산을 완료하고 원천징수 영수증을 근로자에게 발급
회사⇨국세청 원천징수이행상황 신고서 및 지급명세서 제출	'19. 3. 10.	□ ('19년 2월분)원천징수이행상황신고서와 ('18년) 근로소득 지급명세서를 3. 10.까지 제출 □ 환급을 신청하는 경우 '19년 2월분 원천징수이행 상황신고서 제출 시 연말정산 환급 신청서를 함께 제출

학원장은 왜 연말정산을 안하나요?

연말정산은 근로소득자의 정확한 세금계산을 위한 제도로서 원천징수의무자가 진행을 한다. 학원장은 근로소득자가 아닌 사업소득자라서 연말정산대상자가 아니다. 그렇다고 인적공제등 소득공제를 못받는 것이 나이고 5월에 있는 종합소득세 신고시 해당 소득공제내용등을 반영하여 세금을 계산한다.

하지만 법인학원의 경우에는 학원장이 법인에 소속된 근로자(대표이사, 이사등 직책을 불문함)이기 때문에 이때는 근로소득자에 해당하여 연말정산대상자이다. 따라서 우리 학원이 개인사업자인지, 법인사업자인지에 따라 학원장의 연말정산여부가 결정된다고 보면 된다.

사업소득자도 연말정산대상자라는데요?

학원강사의 경우 보통 보수에서 3.3%를 떼고 지급받는 사업소득자이다. 하지만 연말정산대상 사업소득자는 보험모집인, 방문판매원, 음료배달판매원에 한하며, 강사는 사업소득자임에도 불구하고 연말정산대상자가 아니다.

〈연말정산 대상 사업소득자〉

사업자 유형	내 용
보험모집인	독립된 자격으로 보험가입자의 모집 및 이에 부수되는 용역을 제공하고 그 실적에 따라 모집수당 등을 받는 사업자
방문판매원	방문판매업자를 대신하여 방문판매업을 수행하고 그 실적에 따라 판매수당 등을 받는 자
음료배달판매원	독립된 자격으로 음료품을 배달하는 계약배달 판매 용역을 제공하고 판매실적에 따라 판매수당 등을 받는 자

참고자료

연말정산 소득공제 및 세액감면·공제 요약표

항목	구 분		공제 한도	공제 요 건
인적공제	기본공제		1명당 150만 원	본인, 배우자 및 생계를 같이하는 부양가족으로 연간소득금액 100만 원 (근로소득만 있는 자는 총급여액 500만 원) 이하인 경우
				표: 부양가족 / 직계존속 / 직계비속 / 형제자매 / 위탁아동 / 수급자
				나이요건 / 60세 이상 / 20세 이하 / 60세 이상 20세 이하 / 18세 미만 / 없음
				* 장애인의 경우 나이요건 제한 없음
	추가공제		대상별 차이	공제대상 / 경로우대(70세 이상) / 장애인 / 부녀자(부양/기혼) / 한부모
				공제금액 / 100만 원 / 200만 원 / 50만 원 / 100만 원
				* 한부모 공제는 부녀자공제와 중복적용 배제(중복 시 한부모 공제 적용)
연금보험료	공적연금보험료		전 액	본인이 부담한 국민연금 또는 공무원연금 등 보험료
특별소득공제	건강·고용보험료		전 액	본인이 부담한 건강보험료(노인장기요양보험료 포함) 및 고용보험료
	주택자금	주택임차차입금	연 300만 원 한도	무주택 세대주(세대원)의 주택임차차입금 원리금 상환액의 40% 공제 ※ 주택마련저축 공제와 합하여 연 300만 원 한도
		장기주택저당차입금	연 300만 원 ~1,800만 원 한도	무주택 또는 1주택 보유 세대주(세대원)의 상환기간 15(10)년 이상인 장기주택저당차입금의 이자상환액을 100% 공제
				차입시기 / 공제 한도
				'15. 1. 1. 이후 / ·15년 이상(고정금리 and 비거치식 분할상환): 1,800만 원, (고정금리 or 비거치식 분할상환): 1,500만 원, (기타): 500만 원 ·10년 이상(고정금리 or 비거치식 분할상환): 300만 원
				'12년~'14년 / ·비거치식 또는 고정금리(1,500만 원), 그 외 (500만 원)
				'11. 12. 31. 이전 / ·상환기간 15년(1,000만 원), 30년(1,500만 원)
	기부금(이월분)		한도 내 이월액	'12~'13년에 지출한 지정기부금 중 공제 한도 내 이월기부금
그 밖의 소득공제	개인연금저축		연 72만 원 한도	개인연금저축('00. 12. 31. 이전 가입) 납입액의 40% 공제
	소기업·소상공인공제		300만 원 (500만 원, 200만 원)	총급여액 7천만 원 이하 법인 대표자가 노란우산공제에 납입한 금액 (공제 한도) 근로소득금액 4천만 원 이하자 500만 원, 근로소득금액 1억 원 초과자 200만 원
	주택마련저축		연 300만 원 한도	무주택 세대주로서 총급여액 7천만 원 이하인 근로자가 주택청약종합저축, 청약저축 등에 납입한 금액(240만 원 한도)의 40% 공제 * '14년까지 가입한 총급여액 7천만 원 초과자: 기존납입한도 (120만 원)로 '17년까지 공제가능

항목	구 분	공제 한도	공 제 요 건
	투자조합출자 등	근로소득금액의 50%	중소기업창업투자조합 등의 출자투자금액 10%(100%, 50%, 30%)* 공제 * 벤처기업 등에 직접투자(15백만 원 이하분: 100%, 5천만 원 이하분: 50%, 5천만 원 초과분: 30%) ※ 농어촌특별세 비과세
	신용카드	Min[총급여의 20%, 300만 원] +100만 원(전통시장) +100만 원(대중교통)	총급여액의 25%를 초과하는 금액의 15%(30%, 40%)를 소득공제(신용카드: 15%, 현금영수증·직불(선불)카드: 30%, 전통시장·대중교통비: 40%) * 총급여 1억 2천만 원 초과자의 경우에는 공제금액 한도를 200만 원 적용
	우리사주조합 출연금	연 400만 원 한도	우리사주조합원이 우리사주를 취득하기 위해 우리사주조합에 출연한 금액
	고용유지 중소기업 근로자	연 1,000만 원 한도	고용유지 중소기업의 근로자 임금삭감액의 50% 공제
	장기집합투자 증권저축	연 240만 원 한도	해당 과세기간의 총급여액 8천만 원 이하 근로자의 장기집합투자증권저축 납입액(연 600만 원 한도)의 40%를 공제(농어촌특별세 비과세) * ('15.12.31까지 가입) 가입한 날로부터 10년 동안 각 과세기간에 납입한 금액
	소득공제 종합한도	연 2,500만 원 한도	주택자금, 소기업·소상공인 공제부금, 주택마련저축, 우리사주조합 출연금, 신용카드 등, 투자조합출자 등(공제율 30%, 50%, 100% 제외), 장기집합투자증권저축의 공제금액 합계액이 소득공제 종합한도 대상
세액감면	중소기업 취업자 소득세 감면 (입시학원은 해당사항없음)	연 150만 원	근로계약 체결일 현재 연령이 15세 이상 29세 이하인 청년과 60세 이상인 사람, 등록 장애인(60세 이상인 사람 또는 장애인의 경우 '14.1.1. 이후), 경력단절여성('17.1.1. 이후)이 중소기업에 '12.1.1.부터 '18.12.31.까지 취업하는 경우 중소기업체에서 받는 근로소득에 대해 취업일부터 3년간 70%(50%, 100%)* 세액감면 * 70% 감면비율 적용대상자 - 2016.1.1.이후 중소기업에 취업한 29세 이하 청년, 60세 이상인 사람, 장애인, 경력단절여성 * 50% 감면비율 적용대상자 (한도 없음) - 2014.1.1.~2015.12.31.까지 중소기업에 취업한 29세 이하 청년, 60세 이상인 사람, 장애인 * 100% 감면비율 적용대상자 (한도 없음) - 2012.1.1.~2013.12.31.까지 중소기업에 취업한 29세 이하 청년
세액공제	근로소득세액공제	총급여액에 따라 74만 원 66만 원 50만 원	산출세액 130만 원 이하분 55%, 130만 원 초과분 30% 공제 ※ 공제 한도: 총급여액 3,300만 원 이하(74만 원)·7천만 원 이하(66만 원)·그 외(50만 원) ※ 중소기업취업 감면이 있는 경우 근로소득세액공제 계산 = 근로소득세액공제 × [1 - (중소기업 취업자 소득세 감면액/산출세액)]

항목	구 분			공제 한도	공제 요 건
특별 세액 공제	자 녀	기본공제 대상		전 액	기본공제대상 자녀가 2명 이하 1명당 15만 원, 2명 초과 1명당 30만 원
		6세 이하		전 액	기본공제대상 자녀 중 6세 이하 자녀가 2명 이상인 경우 1명을 초과하는 1명당 15만 원
		출산입양		전 액	출산입양한 자녀의 순서에 따라 첫째 30만 원, 둘째 50만 원, 셋째이상 70만 원
	연금계좌			연 105만 원	연금계좌납입액(연 700만 원 한도, 연금저축은 총급여 1억2천만 원 또는 종합소득금액 1억 원 이하 400만 원, 초과자 300만 원 한도)의 12%(총급여액 55백만 원 이하는15%)를 세액공제
	보험 료	보장성		연 12만 원	기본공제대상자를 피보험자로 하는 보장성보험 납입액의 12%를 세액공제
		장애인전용 보장성		연 15만 원	기본공제대상자 중 장애인을 피보험자 또는 수익자로 하는 장애인 전용보장성보험 납입액의 15%를 세액공제
	의 료 비	① 본인 등 (난임시술 비 포함)		전 액	의료비 지출액이 총급여액 3%를 초과하는 경우 그 초과금액의 15%(난임시술비는 20%)를 세액공제(부양가족의 나이·소득제한 없음)
		② 부양가족		연 105만 원	
	교 육 비	취학전 아동		1명당 45만 원	교육비 지출액의 15%를 세액공제 ※ 나이제한 없음(직계존 속은 제외)
		초중고생			
		대학생		1명당 135만 원	
		근로자 본인		전액 × 15%	대학·대학원 1학기 이상의 교육과정 교육비, 직업능력개발훈련 수강료, 학자금 대출 상환액
		장애인 특수교육비		전액 × 15%	기본공제대상자인 장애인*의 재활교육을 위해 지급하는 비용 * 소득금액 제한 없으며, 직계존속도 공제 가능
	기 부 금	정치 자금	10만 원 이하	한도내 전액	
			10만 원 초과		
		법정			
		우리사주			

의료비 ① / ② 칸 세부:

	② < 총급여액 3%	② ≥ 총급여액 3%
공제대상금액	① - (총급여액 3% - ②)	① + (② - 총급여액 3%)

※ 공제대상금액 한도: 부양가족(연 700만 원), 본인 등(전액)

취학전아동: 보육비용, 유치원비, 학원·체육시설 수강료, 방과후수업료(교재대 포함, 재료비 제외), 급식비: 1명당 300만 원 한도

초중고생: 교육비, 학교급식비, 교과서대, 방과후 학교 수강료(교재대 포함, 재료비 제외), 국외교육비, 교복구입비(중·고생 50만 원 이내), 체험학습비(초·중·고생 30만 원 이내): 1명당 300만 원 한도

대학생: 교육비(사이버 대학 및 학위취득과정 포함), 국외교육비: 1명당 900만 원

기부금:

공제대상 한도	
근로소득금액 100%	10만 원 이하분 100/110 세액공제 10만 원 초과 3천만 원 이하분 15%, 3천만 원 초과분 25% 세액공제
근로소득금액 100%	기부금별 한도내 공제대상금액 합계액이 2천만 원 이하분 15%, 2천만 원
근로소득금액 30%	초과분 30% 세액공제

항목	구 분		공제 한도	공 제 요 건
		지정 (종교 외)		근로소득금액 30%
		지정 (종교)		근로소득금액 10%
	표준세액공제		연 13만 원	특별소득공제, 특별세액공제 및 월세액 세액공제를 신청하지 아니한 경우 ※ 특별소득공제 등 공제세액이 연 13만 원보다 작은 경우에 적용
	납세조합		전 액	해당 납세조합에 의하여 원천징수된 근로소득에 대한 종합소득 산출 세액의 10%를 세액공제
	주택자금차입금이자		전 액	('95.11.1.~ '97.12.31. 취득)주택자금차입금에 대한 이자상환액의 30% 세액공제 ※ 농어촌특별세 과세대상
	외국납부세액		한도내 전액	거주자의 외국소득세액을 당해 연도의 종합소득 산출세액에서 세액 공제 ※ 공제 한도 　= 근로소득산출세액 × (국외근로소득금액/근로소득금액)
	월세액		연 75만 원	총급여액 7천만 원 이하의 무주택 세대의 세대주인 근로자(기본공제 대상자가 계약한 경우 포함)가 국민주택규모 주택(오피스텔, 고시원 포함)을 임차하기 위해 지급하는 월세액(연 750만 원 한도)의 10%를 세액공제

✅ 지급명세서 제출을 잊지 말자.

앞서 우리는 인건비 신고에 대해서 살펴보았다.

하지만 눈치를 챘겠지만 인건비신고시에 인적사항을 신고하지 않았다. 과연 국세청에서는 인별 소득금액을 어떻게 알 수 있을까?

지급명세서 제출은 3월10일까지이다.

학원장이 근로자, 강사, 직원등에게 급여를 지급하는 경우 매월 그 내역과 원천징수한 세액을 신고 납부를 하는 것을 원천세신고라고 하였다. 여기에 더하여 1년이 되는 시점에서 최종적으로 지급한 내역과 인적사항을 신고해야 하는데 이를 지급명세서 제출이라고 한다.

지급명세서제출대상은 근로소득, 사업소득, 기타소득 외에도 이자소득, 배당소득등도 포함된다.

학원의 경우 사업소득과 근로소득이 가장 빈번하게 발생하므로 원천징수신고와는 별개로 1년간의 지급내역을 제출하여야 한다. 지급명세서미제출은 가산세가 매우 크므로 주의하여야 한다.

근로소득과 사업소득의 경우 상반기 지급내역을 7월 10일까지 간이지급명세서를 제출하여야 한다. 그리고 그 외 지급명세서는 매년 3월 10일까지 관할 세무서에 제출한다. 단 일용직 지급명세서의 경우 매분기마다 제출해야 한다.

〈일용직 지급명세서 제출시기〉

지급월	제출시기	지급월	제출시기
1~3월	4월 10일	4~6월	7월 10일
7~9월	10월 10일	10~12월	다음연도 1월 10일

지급명세서 제출도 홈택스로 할 수 있다.

지급명세서는 홈택스로 신고하여야 한다. 홈택스 신고가 불가능할 경우 우편등으로 직접제출하여 신고가 가능하지만 다음의 학원만 가능하다.

[문서로 제출가능한 경우]

1. 직전연도에 제출한 지급명세서의 매수가 50매 미만인 학원
2. 상시 근무하는 근로자의 수가 10인 이하인 경우
3. 법인 및 개인사업자인 경우 복식부기의무자가 아닐 것.

지급명세서가산세는 매우 크다.

학원장이 기한 내에 지급명세서를 제출하지 아니하였거나 제출한 지급명세서가 불분명한 경우에는 제출하지 아니한 금액, 불분명한 금액의 2%의 가산세를 부담해야 한다. 단, 제출기한 경과후 3개월(법인사업자는 1개월) 이내에 제출하는 경우에는 1%로 한다. 간이지급명세서를 제출하지 않은 경우 지급금액의 0.5%의 가산세를 부담한다.

지급조서가 불분명한 경우라 함은 지급자(학원장) 또는 소득자(근로자, 강사, 직원 등)의 주소, 성명, 주민등록번호 나 사업자등록번호. 소득의 종류, 소득의 귀속연도 또는 지급액을 기재하지 아니하였거나 잘못 기재한 경우를 말한다.

특히 주민등록번호 오류인 경우가 꽤 많으므로 주의를 요한다.

🔍 세법에서는

원천징수불이행시 원천징수불이행가산세와 지급조서미제출가산세를 부과
원천징수의무자가 갑종근로소득을 근로자에게 지급하고 원천징수납부와 지급조서제출을 불이행한 경우에 납세지관할세무서장은 납부하여야 할 세액에 원천징수불이행가산세와 지급조서미제출가산세를 가산하여 소득세 또는 법인세로 징수하는 것이며, 징수의무자가 국가. 지방자치단체인 경우에는 구법인세법 제41조 2항단서의 규정에 의하여 원천징수불이행가산세를 적용하지 않는다.

근로소득세추징세액 세부담자
원천징수의무자(회사)가 근로소득세를 원천징수납부하면서 급여액을 실제 지급한 금액보다 적게 징수납부함으로써 관할세무서장으로부터 부족하게 징수한 소득세를 가산세와 함께 추징당한 경우 근로소득세추징에 따른 고지서는 원천징수의무자에게 발부된다 하더라도 가산세를 제외한 세액은 각 근로자가 부담한다. (법인 46013-1750, 1995.6.26)

✅ 종합소득세 신고는 무조건 5월에 한다.

종합소득세 신고는 모든 사업자에 있어서 가장 중요한 신고이며, 학원도 예외가 아니다. 물론 법인학원은 예외이지만 근로소득 외에 다른 소득이 있다면 역시 종합소득세 신고대상자이다.

현행 세법에서는 각 수입원천별로 소득금액을 계산한 후 합산하여 신고하도록 하고 있다.

여기에서는 학원소득을 위주로 종합소득세 신고에 대해 확인해보자

종합소득세는 1년 소득을 다음연도 5월에 신고한다.

세금을 계산하기 위해서는 기간을 확정해야 하는데 세금계산의 기초가 되는 기간을 과세기간이라 한다. 소득세는 1월1일부터 12월 31일까지로 과세기간을 법으로 정해놓고 있기 때문에 이를 임의로 변경할 수 없다. 하지만 다음의 경우는 예외로 한다.

① 학원장이 사망한 경우

이 경우 과세기간은 1월1일부터 사망한 날까지를 과세기간으로 한다.

② 학원장이 출국등으로 비거주자가 되는 경우

주소의 이전으로 비거주자가 되는 경우 1월1일부터 출국한 날까지를 과세기간으로 한다.

그리고 종합소득세신고는 과세기간의 다음연도 5월1일부터 5월 31일에 관할세무서에 신고를 한다. 여기서 관할세무서란 학원소재지가 아닌 학원장 주소지(실제 거주하고 있는 주소지를 의미한다)관할 세무서에 한다. 다만, 성실신고확인서 제출대상학원(연매출 5억원 이상인 학원)은 6월30일까지 신고,납부기간이 1개월 연장된다.

종합소득세 신고는 장부신고가 원칙이다.

종합소득세는 사업자가 스스로 신고하는 자진납세제도이다. 따라서 모든 학원은 장부를 비치·기록하여야 하고, 장부를 기장하지 않고 신고하는 경우에는 가산세등 불이익이 있다.

장부는 앞서 살펴본 바와 같이 복식부기를 원칙으로 하나 예외적으로 간편장부도 인정하고 있으며 만약 장부신고대상자가 장부기장 없이 추계신고(단순경비율 신고 또는 기준 경비율신고)를 할 경우에는 무신고가산세와 무기장가산세 중 큰 금액을 가산세로 부담하게 된다. 또한 학원이 적자인 경우 장부로 신고하지 않으면 인정받지 못하므로 장부신고는 매우 중요하다.

종합소득세신고는 학원소득과 다른 소득을 합산해서 신고한다.

종합소득세 신고대상 소득은 학원소득만 신고하는 것이 아니다.

학원소득은 사업소득이라고 하는데, 이외에도 금융소득(이자와 배당소득으로 연 2천만원 이상인 경우), 부동산임대소득(이해를 돕기 위해 분리했다), 근로소득, 연금소득, 기타소득(연 300만원 이상인 경우)을 모두 합산해서 신고하여야 한다.

양도소득, 퇴직소득, 그 외 분리과세되는 소득(예를 들어 복권당첨금 등)은 종합소득세신고 대상이 아니다.

종합소득세신고는 학원매출이 아닌 소득을 계산해서 신고한다.

종합소득세계산은 매출이 아닌 소득을 중심으로 계산한다. 소득이란 사업을 운영하면서 발생한 소득으로 매출에서 비용을 차감한 금액으로, 학원소득금액은 수강료총수입금액에서 비용(필요경비)를 차감한 금액으로 한다.

일반적으로 알고 있는 순수익 또는 당기순이익과는 차이가 있는데 이를 세법에 맞게 조정하는 것을 세무조정이라 한다. 즉, 법인세 신고 또는 종합소득세 신고시 언급하는 세무조정이란 세금을 조정하는 것이 아니고, 바로 손익계산서상 당기순이익과 세법상 소득금액의 차이를 조정하는 것을 의미한다.

그 내용을 도표로 표시하면 다음과 같다.

손익계산서	세무조정		소득세법
수익	(+)총수입금액 산입 (-)총수입금액 불산입	=	총수입금액
(-)			(-)
비용	(+)비용(필요경비) 산입 (-)비용(필요경비) 불산입	=	비용(필요경비)
=			=
결산서상 당기순이익	(+)총수입금액산입·비용 (필요경비) 불산입 (-)총수입금액불산입·비용 (필요경비) 산입	=	사업소득금액

학원운영과 관련된 총수입금액과 비용(필요경비)에 대한 내용은 앞서 학원운영편에서 자세히 살펴본 관계로 여기서는 그 내용은 생략하기로 한다.

종합소득세 세율은 6%에서 42%이다.

종합소득세 계산은 과세표준으로 하는데 과세표준이란 앞서 살펴본 소득금액에서 소득공제를 차감한 금액이다.

종합소득세는 과세표준에 따라 최저 6%에서 최대 42%까지 총 7단계 초과누진세율 구조로 되어있다. 참고로 종합소득세의 10%는 지방소득세로 별도 계산된다.

과세표준별 세율을 살펴보면 다음과 같다.

과세표준	세율(%)	누진공제
1,200만원 이하	6	0
1,200만원 초과 4,600만원 이하	15	1,080,000
4,600만원 초과 8,800만원 이하	24	5,220,000
8,800만원 초과 1.5억원이하	35	14,900,000
1.5억원 초과 3억원 이하	38	19,400,000
3억원 초과 5억원 이하	40	25,400,000
5억원 초과	42	35,400,000

■ 종합소득세 세액계산 흐름도 (국세청홈페이지 참조)

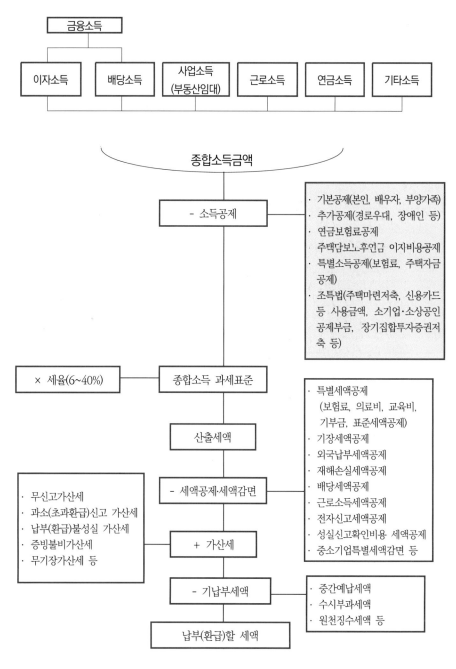

금융소득

| 이자소득 | 배당소득 | 사업소득
(부동산임대) | 근로소득 | 연금소득 | 기타소득 |

종합소득금액

\- 소득공제

- 기본공제(본인, 배우자, 부양가족)
- 추가공제(경로우대, 장애인 등)
- 연금보험료공제
- 주택담보노후연금 이자비용공제
- 특별소득공제(보험료, 주택자금공제)
- 조특법(주택마련저축, 신용카드 등 사용금액, 소기업·소상공인 공제부금, 장기집합투자증권저축 등)

× 세율(6~40%) ← 종합소득 과세표준

산출세액

- 특별세액공제
(보험료, 의료비, 교육비, 기부금, 표준세액공제)
- 기장세액공제
- 외국납부세액공제
- 재해손실세액공제
- 배당세액공제
- 근로소득세액공제
- 전자신고세액공제
- 성실신고확인비용 세액공제
- 중소기업특별세액감면 등

\- 세액공제·세액감면

- 무신고가산세
- 과소(초과환급)신고 가산세
- 납부(환급)불성실 가산세
- 증빙불비가산세
- 무기장가산세 등

\+ 가산세

\- 기납부세액

- 중간예납세액
- 수시부과세액
- 원천징수세액 등

납부(환급)할 세액

✅ 종합소득공제를 잘 챙겨야 절세를 할 수 있다.

종합소득세를 계산하기 위해서는 소득금액이 계산되어야 하고, 그다음에 과세표준이 확정되어야 한다. 증빙 잘챙겼고, 장부도 작성했고, 순이익도 계산했고, 세무조정이란것도 했는데 아직 끝난게 아니란 말인가?

그렇다. 우리에겐 소득공제란 또다른 산을 넘어야 한다. (물론 이산을 넘어도 또다른 산이 있다.)

종합소득금액에서 종합소득공제를 빼면 과세표준이다.

세법을 어렵다고 하는 이유 중의 하나가 최종 세금이 계산되는과정까지가 복잡하고, 세금계산의 기초가 되는 세법용어가 어렵고, 일반적으로 생각하는 의미와 다르기 때문이다.

큰 의미로 1년간 발생한 학원수익을 소득금액이라고 하고, 세금계산의 기초가 되는 금액을 과세표준이라 하는데 소득금액에서 과세표준으로 가는 과정에서 차감하는 금액을 종합소득공제라 한다.

> 종합소득 과세표준 = 종합소득금액 - 종합소득공제 - 조세특례제한법상소득공제

종합소득공제는 인적공제와 연금보험료공제, 특별소득공제, 조세특례제한법상소득공제로 나누어 볼 수 있다.

디만, 개인학원의 경우 사업소득자이므로 인적공제와 연금보험료공제 등 일부만 적용받을 수 있으므로 여기서는 개인학원을 위주로 살펴보기로 한다.

〈소득공제 요약표〉

(2018년 귀속 ; 사업소득자용 수정)

항목	구 분	공제 한도	공 제 요 건
인적공제	기본공제	1명당 150만 원	본인, 배우자 및 생계를 같이하는 부양가족으로 연간소득금액 100만 원(근로소득만 있는 자는 총급여액 500만 원) 이하인 경우 표: 부양가족 / 직계존속 / 직계비속 / 형제자매 / 위탁아동 / 수급자 나이요건 / 60세 이상 / 20세 이하 / 60세 이상 20세 이하 / 18세 미만 / 없음 * 장애인의 경우 나이요건 제한 없음
	추가공제	대상별 차이	표: 공제대상 / 경로우대(70세 이상) / 장애인 / 부녀자(부양/기혼) / 한부모 공제금액 / 100만 원 / 200만 원 / 50만 원 / 100만 원 * 한부모 공제는 부녀자공제와 중복적용 배제(중복 시 한부모 공제 적용)
연금보험료	공적연금 보험료	전 액	본인이 부담한 국민연금 또는 공무원연금 등 보험료
	개인연금저축	연 72만 원 한도	개인연금저축('00. 12. 31. 이전 가입) 납입액의 40% 공제
그 밖의 소득공제	소기업·소상공인공제	300만 원 (500만 원, 200만 원)	총급여액 7천만 원 이하 법인 대표자가 노란우산공제에 납입한 금액 (공제 한도) 근로소득금액 4천만 원 이하자 500만 원, 근로소득금액 1억 원 초과자 200만 원
소득공제 종합한도		연 2,500만 원 한도	주택자금, 소기업·소상공인 공제부금, 주택마련저축, 우리사주조합 출연금, 신용카드 등, 투자조합출자 등(공제율 30%, 50%, 100% 제외), 장기집합투자증권저축의 공제금액 합계액이 소득공제 종합한도 대상

기본공제는 부양가족 1명당 150만원씩 공제한다.

인적공제는 납세자의 최소한의 생계유지와 부양가족에 따른 담세능력에 따른 차별을 두기 위한 공제로 기본공제와 추가공제로 나눠볼 수 있다.

학원장의 경우 가장 중요한 소득공제 내용이니 소득세 신고 시 요건을 잘 검토하여 빠짐없이 챙겨야 한다. 인적공제시 가장 주의해야 할 부분은 연령요건과, 소득요건이다.

① 본인공제

학원장인 본인에 대하여는 연 150만원을 종합소득금액에서 공제한다. 본인공제는 연령 및 소득요건에 상관없이 무조건 적용한다.

② 배우자공제

학원장의 배우자로서 연간 소득금액이 100만원 이하인 경우 (근로자인 경우 총급여액 500만원 이하인 경우) 연 150만원을 공제한다.

　가. 배우자의 조건은 연령제한은 없으며, 소득금액으로만 판단한다. 가장 많이 오해하는 부분 중 하나가 소득금액에 대한 부분인데 앞서 살펴본바와 같이 소득금액은 총수입금액에서 비용(필요경비)를 차감 금액이다. 다만 배우자가 근로소득자인 경우 총급여액(소득금액이 아니다)이 500만원 이하라면 배우자공제를 받을 수 있다.

　나. 공제대상여부의 판정은 당해연도 과세기간 종료일(매년 12월 31일) 현재를 기준으로 판단한다. 즉, 매년 12월 31일 현재 혼인관계에 있는 배우자여야 하며 사실혼, 동거 등 은 배우자공제를 받지 못한다. 따라서 혼인신고가 되어 있지 않은 경우에는 공제를 받을 수 없으니 반드시 12월 31일까지 혼인신고를 하여야 한다. 단, 사망의 경우에는 사망일 전일을 기준으로 판단한다.

> **사례**
> ① 배우자와 2019년 12월 30일 이혼한 경우
> ⇨ 2019년 귀속 종합소득세 신고시 배우자공제를 받을 수 없음.
> ② 배우자가 2019년 1월 2일 사망한 경우
> ⇨ 2019년 귀속 종합소득세 신고시 배우자공제를 받을 수 있음.

③ **부양가족공제**

학원장과 생계를 같이하고, 연간소득금액이 100만원 이하(근로소득자라면 총급여액 500만원 이하)이면서 다음의 조건을 갖춘 경우 1인당 150만원을 공제한다.

구분	요건 (2019년 5월 신고기준)
직계존속	만 60세 이상 (1958.12.31. 이전 출생)
직계비속·동거입양자	만 20세 이하 (1998.1.1. 이후 출생)
형제자매	만 20세 이하 또는 만 60세 이상
수급권자	국민기초생활보장법 제2조 제2호의 수급권자
위탁아동	아동복지법에 따른 위탁아동(18세 미만)

단, 장애인의 경우에는 연령의 제한을 받지 않는다.

※ **기본공제 적용시 연령 및 소득요건**

구분	연령요건	소득요건
본인	X	X
배우자	X	O
직계비속	O	O
직계존속	O	O
형제자매	O	O
국민기초생활수급자	X	O
장애인	X	O

○ 주민등록표의 동거가족으로서 해당 근로자의 주소 또는 거소에서 현실적으로 생계를 같이하는 사람으로 한다.

○ 직계비속·입양자는 주소(거소)에 관계없이 생계를 같이하는 것으로 본다.

○ 거주자 또는 동거가족(직계비속·입양자 제외)이 취학, 질병의 요양, 근무상 또는 사업상의 형편으로 본래의 주소 또는 거소를 일시 퇴거한 경우에도 생계를 같이하는 것으로 본다.

○ 근로자의 부양가족 중 근로자(그 배우자 포함)의 직계존속이 주거의 형편에 따라 별거하고 있는 경우 생계를 같이하는 것으로 본다.

「부양가족 중 거주자의 직계존속이 주거의 형편에 따라 별거하고 있는 경우」란 거주자가 결혼으로 인한 분가 또는 취업 등으로 인하여 직계존속과 주민등록표상 동일한 주소에서 생계를 함께 하고 있지 아니하나 직계존속이 독립된 생계능력이 없어 당해 거주자가 실제로 부양하고 있는 경우를 말함(법인46013-4265, '99.12.10)

→ 해외에 거주하는 직계존속의 경우는 주거의 형편에 따라 별거한 것으로 볼 수 없으므로 부양가족공제를 받을 수 없는 것임(서면1팀-1360, 2007.10.5.)

[사례] 기본공제금액 계산

Q) 학원장의 부양가족으로 배우자, 자녀3명(만20세 자녀 1명과 20세 미만 자녀 2명), 부모님(두분 모두 만 60세 이상)이 계시며, 배우자의 경우 연봉이 2000만원 인 경우 기본공제금액은?

A) 900만원
   공제대상가족 : 본인. 자녀3명, 부모님 2명 으로 총 6명
   6명 X 150만원 = 900만원
   배우자는 총급여액이 500만원 이상이므로 제외

추가공제는 경로우대자, 장애인, 부녀자, 한부모가족공제가 있다.

① **경로우대자 공제 : 1인당 100만원**

기본공제대상자가 70세 이상인(1948. 12.31 이전 출생; 2019년 5월 신고기준) 경우 1인당 연 100만원을 공제한다.

② **장애인공제 : 1인당 200만원**

다음에 해당하는 장애인인 경우 1인당 연 200만원을 공제한다.

> **[장애인의 범위]**
> 1. 「장애인복지법」에 의한 장애인
> 2. 「국가유공자 등 예우 및 지원에 관한 법률」에 의한 상이자 및 이와 유사한 자로서 근로능력이 없는 자
> 3. 항시 치료를 요하는 중증환자
>   - "항시치료를 요하는 중증환자"라 함은 지병에 의해 평상시 치료를 요하고 취학, 취업이 곤란한 상태에 있는 자를 말한다.
> 4. 장애아동복지지원법에 따른 발달재활서비스를 지원받고 있는 장애아동

③ **부녀자공제 : 1인당 50만원**

학원장이 배우자가 없는 여성으로서 부양가족이 있는 세대주이거나 배우자가 있는 여성인 경우 1인당 연 50만원을 공제한다. 단, 종합소득금액이 3천만원 이하여야 한다. 즉, 학원장이 여성, 기혼, 종합소득금액 3천만원이하라면 무조건 공제를 받을 수 있고, 미혼이라면 종합소득금액 3천만원이하면서, 부양가족이 있는 세대주라면 부녀자공제를 받을 수 있다.

④ **한부모 소득공제 : 100만원**

배우자가 없는 학원장이 기본공제대상자인 직계비속 또는 입양자가 있는 경우 연 100만원을 공제 받을 수 있다. 단, 부녀자공제와 중복되는 경우 한부모추가 공제를 적용한다. 또한 과세기간에 배우자가 사망한 경우로서 배우자 공제를 받은 경우에는 한부모추가공제를 적용받을 수 없다.

국민연금보험료는 전액공제한다. [연금보험료공제 (소득세법 51조의 3)]

연금보험료공제는 국민연금보험료와 같은 공적연금보험료에 대한 소득공제로 나눠볼 수 있다. 학원의 경우 대부분 국민연금을 납부하고 있으므로 납부한 국민연금보험료는 전액을 공제 받을 수 있다. 단, 종합소득금액을 초과한 경우 그 초과하는 금액은 없는 것으로 한다. 즉, 이월결손금처럼 다음연도로 이월되지 않는다.

노란우산공제는 최대 500만원까지 공제가 가능하다.

소기업·소상공인공제(일명 노란우산공제)에 가입하여 납부하는 공제부금에 대해서는 최대 500만원까지 공제가 가능하지만 소득금액별로 한도가 있다. 즉, 한도내에서 공제가 가능하다.

○ 공제한도

사업(근로)소득금액	4천만원 이하	4천만원~1억원	1억원 초과
공제한도	500만원	300만원	200만원

특별공제는 근로소득자만 받을 수 있다.

건강보험료등 보험료공제, 신용카드등 사용액공제, 주택자금관련공제, 장기집합투자증권저축공제등은 근로소득자만 받을 수 있으므로 사업소득자인 개인학원의 학원장은 해당사항이 없다.

다만, 법인학원의 학원장 또는 학원소득외에 근로소득이 추가로 있는 학원장이라면 특별공제를 적용받을 수 있으며, 이는 다음편에서 추가로 살펴보기로 한다.

✅ 법인학원 학원장이라면 소득공제를 더 자세히 살피자.

법인학원의 학원장(대표이사, 임원등)은 개인학원과 달리 급여를 받고 이는 근로소득으로 신고가 된다. 따라서 다른 근로소득자처럼 위에서 살펴본 기본공제와 추가공제 특별소득공제등을 받을 수 있으므로 소득공제내용을 더 자세히 살펴볼 필요가 있다.

즉, 아래 소득공제내용은 근로소득이 있는 경우에만 적용이 가능함을 주의하기 바란다.

〈소득공제 요약표〉 (근로소득자인 경우)

항목	구 분	공제 한도	공 제 요 건
인적공제	기본공제	1명당 150만 원	본인, 배우자 및 생계를 같이하는 부양가족으로 연간소득금액 100만 원(근로소득만 있는 자는 총급여액 500만 원) 이하인 경우 <table><tr><td>부양가족</td><td>직계존속</td><td>직계비속</td><td>형제자매</td><td>위탁아동</td><td>수급자</td></tr><tr><td>나이요건</td><td>60세 이상</td><td>20세 이하</td><td>60세 이상 20세 이하</td><td>18세 미만</td><td>없음</td></tr></table> * 장애인의 경우 나이요건 제한 없음
	추가공제	대상별 차이	<table><tr><td>공제대상</td><td>경로우대 (70세 이상)</td><td>장애인</td><td>부녀자 (부양/기혼)</td><td>한부모</td></tr><tr><td>공제금액</td><td>100만 원</td><td>200만 원</td><td>50만 원</td><td>100만 원</td></tr></table> * 한부모 공제는 부녀자공제와 중복적용 배제(중복 시 한부모 공제 적용)
연금보험료	공적연금보험료	전 액	본인이 부담한 국민연금 또는 공무원연금 등 보험료
특별소득공제	건강·고용보험료	전 액	본인이 부담한 건강보험료(노인장기요양보험료 포함) 및 고용보험료
	주택자금 / 주택임차차입금	연 300만 원 한도	무주택 세대주(세대원)의 주택임차차입금 원리금 상환액의 40% 공제 ※ 주택마련저축 공제와 합하여 연 300만 원 한도
	주택자금 / 장기주택저당차입금	연 300만 원 ~1,800만 원 한도	무주택 또는 1주택 보유 세대주(세대원)의 상환기간 15(10)년 이상인 장기주택저당차입금의 이자상환액을 100% 공제 <table><tr><td>차입시기</td><td>공제 한도</td></tr><tr><td>'15. 1. 1. 이후</td><td>·15년 이상(고정금리 and 비거치식 분할상환): 1,800만 원, (고정금리 or 비거치식 분할상환):</td></tr></table>

항목	구 분	공제 한도	공제 요 건
			1,500만 원, (기타): 500만 원 ·10년 이상(고정금리 or 비거치식 분할상환) : 300만 원
			'12년~ '14년	·비거치식 또는 고정금리(1,500만 원), 그 외(500만 원)
			'11. 12. 31. 이전	·상환기간 15년(1,000만 원), 30년(1,500만 원)
	기부금 (이월분)	한도 내 이월액	'12~'13년에 지출한 지정기부금 중 공제 한도 내 이월기부금
그 밖의 소득 공제	개인연금 저축	연 72만 원 한도	개인연금저축('00. 12. 31. 이전 가입) 납입액의 40% 공제
	소기업·소상 공인공제	300만 원 (500만 원, 200만 원)	총급여액 7천만 원 이하 법인 대표자가 노란우산공제에 납입한 금액 (공제 한도) 근로소득금액 4천만 원 이하자 500만 원, 근로소득 금액 1억 원 초과자 200만 원
	주택마련 저축	연 300만 원 한도	무주택 세대주로서 총급여액 7천만 원 이하인 근로자가 주택청약 종합저축, 청약저축 등에 납입한 금액(240만 원 한도)의 40% 공 제 * '14년까지 가입한 총급여액 7천만 원 초과자: 기존납입한도 (120만 원)로 '17년까지 공제가능
	투자조합출 자 등	근로소득금액 의 50%	중소기업창업투자조합 등의 출자·투자금액 10%(100%, 50%, 30%)* 공제 * 벤처기업 등에 직접투자(15백만 원 이하분: 100%, 5천만 원 이 하분: 50%, 5천만 원 초과분: 30%) ※ 농어촌특별세 비과세
	신용카드	Min[총급여의 20%, 300만 원] +100만 원(전통시장) +100만 원 (대중교통)	총급여액의 25%를 초과하는 금액의 15%(30%, 40%)를 소득공제 (신용카드: 15%, 현금영수증·직불(선불)카드: 30%, 전통시장·대 중교통비: 40%) * 총급여 1억 2천만 원 초과자의 경우에는 공제금액 한도를 200 만 원 적용
	우리사주조 합 출연금	연 400만 원 한도	우리사주조합원이 우리사주를 취득하기 위해 우리사주조합에 출 연한 금액
	고용유지 중소기업 근로자	연 1,000만 원 한도	고용유지 중소기업의 근로자 임금삭감액의 50% 공제

항목	구 분	공제 한도	공 제 요 건
	장기집합투자 증권저축	연 240만 원 한도	해당 과세기간의 총급여액 8천만 원 이하 근로자의 장기집합투자증권저축 납입액(연 600만 원 한도)의 40%를 공제(농어촌특별세 비과세) * ('15.12.31까지 가입) 가입한 날로부터 10년 동안 각 과세기간에 납입한 금액
소득공제 종합한도		연 2,500만 원 한도	주택자금, 소기업·소상공인 공제부금, 주택마련저축, 우리사주조합 출연금, 신용카드 등, 투자조합출자 등(공제율 30%, 50%, 100% 제외), 장기집합투자증권저축의 공제금액 합계액이 소득공제 종합한도 대상

건강보험료와 고용보험료는 전액공제가 가능하다.

근로자로서 해당과세기간에 부담한 건강보험료와 고용보험료는 전액 공제가 가능하다. 하지만 개인학원의 경우 학원장본인 건강보험료는 비용으로 처리되므로 실질적인 차이는 없다.

주택자금공제는 일정요건을 갖춘 경우 공제가 가능하다.

주택자금공제는 주택임차차입금원리금상환액공제, 장기주택저당차입금이자상환액공제로 구분된다.

1) 주택임차차입금 원리금상환액공제

12월 31일 현재 주택을 소유하지 아니한 세대의 세대주로서 주택을 임차하기 위해 차입한 주택임차차입금의 원리금을 상환하는 경우 상환금액의 40%를 근로소득금액에서 공제한다.

2) 주택마련저축공제

총급여액이 7천만원 이하이며 과세기간 중 주택을 소유하지 않은 세대의 세대주가 주택청약종합저축에 납입한금액의 40%를 근로소득금액에서 공제한다. 단, 과세기간 중 주택당첨 외의 사유로 중도해지한 경우에는 해당 과세기간에 납입한 금액은 공제하지 못한다.

3) 장기주택저당차입금 이자상환액공제

주택을 소유하지 아니한 세대주가 기준시가 4억 이하인 주택을 취득하기 위하여 차입한 장기주택저당차입금의 이자는 해당연도의 근로소득금액에서 공제한다. 단, 12월 31일 현재 2주택이상을 보유한 경우에는 그 보유기간이 속한 과세기간에 지급한 이자상환액은 공제하지 못한다.

신용카드 등 소득공제

근로소득이 있는 거주자 본인 및 기본공제대상자에 해당하는 자(형제자매는 제외한다)가 국내에서 신용카드등을 사용한 경우 일정금액을 소득금액에서 공제한다. 단 신용카드 등 사용금액은 총 급여의 25%를 넘어야 하고, 소득공제한도는 총급여액의 20%와 300만원 중 적은금액을 한도로 한다. 신용카드 등 소득공제 금액 계산방법은 아래와 같다. 관련 사례 등 및 절세방법은 필자의 블로그(blog.naver.com/ctapark40)을 참고하기 바라며 아래 계산방법은 참고만 하기 바란다.

신용카드 등 소득공제 금액 : (① + ② + ③ + ④ - ⑤)에 해당하는 금액
① 전통시장사용분(신용카드·현금영수증·직불카드·선불카드) × 40%
② 대중교통이용분(신용카드·현금영수증·직불카드·선불카드) × 40%
③ 현금영수증, 직불·선불카드사용분(전통시장사용분·대중교통이용분에 포함된 금액 제외) × 30%
④ 신용카드사용분(신용카드 등 사용금액 합계액 - 전통시장사용분 - 대중교통이용분 - 현금영수증, 직불·선불카드사용분) × 15%
⑤ 다음의 어느 하나에 해당하는 금액
 - 최저사용금액(총급여액의 25%) ≤ 신용카드사용분 : 최저사용금액 × 15%
 - 최저사용금액(총급여액의 25%) > 신용카드사용분
  ⅰ) 최저사용금액 ≤ (신용카드 + 현금영수증 + 체크카드사용분)
   → 신용카드사용분 × 15% + [(최저사용금액 - 신용카드사용분) × 30%]
  ⅱ) 최저사용금액 > (신용카드 + 현금영수증 + 체크카드사용분)
   → 신용카드사용분 × 15% + (현금영수증 + 체크카드) × 30% + [최저사용금액 - (신용카드 + 현금영수증 + 체크카드)] × 40%

신용카드 등 사용금액 중 소득공제대상에서 제외되는 경우

(조특법 §126의2 ④, 조특령 §121의2 ⑥)

구 분	내 용
사업관련 비용	사업소득과 관련된 비용 또는 법인의 비용을 근로자의 신용카드 등으로 결제한 경우
비정상적 사용액*	물품의 판매 또는 용역의 제공을 가장하는 등 신용카드·직불카드·직불전자 지급수단·기명식선불카드·기명식선불전자지급수단·기명식전자화폐 또는 현금영수증의 비정상적인 사용행위에 해당하는 경우
자동차 구입비용	자동차를 2002년 12월 1일 이후 신용카드·직불카드·직불전자지급수단·기명식선불카드·기명식선불전자지급수단·기명식전자화폐 또는 현금영수증으로 구입하는 경우(단, 중고자동차를 신용카드 등으로 구입한 경우 구입금액의 10%는 사용금액에 포함)
자동차 리스료	여객자동차운수사업법에 의한 자동차대여사업의 자동차대여료를 포함한 리스료
보험료 및 공제료	국민건강보험법 또는 노인장기요양보험법, 고용보험법에 따라 부담하는 보험료, 국민연금법에 의한 연금보험료 및 각종 보험계약(생명보험, 손해보험, 우체국보험, 군인 공제회 등)의 보험료 또는 공제료
교 육 비	유아교육법, 초·중등교육법, 고등교육법 또는 특별법에 의한 학교(대학원 포함) 및 영유아보육법에 의한 어린이집에 납부하는 수업료·입학금·보육비용, 기타 공납금
공 과 금	정부·지방자치단체에 납부하는 국세·지방세, 전기료·수도료·가스료·전화료(정보사용료, 인터넷이용료 등을 포함)·아파트관리비·텔레비전시청료(종합유선방송법에 의한 종합유선방송의 이용료 포함) 및 도로통행료
유가증권 구입	상품권 등 유가증권 구입비
자산의 구입비용	지방세법에 의하여 취득세 또는 등록면허세가 부과되는 재산의 구입비용(주택 등)
국가 지자체에 지급하는 수수료 등	부가가치세법시행령 제46조 제1호 및 제3호에 해당하는 업종 외의 업무를 수행하는 국가·지방자치단체 또는 지방자치단체조합(의료법에 따른 의료기관 및 지역보건법에 따른 보건소는 제외한다)에 지급하는 사용료·수수료 등의 대가
금융용역관련 수수료	차입금 이자상환액, 증권거래수수료 등 금융·보험용역과 관련한 지급액, 수수료, 보증료 및 이와 비슷한 대가

구 분	내 용
정치자금 기부금	정치자금법에 따라 정당(후원회 및 각급 선거관리위원회 포함)에 신용카드, 직불카드, 기명식선불카드, 직불전자지급수단, 기명식선불전자지급수단 또는 기명식전자화폐로 결제하여 기부하는 정치자금(조특법 제76조에 따라 세액공제를 적용받은 경우에 한함)
지정기부금	지정기부금단체에 신용카드로 기부하는 경우(원천세과-305, 2011.5.25.)
월세액 세액공제	조특법 제95조의2에 따라 세액공제를 적용받은 월세액

✅ 세액감면과 세액공제를 통해 세금을 한번 더 줄여보자.

우리는 지금까지 소득금액과 소득공제 내용을 살펴보았다. 소득금액에서 소득공제를 차감한 금액이 과세표준이며, 과세표준에 비로소 세율을 적용해서 종합소득세를 계산한다. 이를 산출세액이라고 하는데 세금은 여기서 끝이 아니다. 세액감면과 세액공제를 통해 세금을 더 줄일 수 있다.

내용이 방대하므로 여기서는 학원에 적용할 수 있는 세액감면, 세액공제를 위주로 주요내용만 살펴보기로 한다. 자세한 내용은 필자의 블로그(blog.naver.com/ctapark40)에 올려놓을 예정이니 참고하기 바란다. (참고문헌 : 국세청 "원천징수의무자를 위한 연말정산 신고안내")

기장세액공제(소득세법 제56조의 2)

소득세신고는 장부신고를 원칙으로 하고 여기서 장부란 복식부기에 의한 장부를 말한다. 예외적으로 간편장부도 장부신고로 인정하고 있는데 만약 간편장부대상자가 간편장부가 아닌 복식부기에 따라 기장을 하고 소득세신고를 하면 기장세액공제를 적용할 수 있다.

기장세액공제는 학원소득만 있을 경우 세금의 20%를 100만원 한도로 공제해 주며, 만약 다른 소득이 있다면 기장한 소득비율에 20%를 100만원 한도로 공제해준다.

$$기장세액공제액 = 산출세액 \times \frac{기장신고소득금액}{종합소득금액} \times 20\%$$

재해손실세액공제(소득세법 제58조)

그러면 안되겠지만 혹시라도 기상이변등 재해를 입은 경우 학원입장에서는 타격이 클 수밖에 없다.

재해손실세액공제는 학원을 운영하던 중 재해로 인해 자산총액의 20%이상을 상실한 경우 재해상실비율만큼 재해손실액 범위 내에서 소득세를 공제 해주는 제도이다. 단, 이때 상실된 자산에 토지는 포함하지 않는다.

$$\text{재해손실세액공제액} = \text{종합소득산출세액} \times \frac{\text{소득별소득금액}}{\text{종합소득금액}} \times \text{재해상실비율}$$

근로소득세액공제(소득세법 제59조)

근로소득이 있는 경우에는 근로소득세액공제를 받을 수 있으며, 세액공제금액과 한도는 아래와 같다.

산 출 세 액		세 액 공 제 금 액
· 산출세액 130만원 이하	⇨	산출세액의 55%
· 산출세액 130만원 초과	⇨	71만5천원 + 130만원 초과금액의 100분의 30

세액공제 금액 한도

총 급 여 액		세액공제 금액 한도
· 3천300만원 이하	⇨	74만원
· 3천300만원 초과 ~ 7천만원 이하	⇨	74만원 - [(총급여액 - 3천300만원) × 0.008] 다만, 위 금액이 66만원보다 적은 경우에는 66만원
· 7천만원 초과	⇨	66만원 - [(총급여액 - 7천만원) × 1/2] 다만, 위 금액이 50만원보다 적은 경우에는 50만원

자녀세액공제

학원장에게 자녀가 있는 경우에는 자녀의 수에 따라 기본공제가 가능하며, 6세 이하, 출산·입양자녀가 있다면 추가세액공제가 가능하다.

1) 기본공제

자녀의 수		세 액 공 제 금 액
1명	⇨	연 15만원
2명		연 30만원
3명 이상	⇨	연 30만원 + 2명 초과하는 1명당 연 30만원

* 3명 : 60만원, 4명 : 90만원, 5명 : 120만원

2) 6세 이하의 공제대상자녀가 2명 이상인 경우 1명을 초과하는 1명당 연 15만원을 종합소득 산출세액에서 공제한다.

3) 해당 과세기간에 출산하거나 입양 신고한 공제대상자녀가 있는 경우 첫째 30만원, 둘째 50만원, 셋째 이상인 경우 연 70만원을 종합소득 산출세액에서 공제한다.

연금계좌세액공제

연금저축, 연금계좌에 납입한 금액이 있는 경우 납입한 금액 중 다음에 해당하는 금액을 제외한 금액12% [종합소득금액 4천만원 이하(근로소득만 있는 경우는 총급여액 5천5백만원 이하)인 거주자는 15%]에 해당하는 금액을 해당 과세기간의 종합소득산출세액에서 공제한다.

1) 연금계좌납입금액에서 제외되는 금액
   ① 소득세가 원천징수되지 아니한 퇴직소득 등 과세가 이연된 소득
   ② 연금계좌에서 다른 연금계좌로 계약을 이전함으로써 납입되는 금액

2) 연금계좌 납입하는 합계액은 연 700만원을 한도로 하여 세액공제를 적용한다.
   (단, 연금저축계좌에 납입한 금액은 연 400만원을 한도로 함)

○ 연금저축계좌 : 금융회사 등과 체결한 계약에 따라 "연금저축"이라는 명칭으로 설정하는 계좌(2013.1.1. 전에 가입한 연금저축 포함)

○ 퇴직연금계좌 : 근로자퇴직급여 보장법에 따른 확정기여형퇴직연금제도(DC형)와 개인형퇴직연금제도(IRP) 또는 과학기술인공제회법에 따라 퇴직연금을 지급받기 위해 설정하는 계좌(확정기여형퇴직연금 사용자부담금은 제외)

의료비 및 교육비 세액공제는 개인학원도 공제가 가능하다.

보장성보험료와 기부금세액공제는 개인학원(개인사업자)는 공제가 불가능 하지만 의료비와 교육비세액공제는 아래의 요건을 모두 갖춘 경우에 한하여 개인학원(개인사업자)도 공제가 가능하다. 단, 성실신고확인대상사업자(연매출5억 이상인 개인학원)는 아래 요건과 상관없이 의료비 및 교육비 세액공제를 받을 수 있다.

1) 복식부기로 소득세신고를 할 것.
2) 수입금액이 직전 3년의 연평균수입금액의 90%를 초과하도록 신고할 것.
3) 3년 이상 계속하여 사업을 경영할 것.
4) 체납, 조세범처벌, 소득금액 누락사실 등이 없을 것.

보험료 세액공제

개인학원은 해당사항이 없으며 근로소득자만 해당한다.

근로소득자가 해당 과세기간에 다음 어느 하나에 해당하는 보험료를 지급하는 경우 그 금액의 12%(장애인 전용 보장성보험의 보험료는 15%)에 해당하는 금액을 해당 과세기간의 종합소득산출세액에서 공제한다.

〈세액공제대상 보험료 및 세액공제 대상금액 한도〉

구 분	세액공제 대상금액 한도	세액공제율
보장성보험의 보험료	연 100만원 한도	12%
장애인전용보장성보험의 보험료	연 100만원 한도	15%

의료비 세액공제

근로소득자와 일정요건을 갖춘 개인학원만 공제가 가능하다.

근로소득자가 기본공제대상자(나이 및 소득의 제한을 받지 않음)를 위하여 해당 과세기간에 의료비를 지급한 경우 다음 금액의 15%(난임시술비는 20%)에 해당하는 금액을 해당 과세기간의 종합소득산출세액에서 공제한다.

① 근로자 본인, 과세기간 종료일 현재 65세 이상인 사람과 장애인을 위하여 지급한 의료비, 난임시술비
 - 다만, ②의 의료비가 '총급여액 × 3%'에 미달하는 경우에는 그 미달금액을 차감

② 위 ①의 대상자를 제외한 기본공제대상자를 위하여 지급한 의료비로서 '총급여액 × 3%'를 초과하는 금액(연 700만원 한도)

단, 의료비 세액공제시에는 다음은 의료비로 보지 않으므로 유의해야 한다.

○ 사내근로복지기금으로부터 지급받은 의료비는 공제대상 의료비에 포함되지 않음

○ 근로자가 당해 연도에 지급한 의료비 중 근로자가 가입한 상해보험 등에 의하여 보험회사에서 수령한 보험금으로 지급한 의료비는 공제대상에 해당하지 않음

○ 의료법 제3조에서 규정하는 의료기관에 해당되지 아니하는 외국의 의료기관에 지출한 비용은 공제대상 의료비에 해당하지 않음

○ 실제 부양하지 아니하는 직계존속이나 생계를 같이하지 아니하는 형제자매를 위해 지출한 의료비는 공제대상에 해당하지 않음

○ 건강기능식품에 관한 법률에 의한 건강기능식품을 구입하고 지급하는 비용은 소득공제대상 의료비에 포함되지 않음

○ 의료비 세액공제를 적용함에 있어, 의료기관의 진단서 발급비용은 포함되지 않음

○ 국민건강보험공단으로부터 지원받는 출산 전 진료비지원금으로 지급한 의료비는 세액공제 대상 의료비에 포함되지 않음

○ 국민건강보험공단으로부터 '본인부담금상한제 사후환급금*'을 받는 경우 그 해당 의료비는 세액공제 대상 의료비에 포함되지 않음

교육비 세액공제

근로소득자와 일정요건을 갖춘 개인학원의 학원장이 근로자 본인, 기본공제대상자(나이 제한을 받지 않음)를 위하여 해당 과세기간에 아래의 교육비를 지급한 경우 그 금액의 15%에 해당하는 금액을 해당 과세기간의 종합소득산출세액에서 공제한다.

○ 수업료·입학금·보육비용·수강료 및 그 밖의 공납금

○ 학교급식법, 유아교육법, 영유아보육법 등에 따라 급식을 실시하는 학교, 유치원, 어린이집, 소법 제59조의4 제3항 제1호 라목에 따른 학원 및 체육시설(초등학교 취학 전 아동만 해당)에 지급한 급식비(우유급식 포함)

○ 학교에서 구입한 교과서대금(초·중·고등학교의 학생만 해당)

○ 교복(체육복 포함)구입비용(중·고등학교의 학생만 해당하며, 학생 1명당 연 50만 원을 한도)

○ 다음 각 목의 학교 등에서 실시하는 방과후 학교나 방과후 과정 등의 수업료 및 특별활동비(학교 등에서 구입한 도서구입비와 학교 외에서 구입한 초·중·고등학교의 방과후 학교 수업용 도서의 구입비를 포함)

　가. 초·중등교육법 제2조에 따른 학교
　나. 유아교육법 제2조 제2호에 따른 유치원
　다. 영유아보육법 제2조 제3호에 따른 어린이집
　라. 소법 제59조의4 제3항 제1호 라목에 따른 학원 및 체육시설(초등학교 취학 전 아동만 해당)

○ 초·중등교육법 제2조에 따른 학교에서 교육과정으로 실시하는 현장체험학습 비용(학생 1명당 연 30만원 한도)

○ 근로자 본인의 학자금 대출 원리금 상환에 지출한 교육비(상환 연체로 인하여 추가로 지급한 금액은 제외)

기부금 세액공제 (소득세법 제59의4제4항)

개인학원의 경우 기부금은 필요경비로 인정받으므로 기부금세액공제대상은 아니며, 근로소득자인 학원장의 경우 본인및 기본공제를 적용받는 부양가족(나이의 제한을 받지 않음)이 기부한 기부금은 세액공제를 받을 수 있다. 단 정치자금기부금과 우리사주조합기부금은 본인이 지출한 기부금만 공제가 가능하다. 기부금 종류별로 한도 및 세액공제율을 살펴보면 아래와 같다.

기부금 종류	소득공제·세액공제 대상금액 한도	세액공제율
① 정치자금기부금	근로소득금액 × 100%	10만원 이하 : 100/110 10만원 초과 : 15% (3천만원 초과분 25%)
② 법정기부금	(근로소득금액 - ①) × 100%	법정기부금 + 지정기부금 + 우리사주조합기부금 : 15%(2천만원 초과분 30%)
③ 우리사주조합기부금	(근로소득금액 - ① - ②) × 30%	
④ 지정기부금(종교단체에 기부한 금액이 있는 경우)	[근로소득금액 - ① - ② - ③] × 10% + [(근로소득금액 - ① - ② -③)의 20%와 종교단체 외에 지급한 금액* 중 적은 금액] * 당해연도 종교단체 외 지정기부금 + 이월된 종교단체 외 지정기부금	
⑤ 지정기부금(종교단체에 기부한 금액이 없는 경우)	(근로소득금액 - ① - ② - ③) × 30%	

많은 학원장이 오해하는 기부금이 종교단체기부금인데 종교단체기부금은 그 한도가 생각보다 적으므로 세액공제되는 금액이 크지 않고, 허위로 기부금영수증을 받아서 적용하는 경우가 많아서 국세청에서도 요주의대상으로 보고 있으니 주의하여야 한다.

> **세법에서는**
>
> 기부금표본조사(소득세법 175조)
>
> 납세지관할세무서장 등은 소법 제34조(기부금의 필요경비 산입)·제59조의4 제4항(기부금 세액공제)에 따라 기부금을 필요경비에 산입하거나 기부금 세액공제를 받은 거주자 중 기부금 세액공제 대상 금액 또는 필요경비 산입금액이 100만원 이상인 거주자(소법 제121조 제2항 및 제5항에 따른 비거주자 포함)에 대하여 필요경비 산입 또는 세액공제의 적정성을 검증하기 위하여 해당 과세기간 종료일부터 2년 이내에 표본조사를 하여야 한다.

월세액 세액공제

주택을 소유하지 아니한 세대의 세대주(단독세대주 및 일정요건의 세대원 포함)로서 근로소득이 있는 거주자(일용근로자 제외)가 국민주택규모의 주택(주거용 오피스텔, 고시원 포함)을 임차하기 위하여 지급하는 월세액(750만원 한도)의 10%에 해당하는 금액을 해당 과세기간의 종합소득산출세액에서 공제한다.

아무것도 없으면 표준세액공제를 받자.

① 근로소득이 있는 학원장으로 특별소득공제 및 특별세액공제, 월세세액공제가 없는 경우에는 표준세액공제로 13만원을 산출세액에서 공제한다.

② 개인학원중 성실사업자는 표준세액공제로 12만원을 산출세액에서 공제한다. 여기서 말하는 성실사업자란 앞서 살펴본 교육비·의료비공제의 성실사업자와는 약간 다르다.

③ 위 2가지사항에 해당하지 않는 개인학원은 표준세액공제로 7만원을 산출세액에서 공제 한다.

항목	구 분		공제 한도	공 제 요 건
세액공제	근로소득세액공제		총급여액에 따라 74만 원 66만 원 50만 원	산출세액 130만 원 이하분 55%, 130만 원 초과분 30% 공제 ※ 공제 한도: 총급여액 3,300만 원 이하(74만 원)·7천만 원 이하(66만 원)·그 외(50만 원) ※ 중소기업취업 감면이 있는 경우 근로소득세액공제 계산 = 근로소득세액공제 × [1 − (중소기업 취업자 소득세 감면액/산출세액)]
	자녀	기본공제대상	전 액	기본공제대상 자녀가 2명 이하 1명당 15만 원, 2명 초과 1명당 30만 원
		6세 이하	전 액	기본공제대상 자녀 중 6세 이하 자녀가 2명 이상인 경우 1명을 초과하는 1명당 15만 원
		출산입양	전 액	출산입양한 자녀의 순서에 따라 첫째 30만 원, 둘째 50만 원, 셋째이상 70만 원
	연금계좌		연 105만 원	연금계좌납입액(연 700만 원 한도, 연금저축은 총급여 1억2천만 원 또는 종합소득금액 1억 원 이하 400만 원, 초과자 300만 원 한도)의 12%(총급여액 55백만 원 이하는 15%)를 세액공제
	특별세액공제	보험료 보장성	연 12만 원	기본공제대상자를 피보험자로 하는 보장성보험 납입액의 12%를 세액공제
		보험료 장애인전용 보장성	연 15만 원	기본공제대상자 중 장애인을 피보험자 또는 수익자로 하는 장애인 전용보장성보험 납입액의 15%를 세액공제
		의료비 ① 본인 등 (난임시술비 포함)	전 액	의료비 지출액이 총급여액 3%를 초과하는 경우 그 초과금액의 15%(난임시술비는 20%)를 세액공제(부양가족의 나이·소득제한 없음)
		의료비 ② 부양가족	연 105만 원	공제대상금액 표 및 ※ 공제대상금액 한도
		교육비 취학전 아동	1명당 45만 원	교육비 지출액의 15%를 세액공제 ※ 나이제한 없음 (직계존속은 제외) / 보육비용, 유치원비, 학원·체육시설 수강료, 방과후 수업료(교재대 포함, 재료비 제외), 급식비: 1명당 300만 원 한도
		교육비 초중고생		교육비, 학교급식비, 교과서대, 방과후 학교 수강료(교재대 포함, 재료비 제외), 국외교육비, 교복구입비(중·고생 50만 원 이내), 체험학습비(초·중·고생 30만 원 이내): 1명당 300만 원 한도

의료비 ② 부양가족 공제요건 세부:

공제대상 금액	② 〈 총급여액 3%	② ≥ 총급여액 3%
	① − (총급여액 3% − ②)	① + (② − 총급여액 3%)

※ 공제대상금액 한도: 부양가족(연 700만 원), 본인 등 (전액)

항목	구 분			공제 한도	공 제 요 건
			대학생	1명당 135만 원	교육비(사이버 대학 및 학위취득과정 포함), 국외교육비: 1명당 900만 원
			근로자 본인	전액 × 15%	대학·대학원 1학기 이상의 교육과정 교육비, 직업능력개발훈련 수강료, 학자금 대출 상환액
			장애인 특수교육비	전액 × 15%	기본공제대상인 장애인*의 재활교육을 위해 지급하는 비용 * 소득금액 제한 없으며, 직계존속도 공제 가능
	기 부 금	정치 자금	10만원 이하	한도내 전액	공제 대상 한도 근로소득금액 100%	10만 원 이하분 100/110 세액공제
			10만원 초과			10만 원 초과 3천만 원 이하분 15%, 3천만 원 초과분 25% 세액공제
		법정			근로소득금액 100%	기부금별 한도내 공제대상금액 합계액이 2천만 원 이하분 15%, 2천만 원 초과분 30% 세액공제
		우리사주			근로소득금액 30%	
		지정(종교 외)			근로소득금액 30%	
		지정(종교)			근로소득금액 10%	
	표준세액공제			연 13만 원	특별소득공제, 특별세액공제 및 월세액 세액공제를 신청하지 아니한 경우 ※ 특별소득공제 등 공제세액이 연 13만 원보다 작은 경우에 적용
	납세조합			전 액	해당 납세조합에 의하여 원천징수된 근로소득에 대한 종합소득 산출세액의 10%를 세액공제
	주택자금차입금이자			전 액	('95.11.1. ~ '97.12.31. 취득)주택자금차입금에 대한 이자상환액의 30% 세액공제 ※ 농어촌특별세 과세대상
	외국납부세액			한도내 전액	거주자의 외국소득세액을 당해 연도의 종합소득 산출세액에서 세액공제 ※ 공제 한도 = 근로소득산출세액 × (국외근로소득금액/근로소득금액)
	월세액			연 75만 원	총급여액 7천만 원 이하의 무주택 세대의 세대주인 근로자(기본공제대상자가 계약한 경우 포함)가 국민주택규모 주택(오피스텔, 고시원 포함)을 임차하기 위해 지급하는 월세액(연 750만 원 한도)의 10%를 세액공제

❖ 학원규모에 따라 종합소득세 신고방법이 틀리다.

학원은 다른 사업자와 마찬가지로 복식부기에 의한 장부를 작성하고 종합소득세를 신고하여야 한다. 하지만 학원의 직전연도 수입금액, 신규개업여부등에 간편장부대상자 또는 복식부기의무자로 나뉘며, 복식부기의무자는 또다시 자기조정신고대상자와 외부조정대상자, 성실신고확인대상자로 나뉜다.

직전년도란 신고일 기준으로 재작년을 말한다.

장부대상자를 판단할 경우에 세법에서는 직전년도 수입금액에 의한다고 되어 있다. 여기서 직전연도란 신고대상이 되는 해당연도의 전년도를 의미한다.

2019년분 종합소득세를 신고한다면 2018년 수입금액으로 2019년에 작성해야 하는 장부를 확인해야 한다. 많이 헷갈리는 이유가 2019년분 소득신고는 2020년 5월에 하기 때문에 직전년도라고 하면 2019년으로 오해를 하기 때문이다.

즉, 2020년 5월에 신고하는 종합소득세는 2019년 귀속분 종합소득으로 이때의 장부판단은 2018년 매출액으로 판단한다.

간편장부로 신고할 수 있는 경우

① 신규개원학원

② 직전연도 수입금액이 7500만원 미만인 학원

기존 학원을 운영하다가 2관을 개원하는 경우 2관은 신규학원에 해당하지 않는다. 그리고 위 학원외의 학원이 간편장부에 의한 신고를 하는 경우에는 무신고로 보아 신고불성실가산세가 과세되므로 주의하여야 한다. 또한 간편장부대상자가 복식부기에 의해 신고하는 경우에는 기장세액공제를 받을 수 있다.

복식부기로만 신고해야 하는 경우

① 직전연도 수입금액이 7500만원 이상인 학원
② 간편장부대상자가 기장세액공제를 받길 원하는 경우

직전연도 수입금액이 7500만원 이상이었다면 당해연도 수입금액과 상관없이 무조건 복식부기로 신고를 하여야 한다.

만약 간편장부로 신고를 한다면 무신고로 보아 무신고 가산세 및 무기장가산세를 부과하니 주의하여야 한다.

반드시 세무사를 통해 신고해야 하는 경우

복식부기의무자가 세법에 대한 지식, 재무제표 및 신고서 작성이 가능한 경우에는 직접신고하여도 문제없으나 직전연도 수입금액이 1억5천만원 이상인 학원은 반드시 세무사나 회계사의 확인을 거쳐서 신고를 해야 한다. 이를 세법에서는 외부조정이라고 한다. 만약 세무사가 작성한 조정계산서를 첨부하지 않고 신고한 경우 신고하지 않은 것으로 보니 주의하기 바란다.

① 직전연도 소득에 대한 소득세 과세표준과 세액을 추계결정 또는 추계결정 받은 학원
② 직전과세연도 총수입금액이 1억 5천만원 이상인 학원
③ 세무사가 작성한 조정계산서를 첨부하고자 하는 학원

✅ 매출이 5억을 넘었으면 성실신고확인신고를 해야 한다.

수입금액이 5억을 넘는 학원은 종합소득세 신고시 사업소득 계산의 적정성을 세무사 등에게 확인을 받아야 한다. 이를 성실신고확인제도라 한다.

성실신고확인제도

성실신고확인 대상 학원장은 종합소득세 신고시 과세표준신고서 외에 세무사가 작성한 "성실신고확인서"를 함께 제출하여야 한다. 만약 학원소득만 있다면 학원매출액이 5억을 넘는 학원이 성실신고확인제도 대상자이다.

〈업종별 성실신고확인대상자 판단〉

업 종	수입금액
농업, 임업 및 어업, 광업, 도소매업, 부동산매매업 등	15억 이상
제조업, 숙박 및 음식점업, 전기/가스/수도사업, 폐기물처리 원료재생 및 환경복원업, 건설업, 운수업, 출판/영상/방송통신업 등	7.5억 이상
부동산임대업, 전문/기술 서비스업, 교육 서비스업, 수리 서비스업 등	5억 이상

※ 학원은 교육 서비스업에 해당함.

성실신고확인대상 학원장에 대한 인센티브 와 제재

[인센티브]

① 종합소득세 신고기간이 5월말에서 6월말로 1개월 연장
② 교육비공제와 의료비 공제 허용
③ 성실신고확인비용의 60%를 세액공제 (연간 120만원 한도)

[제재사항]

① "성실신고확인서"를 제출하지 않은 경우에는 세액의 5%를 가산세로 부과
② 우선적 세무조사 대상에 선정하여 성실신고 확인내용을 점검.
③ 학원의 세무조사를 통해 성실신고확인을 제대로 확인하지 못한 사실이 밝혀지는 경우 성실신고확인을 한 세무사도 징계

성실신고확인 내용

학원과 관련 성실신고확인제도 관련 주요 확인사항은 다음과 같다.

(1) 주요 사업현황 관련 : 기본사항 확인

- o (사업장 현황) 강사 수, 강의실 수, 강의실 면적, 임차보증금, 통학버스 수 등
- o (사업내역 현황) 주요 매입처, 주요 유형자산 명세, 차입금 및 지급이자 현황

(2) 지출비용에 대한 적격 여부 확인

- o 지출비용(손익계산서 항목)에 대한 정규증빙 수취여부,
- o 3만원 초과 거래에 대해 정규증빙이 없는 비용의 명세 및 미수취 사유
- o 장부상 거래액과 정규증빙 금액의 일치 여부를 전수 조사하여 정규증빙보다 과다 비용 계상한 항목을 확인

(3) 업무무관 경비 여부 확인

1) 인건비(강사비)
- o 배우자 및 직계존비속에 지급한 인건비가 있는 경우 실제 근무 여부
- o 유학·군복무 중인 자 등에 대한 강사료 계상 여부
- o 아르바이트, 일용직 등의 가공 강사비 여부 등

2) 차량유지비
업무용 통학차량(지입차량) 보유 현황, 용도 등을 검토하여 가정용 차량 유지·관리비 등 업무무관경비의 변칙 계상 여부 확인

3) 통신비
가족 친척의 명의로 지급한 통신비 및 해외통신비 내역 등을 확인하여 개인석 경비의 변칙 계상 여부 확인

4) 복리후생비
접대성 경비 또는 가족·개인 지출 경비 등을 복리후생비로 계상하는지 여부 등을 검토

5) 접대비, 여비교통비

지출내용, 목적, 장소 등을 검토하여 개인적 경비의 변칙 계상 여부 확인

6) 이자비용

차입금 현황, 차입처, 차입금 용도 등을 검토하여 사업과 관련 없는 차입금 이자의 존재 여부 확인

7) 감가상각비

사업내용, 유형자산 및 인테리어의 취득목적 및 실물 등을 검토하여 업무무관 자산, 가공자산에 대한 감가상각비 계상 여부 확인

8) 건물관리비

사업용·비사업용 건물 소유 현황 등을 검토하여 개인적 경비의 변칙 계상 여부 확인

(4) 수입금액 관련

- 사업현황(강사수, 사업용자산)과 인건비, 교재비와의 관계 비교분석
- 고액현금거래에 대한 현금영수증 발급 여부
- 10만원 이상 수강료 현금영수증 의부발급 여부
- 누락한 수입금액에 대한 누락경비 존재 여부
- 친인척·종업원 명의 등 차명계좌에 입금된 수입금액의 누락 여부

✅ 증빙과 장부가 없어도 종합소득세신고를 할 수 있다. 하지만.

앞서 장부의 중요성, 장부를 작성해야 하는 이유 등 장부신고의 당위성에 대해 계속 이야기 했지만 증빙과 장부가 없어도 종합소득세 신고를 할 수 있다. 하지만...

증빙과 장부가 없다면 매출액을 기준으로 세액을 계산하는데 일반적으로 기장에 의한 세금보다 많이 나온다. 이를 추계신고라고 한다. 그리고 추계에 의한 신고를 할 경우 당해사업연도의 소득금액이 없음(적자)에도 불구하고 세금이 계산되고, 게다가 기장의무자(연간 수강료등수입금액 2400만원 이상)가 추계에 의한 신고를 할 경우 무기장가산세의 추가 및 기장세액공제의 불인정(간편장부대상자에 한함)받게 됨으로 인하여 이중의 불이익을 받게 된다.

따라서 절세의 기본은 영수증등 증빙서류에 의한 기장신고임을 다시 한번 확인하게 된다.

하지만 부득이하게 추계신고를 하는 경우에 대해 알아보기로 한다.

기준경비율제도

기준경비율제도는 장부를 기장하지 아니한 사업자의 소득금액을 계산하기 위한 방법중 하나로 수입금액(수강료매출액)에서 매입비용, 인건비, 임차료등 주요경비는 정규증빙서류에 의해 실제 지출된 내용이 확인되는 경우에만 인정하고 나머지 비용은 기준경비율에 의해 비용(필요경비)를 인정한 후 소득금액을 계산하는 제도이다.

단순경비율 적용대상자를 제외한 모든 무기장 학원사업자는 기준경비율을 적용한다. 물론 단순경비율대상자는 기준경비율과 비교해서 유리한 방법으로 신고를 할 수가 있다.

기준경비율 적용이 가능한 학원의 소득금액 계산

업종	코드번호	기준경비율(%)
예능계열학원	809003	21.8
예능계 입시학원	809004	20.4
입시, 외국어, 보습학원	809005	21.2
교습소	809007	23.6

① 직전연도 수입금액이 2400만원 이상인 학원으로서 장부를 기장하지 않은 학원은 기준경비율을 적용할 수 있다.

② 기준경비율 적용시 소득금액은 다음과 같이 계산한다.

> 소득금액 = 학원수강료총수입금액
> - 주요경비(매입비용 + 임차료 + 인건비)
> - (총수입금액 X 기준경비율)

기준경비율 적용시 소득금액 계산 예시

수입금액 : 200,000,000원(전년도 수입금액 동일)

주요경비 : 50,000,000원

기준경비율 : 21.2%

단순경비율 : 74.9%

① 기준경비율로 계산한 소득금액

200,000,000 - 50,000,000 - (200,000,000 * 21.2%) = 107,600,000

단, 기준경비율에 의한 소득금액은 단순경비율에 의한 소득금액에 국세청장이 정하는 배율(간편장부대상자는 1.8배, 복식부기의무자는 2.0배) 을 곱하여 계산한 금액 이상인 경우에는 그 배율을 곱하여 계산한 금액으로 할 수 있다.

② 단순경비율에 국세청장이 정하는 배율에 의한 소득금액

　　[200,000,000 - (200,000,000 * 74.9)] * 2.0배 = 100,400,000
①의 금액이 ②의 금액보다 많으므로 ②의 금액 100,400,000원을 소득금액으로
할 수 있다.

하지만 추계에 의한 세금계산은 장부에 의한 세금절세효과를 전혀 누릴수 없고,
가산세를 추가로 부담하여야 한다.

기준경비율 적용시 주요경비

기준경비율 적용시 주요경비라 함은 매입비용, 인건비, 임차료이다.

하지만 학원에 적용되는 주요경비는 임차료밖에 없다고 봐도 무방하다.

매입비용은 보통 제조업, 도소매업에서 발생하므로 학원과는 무관하고, 인건비의
경우에는 4대보험이 적용되는 근로소득자나 일용직은 해당하나 3.3%를 떼는 학원
강사는 인건비로 보지 않고 있으므로 주요경비에 포함되지 않는다고 본다.

> **◯ 세법에서는**
>
> 서면1팀-484, 2007.04.13
> 【질의】
> 학원을 운영하는 사업자로서 종합소득세를 기준경비율로 신고하고자 하는데 학원운영 시 주요
> 경비는 강사료 및 임대료인데 사업소득으로 원천징수 신고 납부하고 지급조서를 제출한 강사료
> 와 임대료를 기준경비율에 의한 추계신고시 주요경비에 포함되는지 여부
>
> 【회신】
> 소득세법시행령 제143조 제3항 제1호에 따라 기준경비율에 의해 소득금액을 계산함에 있어 수
> 입금액에서 공제하는 매입비용(사업용고정자산에 대한 매입비용을 제외)과 사업용 고정자산에
> 대한 임차료의 범위는 국세청 고시 제2003-36호(2003.12.24)의 [별표1] "매입비용과 사업용고
> 정자산에 대한 임차료의 범위"에 규정된 내용에 의하는 것으로, 귀 질의의 인적용역 제공자(학
> 원강사)로부터 서비스용역을 제공받고 지출한 금액은 주요경비에 포함하지 아니하는 것임

단순경비율제도

소규모 사업자등 특정사업자에 한해 단순경비율에 의해 종합소득을 신고할수 있도록 하고 있다. 단순경비율신고는 매출액만 가지고 소득금액을 계산하는 가장 단순한 신고로 아래의 학원만 단순경비율로 신고가 가능하다.

다음에 해당하는 학원으로 장부를 기장하지 아니한 학원

가. 당해 신규개원한 학원으로 총수입금액이 7,500만원 미만일 것.
나. 직전과세기간 수입금액이 2,400만원에 미달하고 당해연도 수입금액이 7,500만원 미만일 것.

단, 다음에 해당하는 학원은 단순경비율을 적용할 수가 없다.

가. 현금영수증가맹점으로 가입하지 아니한 학원
나. 신용카드 또는 현금영수증가맹점으로 가입한 학원 중 발급거부 혹은 사실과 다르게 발급한 학원으로 3회 이상 통보받은 경우로서 합계가 100만원 이상인 경우 또는 5회 이상 통보받은 경우
다. 당해연도 매출액이 7,500만원 이상인 경우

단순경비율의 적용 및 계산방법

업종	코드번호	단순경비율(%)
예능계열학원	809003	77.1
예능계 입시학원	809004	73.4
입시, 외국어, 보습학원	809005	74.9
교습소	809007	68.1

단순경비율을 학원에 따라 위와 같은 비율로 적용하여 아래와 같이 계산한다.

단순소득금액 = 총수입금액 - (총수입금액 * 단순경비율)

사례1.
YC학원은 2019년에 신규개원한 학원으로 증빙 및 장부가 없으며 2019년 매출액은 6천만원이다. YC학원의 소득금액은?

소득금액 = 6천만원 - (6천만원 X 74.9%) = 15,060,000원

사례2.
목동학원은 2019년에 신규개원한 학원으로 증빙 및 장부가 없으며 2019년 매출액은 7,900만원이다. 목동학원의 소득금액은?

목동학원은 신규개원학원이지만 7500만원이 넘어서 단순경비율을 적용할 수 없고, 기준경비율만 적용하여야 한다.

학원규모에 따른 신고가능방법 요약

	단순경비율	기준경비율	간편장부	외부조정	성실신고	비고
신규개원학원	가능	가능	가능	가능	해당없음	매출 7,500만원 미만인 경우에 한함
전년도매출 2400만원 미만	가능	가능	가능	가능	해당없음	
전년도매출 2400만원 초과 7500만원 미만	불가	가능	가능	가능	해당없음	
전년도매출 7500만원 이상 1.5억 미만	불가	가능	불가	가능	해당없음	
전년도매출 1.5억 이상	불가	가능	불가	의무	해당없음	
올해매출 5억 이상	불가	가능할수도	불가	의무	의무	

✅ 적자라면 세금신고가 더 중요하다.

학원을 운영하다 보면 개원 초기 투자비용이 많거나 또는 경기침체등으로 인해 적자를 입는 경우가 있다. 이를 세법에서는 결손금이라고 하며, 일반적으로 적자로 이해해도 무방하나 세법상 정확히 접근하기 위해서는 그 개념을 명확히 할 필요가 있다.

단, 학원이 종합소득세신고를 했어야 적자 즉, 결손금을 인정받아서 향후 세금을 줄일수 가 있으므로 적자인 경우 세금신고는 매우 중요하다고 볼 수 있다.

적자가 중요한 이유

세금신고는 1년 단위로 이뤄지고, 순수익(소득금액이라고 한다)이 있어야 세금이 나오므로 당해연도가 적자라면 당연히 세금은 없다.

하지만 여기서 중요한 것은 1년 단위이다. 만약 당해연도에 적자인 경우 이 적자는 향후 10년간 이월해서 마치 비용처럼 사용할 수 있다. 즉, 세금을 줄이는데 사용할 수 있기 때문에 적자를 제대로 신고하는 것이 매우 중요하다.

결손금의 통산

결손금의 통산이란 학원에서 발생한 결손금을 타사업장 또는 타소득에서 발생한 소득에서 공제하는 것을 말한다. 예를 들어 학원소득과 근로소득, 배당소득이 있는 학원장이 학원에서 적자가 발생한 경우 거기서 끝나는 게 아니고 해당 적자를 근로소득과 배당소득과 통산하여 종합소득세를 줄일 수 있다.

세법에서는 동일소득간 즉, 사업소득은 사업소득끼리만 우선적으로 통산을 하되, 사업소득에서 발생한 적자는 다른 소득에서도 세법상 순서에 맞춰서 통산하도록 하고 있다.

결손금을 이월해서 공제받을 수 있다.

당해연도에 발생한 결손금이 다른 소득과 통산하지 못하고 남은 금액은 다음연도로 이월시켜서 다음연도에 발생한 소득에서 공제할수 있다. 이를 이월결손금 공제라고 한다.

이월결손금은 결손금이 발생한 연도의 종료일부터 다 쓸때까지 10년간 공제를 할 수 있다.

단, 이월결손금은 추계신고(단순경비율 신고, 또는 기준경비율신고)를 한 경우에는 공제받을 수 없으므로 여기서도 장부작성의 중요성은 또 한번 확인된다.

✅ 신고를 잘못했다면 수정을 하고, 늦을수록 돌아가지 말자.

세금신고를 하다 보면 소득을 덜 신고하거나 더 신고하는 등 신고에 오류가 발생할 수 있다.

덜 신고한 내용을 바로잡는 것을 수정신고라고 하고, 더 신고한 내용을 바로잡는 것을 경정청구라고 한다.

세금을 과소신고한 경우에는 수정신고를 하자.

종합소득세 신고를 잘못한 경우 신고내용을 수정할 수 있는데 세금신고를 과소신고한 경우 수정하는 것을 수정신고라고 한다.

수정신고는 세무서에서 세액을 결정 또는 경정하기 전까지 할 수가 있다. 또한 수정신고는 신고기간내에 신고를 한 경우에만 가능하므로, 만약 5월31일까지 종합소득세 신고를 하지 아니한 경우에는 수정신고 대상이 아니므로 납부를 못하더라도 신고는 반드시 해야 한다.

(1) 대상
   ① 확정신고시 과세표준 및 세액이 세법에 의해 신고해야할 과세표준 및 세액에 미달하는 때
   ② 과세표준신고서에 기재된 결손금액 또는 환급세액이 세법에 의해 신고해야할 결손금액 또는 환급세액을 초과하는 때
   ③ 정산 및 세무조정과정에서의 누락등의 사유로 인하여 불완전한 신고를 한 때

(2) 감면
   신고기한 경과후 6개월 이내(종합소득세의 경우 11월 30일까지) 수정신고를 한 경우에는 과소신고가산세 및 초과환급가산세의 50%에 상당하는 금액을 감면한다.

(3) 주의사항
  ① 신고기간 내에 신고를 하지 않은 경우에는 수정신고를 할 수 없다.
  ② 추계신고를 한 후에 장부신고로 수정신고를 할 수 없다.

수정신고시에는 가산세를 계산해야 한다.

수정신고는 기존 신고를 과소신고해서 수정하는 경우이므로 과소신고가산세를 부담해야 하고, 과소신고를 했으면 당연히 세금도 덜 납부되었을 것이므로 납부불성실가산세도 납부해야 한다.

과소신고가산세는 과소납부세액의 10%이고, 납부불성실가산세는 과소납부세액에 하루당 0.025%씩 붙는다. (1년기준 약 9%정도 된다.)

세금을 더 냈다면 경정청구를 하자.

세금을 과소신고한 경우 수정하는 신고를 수정신고라고 한다면 세금을 과다신고하거나 결손금 또는 환급세액을 미달하여 신고했을 경우 하는 신고를 경정등의 청구라고 한다.

경정등의 청구는 신고기한 경과후 5년 이내에 하여야 한다. 이 역시 과세표준확정신고서를 법정신고기한내에 제출한 자에 한하여 적용되므로 세법에 정해진 납세자의 권리를 보장받기위해선 신고는 매우 중요하다고 할 수 있다. 이때 후발적 사유가 발생한 경우에는 반드시 세무사와 상담을 요한다.

수정신고와 경정청구의 비교

구분	수정신고	경정청구
정의	과소납부하거나 초과환급을 받아 세금을 추가납부하기 위해 당초신고내용을 수정하는 것	과다납부하거나 과소환급을 받아 세금을 돌려받기 위해 당초 신고내용을 수정하는 것
부과제척기간	5년	5년
절차	수정신고서 작성 제출	경정청구서 작성 제출
후속절차	수정신고와 함께 추가세액 납부	경정청구 거부시 불복가능

신고기간을 놓쳤다면 하루라도 빨리 하자.

종합소득세신고는 신고기한 내에 신고 및 납부를 해야 한다. 하지만 부득이하게 신고기간을 놓친 경우에도 신고를 할 수 있는데 이를 기한후신고라고 한다.

기한후신고는 하루라도 빨리해야 유리하다. 왜냐하면 가산세는 매일매일 늘어나기 때문이다. 그리고 혹시 납부를 하지 못하더라도 반드시 신고는 해야 한다. 신고를 안함으로 인한 가산세가 납부하지 않음으로 인한 가산세보다 훨씬 크기 때문이다.

기한후 신고도 정기신고와 마찬가지로 신고와 동시에 세액을 납부해야 한다. 또한 법정신고기한 경과후 1개월(6월 30일까지)이내에 기한후 신고를 한 경우에는 무신고가산세액의 50%에 상당하는 금액을 감면하므로 혹시 신고기간을 놓쳤더라도 무조건 빨리 하는게 가장 유리하다고 할 수 있다.

늦을수록 돌아가라는 말은 세법에서 통하지 않는다.

4대보험을 잊지말자.

학원을 개원 한 후에는 세법에 의한 국세. 지방세 신고 납부의무 외에도 국민연금등 사회보험을 신고하여야 한다.

4대사회보험이란 국민연금, 건강보험, 고용보험, 산재보험을 의미하며 사업장 가입 자로 가입시에 산재보험은 전액 사업주 부담이고 국민연금과 건강보험은 절반씩, 고용보험은 사업주가 근로자보다 조금 더 부담해야 한다.

학원의 경우에는 대부분의 강사가 사업소득자로 처리되므로 타업종의 사업자보다 상대적으로 자유로울 수 있으나 항상 그러한 것은 아니다.

사회보험은 그 취지의 타당성과 국가의 사회보장제도로서의 필요성은 인정하지만 학원뿐 아니라 대부분의 사업자에게 상당한 부담을 가져다주기 때문에 반발이 많은 것도 사실이다. 하지만 사회보험에 대한 업무를 제대로 이행하지 아니하면 가산금 및 벌금, 체납처분등의 불이익이 따르므로 사회보험 가입대상 학원이라면 처음부터 제대로 관리하는 것이 중요하다.

사회보험업무는 노무사의 주된 업무이므로 여기서는 학원장이 학원을 운영하면서 꼭 알아두었으면 하는 내용을 기술하였으며 보다 상세한 내용은 노무사사무실이나 관할 공단의 협조를 받길 바란다.

국민연금

국민연금은 소득이 있을 때 꾸준히 보험료를 납부하였다가 나이가 들어 생업에 종 사할 수 없어졌을 때, 예기치 못한 사고나 질병으로 장애를 입거나 사망하였을 때 본인 또는 유족에게 매월 연금을 지급하여 기본적인 생활을 유지할 수 있도록 지원 하는 소득보장제도 이다. 국민연금공단이 말하는 국민연금의 특징은 1. 평생지급되고, 국가가 지급을 보장하므로 안정적이다. 2. 국민연금은 물가걱정이 없다. 3.국민연금은 납부하는 보험료에 비하여 더 많이 받는다. 4. 국민연금은 장애 및 사망에 대한 보장기능이 있다. 라고 설명하고 있다.

국민연금은 18세 이상 60세 미만이면 가입대상이다.

국민연금가입대상은 국내에 거주하는 만 18세 이상 60세 미만의 국민으로 다른 공적연금에 가입하지 않는 한 무조건 가입해야 한다. 단, 27세 미만으로 소득이 없다면 의무가입에서 제외되고, 27세 이상이라도 소득이 없을 때는 납부예외신청이 가능하다.

종류	가입대상	가입구분
사업장가입자	1인 이상의 근로자를 사용하는 학원	의무
지역가입자	국내에 거주하는 18세 이상 60세 미만의 국민 및 외국인으로서 사업장가입자가 아닌 사람	의무
임의가입자	의무가입자가 아닌 사람으로서 60세 이전에 본인의 신청에 의해 국민연금에 가입한 사람	희망
임의계속가입자	60세에 도달하여 가입 자격이 없으나 본인의 신청에 의해 가입한 사람	희망

또한 ① 사망한 때, ② 국적을 상실하거나 국외에 이주한 때, ③ 지역가입자가 사업장가입자의 자격을 취득한 때, ④ 타공적연금가입자의 자격을 취득한 때, ⑤ 60세에 도달한 때 등 일정요건을 갖춘 경우 가입대상이 아니다.

연금보험료는 9%이다.

국민연금은 가입자의 기준소득월액의 연금보험료율을 적용하여 계산한다.

> 연금보험료 = 가입자의 기준소득월액 × 연금보험료율(9%)

기준소득월액은 최저 30만원, 최대 468만원으로(2018.12.31.기준) 신고소득월액, 근로자의 경우에는 월 급여를 기준으로 하며, 사업장가입자의 경우에는 연금보험료를 학원장과 근로자가 각각 4.5%씩 부담한다.

납부는 최소 10년, 수령은 만65세부터 가능하다.

국민연금은 최소가입기간 10년을 채웠을 때 해당연령이 되면 수령할 수 있다.

수령가능한 연령은 현재 69년생 이후 출생자이며, 이는 추후 더 늦춰질 수도 있으므로 참고하기 바란다.

참고로 2012.1월 현재 20년 가입자들의 월평균수령액은 79만원 정도이다.

학원도 국민연금 가입대상자이다.

1인 이상 근로자를 사용하는 학원은 국민연금에 당연 가입해야 하는데, 적용대상 사업장에 해당할 경우 학원장은 다음달15일까지 "당연적용사업장 해당신고서" 와 "사업장가입자자격취득신고서"를 국민연금공단에 제출하여야 한다. 4대보험포털사이트 (www.4insure.or.kr)
에서도 신고가능하며, 4대보험중 하나만 신청해도 보통은 다른보험도 같이 가입된다.

납부예외자인지 확인해보자.

국민연금은 소득의 유무에 상관없이 만 27세 이상이면 무조건 가입을 해야 한다. 따라서 소득이 없더라도 가입대상에 속한 경우에는 국민연금에 가입을 하고 납부예외신청을 해야 부당한 국민연금 납부를 피할 수 있다.

여기서 "납부예외"란 국민연금에 가입하여 연금보험료를 납부해야 할 가입자가 사업중단이나 휴직 등의 사유로 연금보험료를 납부할 수 없는 경우에 신청에 의하여 해당 기간 동안 연금보험료 납부를 면제함으로써 그 부담을 경감시켜 주는 제도이다. 단, 납부예외기간에는 보험료를 납부하지 않으므로 가입기간에 포함되지 않아 추후

연금급여액의 산정시 연금액이 줄어드는 불이익은 감수하여야 한다.

학원장의 경우 개원초기에는 대부분 적자이므로 이를 잘 입증하여 납부예외를 신청해두는 것이 좋고, 폐원을 한 경우에는 반드시 납부예외신청을 하여야 한다.

납부예외 기간 중에라도 그 사유가 종료되었거나 소득이 발생하게 된 경우에는 납부재개 신고를 하여야 하는데 일반적으로 종합소득세 신고는 5월에 이루어지므로 보통은 종합소득세 신고시 재개신고를 한다. 다만, 소득이 발생했는데 제때 신고를 하지 아니한 경우 추후 소급해서 부과를 받아 일시에 거액이 지출될 수 있으므로 재개신고는 신속하게 하는 것이 좋다.

〈납부예외신청대상〉

납부예외 사유	대상
사업중단 · 실직 · 휴직중인 경우	송사직송에서 완전히 은퇴하여 현재 소득활동에 종사하지 않거나, 직장퇴사 · 사업장 부도 · 휴폐업 등으로 소득이 없는 자, 그밖에도 학교졸업 또는 군제대후 취업 준비중에 있는 자 등
병역법 제3조의 규정에 의한 병역의무를 수행하는 경우	의무군인으로서 육해공군, 공익근무요원, 경비 교도대원, 전경 의경, 의무소방원을 모두 말함.
학생	학교에 재학중인 자로 사회통념상 진학 또는 취학을 위하여 공부하는 자로서 소득이 있는 업무에 종사하지 않는 학원생, 수험 준비생 등 학생에 준하는 자도 포함.
재소자	교도소에 수용중인 자
보호 · 치료감호시설 수용자	사회보호법에 의한 보호감호시설 또는 치료감호 법에 의한 치료감호시설에 수용중인 자
행불자	행불자란 주민등록상 거주불명등록자를 의미하며, 1년 미만 행불자는 납부예외, 1년 이상 행불자는 적용제외함
재해 · 사고 등으로 소득이 감소되거나 기타 소득이 있는 업무에 종사하지 아니하는 자	질병 또는 부상으로 3개월 이상 입원한 자 농어업재해대책법 · 자연재해대책법 · 재해구호 법에 의한 보조 또는 지원대상이 된 자 재해 · 사고 등의 발생으로 연금보험료를 납부할 경우 보건복지 가족부장관이 정하는 기초생활의 유지가 곤란하다고 인정되는 자
장기간 해외체류자로서 연금보	국내에 소득원이 있는 경우 제외

납부예외 사유	대상
험료 납부가 곤란한 자	국내에 소득원이 없고, 귀국예정이 없는 경우에는 자격 상실 신고 가능
성직자	불교, 개신교, 천주교, 유교 등 종교와 관련하여 성직자 신분을 가지고 성직활동은 하고 있으면서 별도의 소득 활동에 종사하지 않는 자
장애인, 행위무능력자	장애인수첩소지자, 금치산자, 한정치산자 등으로 소득활동에 종사하지 않는 자

국민연금은 소득총액의 신고이후에 변동된다.

소득총액신고란 사업장가입자(학원장포함)에게 적용할 국민연금 기준소득월액을 결정하기 위해서 전년도의 확정소득을 신고하는 제도이다. 국민연금은 일반적으로 직전연도 소득을 월별로 환산하여 당해연도 국민연금 기준소득월액으로 결정하는데 급여의 인상, 상여의 지급등으로 직전연도 소득과 차이가 발생하는 경우 기준소득월액도 변경되기 때문이다.

[사례1] 국민연금보험료 변동 (증가)
A학원 갑원장은 2018년 11월 현재 매월 국민연금으로 27만원을 내고 있다.
2018년 소득은 3600만원이었고, 2019년에 소득이 4800만원으로 증가하였다.

갑원장은 2019년 소득총액신고를 2020년 5월(종합소득세신고와 함께)에 하며, 기준 소득이 월 300만원에서 월 400만원으로 증가하였으므로 신고시점 이후인 2020년 6월부터 월 36만원으로 변경된다. 따라서 2020년 5월까지는 인상된 금액이 아닌 기존금액으로 납부한다.

[사례2] 국민연금보험료 변동 (감소)
B학원 을원장은 2018년 11월 현재 매월 국민연금으로 27만원을 내고 있다.
2018년 소득은 3600만원이었으나, 2019년에 소득이 2400만원으로 감소하였다.

을원장도 2019년 소득총액신고를 2020년 5월(종합소득세신고와 함께)에 하며, 기준 소득이 월 300만원에서 월 200만원으로 감소하였으므로 신고시점 이후인 2020년 6월부터 월 18만원으로 변경된다. 즉, 2020년 5월까지는 인하된 금액이 아닌 기존금액으로 납부하여야 한다.

참고로 학원장은 사업자이므로 소득총액신고는 매년 5월 말일까지 신고하면 되며, 근로자가 있는 경우에는 3월에 신고하여야 한다.

건강보험

건강보험이란 질병이나 부상으로 인해 발생한 고액의 진료비로 가계에 과도한 부담이 되는 것을 방지하기 위하여, 국민들이 평소에 보험료를 내고 보험자인 국민건강보험공단이 이를 관리·운영하다가 필요시 보험급여를 제공함으로써 국민 상호간 위험을 분담하고 필요한 의료서비스를 받을 수 있도록 하는 사회보장제도이다.

건강보험은 직장가입자와 지역가입자로 적용대상을 구분하는데, 직장가입자는 학원의 근로자 및 학원장 그리고 그 피부양자로 구성되고, 지역가입자는 직장가입자를 제외한 자를 대상으로 한다.

여기서 피부양자라함은 직장가입자에 의하여 주로 생계를 유지하는 자로서 보수 또는 소득이 없는 자를 의미하며, 직장가입자의 배우자, 직계존속, 직계비속 및 그 배우자, 형제, 자매를 포함한다.

직장가입자 월보험료는 약 6.7% 이다.

직장가입자의 보험료는 보수월액에 보험료율을 곱하여 보험료를 산정한다.

월보험료는 건강보험료와 장기요양보험료 나뉘며 전체금액으로 보면 약 6.7% 정도 된다. (2018년 7.1. 기준)

직장가입자의 보험료 부담은 근로자와 학원장이 각각 50%씩 부담한다.

건강보험료 = 보수월액 × 건강보험료율(6.24%)
장기요양보험료 = 건강보험료 × 장기요양보험료율(7.38%)

※ 보수월액은 동일사업장에서 당해연도에 지급받은 보수총액을 근무월수로 나눈 금액

직장가입자가 월급여외에 별도의 소득이 있다면 보험료가 추가된다.

앞서 살펴본 보수월액 외에 소득이 연간 3400만원을 초과하는 직장가입자는 보험료가 추가되며 이를 건강보험에서는 "소득월액보험료"라 한다.

예를 들어 법인학원 학원장이 학원에서 받는 근로소득 외에 배당소득등이 연간 3400만원을 초과하게 되면 초과된 금액에 대해 추가로 건강보험료를 계산하여 부과하게 된다.

[사례]
주식회사 A에듀학원 대표이사 갑원장 월소득금액은 1,000만원
직장가입자로서 월 건강보험료는 약 67만원(회사부담분 335,000원, 본인부담분 335,000원)
1,000만원 X 6.7%

배당소득이 4000만원 발생했다면
{(4000만원-3400만원)×1/12} × 소득평가율(100%) × 건강보험료율 (약 6.7%) = 33,500원
월 보험료 추가
*3400만원 초과분을 월로 나눈 후 계산함.
**소득평가율은 이자·배당,사업·기타소득은 100%, 근로·연금소득은 30%를 적용함.

직장가입자 건강보험 취득신고는 14일 이내에 해야 한다.

학원 신규가입시에는 사업장적용신고서와 직장가입자 자격취득 신고서를 고용관계 성립일로부터 14일 이내에 제출하여야 한다. 신고기한내에 미신고시에는 고용관계 성립일까지 소급하여 건강보험료를 징수당할수 있으니 주의하여야 한다.

또한 근로자 채용, 피부양자등의 변동이 있는 경우에도 자격취득일로부터 14일 이내에 하여야 한다.

일반적으로 자격취득시에 피부양자도 모두 취득신고를 하지만 직계비속의 출생등 변동이 있는 경우에는 피부양자 취득신고를 해야 건강보험 혜택을 받을 수 있다.

지역가입자 보험료는 소득과 재산을 모두 반영한다.

지역가입자의 건강보험료는 가입자의 소득, 재산(전월세포함), 자동차, 생활수준 및 경제활동참가율을 참작하여 정한 부과요서별 점수를 합산한 보험료 부과점수에 점수당 금액을 곱하여 보험료를 산정한다. 지역가입자 건강보험료는 논란이 많아 추후 간소화한다고는 되어있으나 현재로서는 보험공단에서 부과하는 금액에 전적으로(?) 의존하고 있다. 따라서 여기서는 지역가입자 보험료계산은 건강보험공단에서 안내하는 보험료산정방법만 설명하고 자세한 내용은 생략하기로 한다.

■ 보험료산정방법
건강보험료 = 보험료 부과점수 × 점수당금액
장기요양보험료 = 건강보험료 × 장기요양보험료율(7.38%)

■ 보험료부과점수의 기준
소득점수 : 이자소득, 배당소득, 사업소득, 근로소득, 연금소득, 기타소득
재산점수 : 주택, 건물, 토지, 선박, 항공기, 전월세
자동차 점수 부과축소, 등급확대, 점수 감경도입
생활수준 및 경제활동참가율점수 : 폐지

■ 부과점수당 금액 : 183.3원 (2018.7.1. 현재)

고용보험, 산재보험

고용보험과 산재보험이란?

고용보험은 실업의 예방, 고용의 촉진 및 근로자의 직업능력의 개발과 향상을 꾀하고, 국가의 직업지도와 직업소개 기능을 강화하며, 근로자가 실업한 경우에 생활에 필요한 급여를 실시하여 근로자의 생활안정과 구직활동을 촉진함으로써 경제·사회 발전에 이바지하는 것을 목적으로 국가에서 시행하고 있는 사회보장 제도이다.

산재보험은 근로자의 업무상 재해와 관련하여 국가가 사업주로부터 소정의 보험료를 징수하여 그 기금(재원)으로 사업주를 대신하여 보상을 함으로써 재해 근로자에게는 치료와 생계, 사회복귀를 지원하여 재해근로자 및 그 가족의 생활안정을 도모하고 사업주에게는 일시에 소요되는 과중한 보상비용을 분산시켜 정상적인 기업활동을 보장하게 하는 사회보장보험제도 이다.

고용보험, 산재보험 가입대상

근로자를 1인 이상 고용하는 모든 학원은 고용, 산재보험 가입대상이다.
이때의 근로자는 사업장에서 임금을 목적으로 근로를 제공하는자로서 다음의 근로자를 제외하고는 모두 가입대상이다.

① 65세 이상인 자
② 월간 근로시간이 60시간 미만인 자 (주간 15시간). 단, 생업을 목적으로 3월이상 계속 고용된 자는 그러하지 아니하다.

근로자의 개념은 세법이 아닌 근로기준법으로 판단한다.

고용·산재보험에서 근로자의 개념은 매우 중요하다.

근로자란 근로기준법에 의한 근로자로, 직업의 종류를 불문하고 사업 또는 사업장에 임금을 목적으로 근로를 제공하는 자를 말한다.

학원의 경우에는 강사를 근로자로 보느냐 안보느냐에 따라서 고용, 산재보험의 적용에 있어서 논란의 소지가 있다. 강사의 경우 세법에서는 사업소득자로 보지만 고용, 산재보험에서는 사업자로 보는 관점도 있고, 근로자로 보는 관점도 있기 때문에 그 판단이 곤란한 경우가 많아서 노무제공 형태나 보수의 산출형태등 제반요소를 종합적으로 고려하여 판단한다.

특히 최근에는 학원강사의 경우 근로자로 보는 법원의 판단이나 유권해석이 많으므로 학원에서는 이 부분을 주의하여야한다. 즉, 세금으로 3.3%를 뗐으니 사업소득자가 아니냐는 얘기는 학원특성상 강사료를 사업소득으로 원천징수 했을 뿐, 근로기준법에서 강사를 어떻게 보느냐는 세법과는 전혀 별개라는 의미이다. 따라서 반드시 노무사와의 상담을 통해 근로 또는 용역계약서를 작성할 필요가 있다.

보험요율

보험료는 월별 임금총액에 보험요율을 곱하여 산출한다. 여기서 보험요율이란 보험료 산출을 위해 급여에 적용하는 비율을 말한다.

고용보험의 경우에는 실업급여와 직업능력개발사업에 대한 보험료로 나뉘며, 실업급여는 학원장과 근로자가 5:5로 부담하며 직업능력개발사업에 대한 보험료는 전액 학원장이 부담한다. 산재보험의 경우에는 전액 학원장이 부담한다.

(1) 고용보험요율

	학원장	근로자	
실업급여	0.65%	0.65%	
직업능력개발사업	0.25%	없음	근로자 150인 미만 학원

(2) 산재보험요율

산재보험요율은 사업종류에 따라 그 요율이 결정되는데 학원은 교육서비스업에 속하므로 산재보험요율은 0.91%이다. (2018년 12월 31일 기준)

학원장도 고용보험에 가입할 수 있다.

근로자가 없거나 50인 미만인 학원의 학원장(개인은 사업주, 법인은 대표이사)도 고용보험에 가입할 수 있으며 이를 자영업자 고용보험이라고 한다.

(1) 가입대상 학원장

① 사업자등록증을 갖춘 자
② 사업자등록일로부터 5년 이내인 자 (2018.1.1.부터 시행)
③ 실업급여 수급 종료일로부터 2년이 경과한 시점부터 6개월 이내인 경우
④ 임금근로자로 피보험자격이 취득되어 있지 않은 자, 일용근로자는 피보험자격(일용근로자)과 자영업자중 선택 가능
⑤ 부동산임대업을 영위하지 않을 것

단, 자영업자고용보험은 임의가입이므로 아래내용을 주의하여야 한다.

- 월별 보험료 연속 3회 미납시 자동소멸됨
  (이후 보험료를 완납하여도 보험관계 다시 살아나지 않음)
- 가입 중 근로자 피보험자격 취득시 자영업자 소멸됨
- 보험료 납부한 기간이 최소 1년이상 되어야 실업급여 수급할 수 있음
- 보험료 1~3회 이상 체납자는 실업급여 지급하지 않음(추후 납부 가능)
- 실업급여는 비자발적 폐업인 경우에 한해 지급됨
- 가입자 연령이 만65세 이상인 경우 고용안정.직업능력개발사업에만 가입할 수 있음
- 고용보험 적용제외 사업장의 자영업자 고용보험 임의 가입시 본 사업장 고용보험이 소멸하면 자영업자 고용보험도 소멸됨에 유의

(2) 보험료 산정

보험료는 기준보수액에 보험요율을 적용하여 계산한다.

보험요율은 2.25%로 이는 실업급여 2%와 고용안정, 직업능력개발사업 0.25%로 구성되어 있다.

등급별 월 보험료 및 실업급여는 다음과 같다.

등급	기준보수	월 보험료(2.25%)	월 실업급여
1등급	1,540,000원	34,650원	770,000원
2등급	1,730,000원	38,920원	865,000원
3등급	1,920,000원	43,200원	960,000원
4등급	2,110,000원	47,470원	1,055,000원
5등급	2,310,000원	51,970원	1,155,000원
6등급	2,500,000원	56,250원	1,250,000원
7등급	2,690,000원	60,520원	1,345,000원

실업급여는 최소 1년 이상 가입해야 수령이 가능하며 최대 180일(6개월)간 수령이 가능하다.

구분	가입기간(피보험기간)			
	1년이상~ 3년미만	3년이상~ 5년미만	5년이상~ 10년미만	10년이상
소정급여일수	90일	120일	150일	180일

두루누리제도를 통해 사회보험료를 아껴보자.

사회보험료를 국가에서 지원하는 제도로 두루누리제도가 있다.

두루누리는 사회보험료 지원사업으로 소규모 학원을 운영하는 학원장과 소속 근로자의 사회보험료(고용보험·국민연금)의 일부를 국가에서 지원함으로써 사회보험 가입에 따른 부담을 덜어주고, 사회보험 사각지대를 해소하기 위한 사업이다. 다만 학원은 4대보험근로자보다 사업소득자가 많아서 실제로 두루누리를 지원받는 경우는 생각보다 적다.

두루누리제도는 국세청업무가 아니므로 관련문의는 국민연금공단이나 근로복지공단에 신청·문의하여야 한다.

1. 두루누리 지원대상

  근로자 수가 10명 미만인 학원에 고용된 근로자 중 월평균보수가 210만원 미만인 근로자와 그 학원장에게 사회보험료(고용보험·국민연금)를 최대 90%까지 각각 지원한다. 건강보험과 산재보험은 해당사항이 없다.

2. 두루누리지원 제외대상

  지원 대상에 해당하는 근로자가 아래의 어느 하나라도 해당되는 경우에는 지원제외된다.

   ■ 지원신청일이 속한 보험연도의 전년도 재산의 과세표준액 합계가 6억원 이상인 자

   ■ 지원신청일이 속한 보험연도의 전년도 근로소득이 연 2,722만원 이상인 자

   ■ 지원신청일이 속한 보험연도의 전년도 근로소득을 제외한 종합소득이 연 2,520만원 이상인 자

3. 두루누리 지원수준

   ■ 신규지원자 : 지원신청일 직전 1년간 피보험자격 취득이력이 없는 근로자와 그 사업주

     * 5명 미만 사업 90% 지원

     * 5명 이상 10명 미만 사업 80% 지원

   ■ 기지원자 : 신규지원자에 해당하지 않는 근로자와 사업주

     * 10명 미만 사업 40% 지원

일자리안정자금

■ 일자리안정자금이란?

최저임금 인상에 따른 소상공인 및 영세중소기업의 경영부담을 완화하고, 노동자의 고용불안을 해소하기 위한 지원사업으로 최대 월 근로자1인당 월 13만원을 학원장에게 직접 지급하는 지원사업이다.

■ 일자리안정자금 지원요건

일자리안정자금을 지원받기 위해서는 아래의 요건을 갖춰야 한다.

1) 월 보수액 210만원 미만 근로자를 고용한 학원장

　여기서 보수란 월 10만원 이하 식대 등 세법상 비과세되는 금액을 제외한 금액을 말하며 2019년 최저임금(월 1,745,150원)의 120% 수준이다.

2) 지원금 신청 이전 1개월 이상 고용을 유지할 것.

3) 최저임금 준수 및 고용보험에 가입해야 한다. 하지만 현실에서는 고용보험만 가입이 불가능 하고, 4대 사회보험에 모두 가입이 된다.

4) 전년 대비 급여수준이 유지될 것.

5) 특수관계인(배우자, 직계존비속)이 아닐 것.

■ 일자리안정자금 지원금액 및 지급방식

월보수 210만원 미만인 근로자의 경우에는 1인당 월 13만원씩 지급하며, 단시간노동자 또는 일용근로자는 근로시간 또는 월근로일수를 기준으로 비례 지급한다.

일자리안정자금은 불가피한 사유가 없을 경우를 제외하고는 신속히 즉시지급을 원칙으로 하고 있으며, 사업주에게 직접 지급하거나, 사회보험료의 대납처리방식으로 지급한다.

■ 일자리안정자금은 국세청이 아닌 근로복지공단이나 고용센터에서 지원하므로 보다 신청 및 보다 자세한 내용은 관할기관에 연락하면 된다.

근로복지공단 1588-0075

고용센터 국번없이 1350

✅ 세무서 안내문은 꼼꼼히 확인하자.

국세청에서는 학원을 매우 주의깊게 보고 있다. 따라서 사업장현황신고와 종합소득세신고를 앞두고 신고와 관련 안내문을 각 학원에 발송하고 있다. 이 안내문은 1월에는 학원으로 5월에는 학원장주소지로 발송되는데 세무서에서 안내문을 받은 경우에는 꼼꼼히 확인해야 하고 세무사의 조력을 받는 것이 좋다.

소득세신고관련 안내문

득세 신고안내문은 크게 8가지유형으로 나뉘는데 그 중 개별관리대상자와 특정항목별 문제사업자(A유형)인 경우에는 성실신고를 해야 세무조사의 위험에서 벗어날 수 있다.

(1) 개별관리대상자

신고성실도 하위자및 불성실 신고자의 경우 개별관리 대상자로 지정하여 집중관리를 한다. 따라서 이런 안내문을 받았을 경우에는 종합소득세신고를 매우 주의깊게 하여야 한다.

(2) (A)유형

A유형사업자는 자료상과의 거래자, 조사후 소득률하락자등 7가지 유형으로 나뉘는데 학원의 경우에는 다음에 해당하는 경우에는 주의해서 신고해야 한다.

① 조사후 신고소득률 하락

조사후 신고소득률이 크게 하락한 학원으로 세무조사가 끝났다고 불성실하게 신고를 하면 분류되는 학원으로 조사후에도 성실신고를 하여야 한다.

② 가공인건비 계상 혐의자

인건비등의 가공계상 혐의가 있는 학원에 대한 안내문으로 매출대비 강사료의 과대계상등의 혐의가 있는 경우에는 주의하여야 한다. 하지만 최근의 학원의 추세는 강사료가 매출액에서 차지하는 비율이 매우 크기 때문에 적법하게 처리하고 있다면 큰 문제는 되지 않는다.

③ 기타경비 문제사업자

일정매출액 이상인 학원사업자중 기타경비가 많이 계상된 학원에 대한 안내문으로 소득세 신고시 허위, 과대비용을 계상하지 않도록 주의하여야 한다.

④ 소득금액조절혐의자

소득세 신고시 전년도대비 소득율을 거의 비슷하게 신고하는 경우가 있는데 이런경우에는 소득금액조절혐의자로 하여 요주의 대상으로 선정한다. 따라서 인위적으로 소득금액을 조절하는 경우가 없도록 주의하여야 한다.

⑤ 계산서 수수질서 문란자

일정금액 이상 계산서를 수취한 학원중 계산서를 통한 매입금액이 매출액의 일정비율이상인 학원을 대상으로 한다. 따라서 허위 매입계사서를 수취하여 가공경비를 계상하지 않아야 하고, 특히 교재비에 대한 계산서 수취시에 주의하여야 한다.

(3) 기타유형

위 (1),(2)에 해당하는 안내문을 받은 경우에는 소득세신고시 주의를 요하지만 아래에 해당하는 안내문을 받은 경우에는 신고를 위한 안내문이므로 참고만 하면 된다.

유형	내용
(B)유형-기장신고자	전년도에 기장신고를 한 사업자 추계대상자가 아닌한 당해연도에도 기장신고를 해야 함.
(C)유형:복식부기-추계신고	금년도 복식부기대상자중 전년도 추계신고한 학원 따라서 당해연도는 복식부기로 신고해야 함.
(D)유형: 기준경비율	금년도 기준경비율 신고가 가능한 자
(E)유형: 단순경비율-복수소득	사업장이 2이상이거나 사업소득, 부동산소득이 함께 발생하는 자
(F)유형: 단순경비율	금년도 단순경비율신고가 가능한 자
(G)유형: 단순경비율	금년도 단순경비율신고가 가능하나 세액계산은 제외되어있어서 본인이 직접 계산하여야 하는 자

사업장현황신고관련 안내문

매년 2월 초에 있을 사업장현황신고와 관련해서 보통 1월 중순경 안내문을 발송한다. 이 안내문의 경우는 총 6개 유형(2018년 기준)으로 나뉘며 "가-유형" 안내문을 받은 경우에는 사업장현황신고시 매우 주의를 요한다.

"가-유형" 안내문은 전년도 종합소득세 신고 대비 수입금액 과소신고학원, 신용카드 등 비율이 높은 학원, 현금비율이 낮은 학원에 전년도 신고분석 자료를 제공하는 한편, 주요 면세업종인 학원에 신고시 유의사항을 추가로 제공한 안내문이므로 꼼꼼히 살펴봐야 하고 세무사의 도움을 받아 신고하기를 권한다.

신고도움서비스 참조

사업장현황신고와 종합소득세 신고시 국세청에서는 홈택스를 통해 신고도움서비스를 제공하고 있다. 이는 신고시 반드시 살펴봐야 할 내용으로 국세청홈택스에서 확인이 가능하다.

참고로 사업장현황신고 관련 신고도움서비스 확인방법을 살펴보면 다음과 같다.

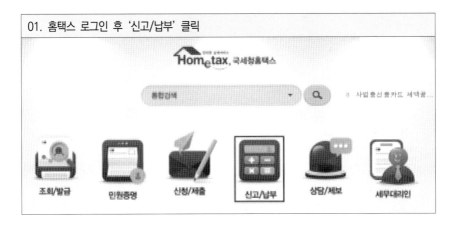

02. '일반신고' 메뉴에서 '사업장현황신고' 클릭

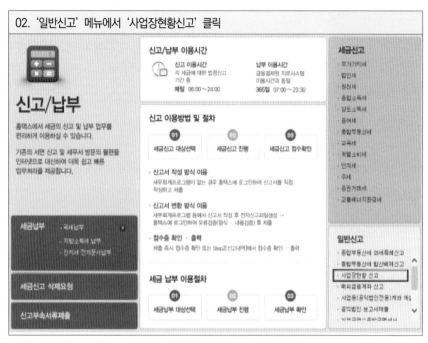

03. '신고도움 서비스' 클릭

✅ 절세와 탈세는 한끗 차이가 아닌 천지차다.

절세와 탈세의 공통점은 세금을 줄인다는 것이다. 하지만 어떻게 줄이느냐에 따라 구속이 될 수 있을 정도로 전혀 다르다고 봐야한다.

세금의 사전적 정의를 살펴보면 국가 및 지방자치단체가 국가운영 및 사회복지, 국가안보등에 필요한 재정수요를 충당하기 위해 반대급부 없이 징수하는 것을 말한다. 크게 자진신고 납부하는 세금과 국가에서 일정기준에 의해 부과하는 세금으로 나뉘는데, 대한민국세법은 자진신고납부제도를 취하고 있다.

하지만 자진신고납부의 경우 탈세의 유혹을 쉽게 느끼게 된다. 왜냐하면 납세자 입장에서는 소득의 일부를 국가에 납부하는 것 자체에 대해 상당한 거부감을 가지고 있기 때문이다. 이런 과정에서 조금이라도 세금을 줄이거나, 세금을 회피하고자 하는 유혹에 흔들리기 쉽다.

세금을 지출 측면에서만 본다면 절세와 탈세는 추구하는 방향이 같다. 하지만 그 행위자체가 법적 테두리 안에서 합법적으로 이루어진다면 이는 절세이고, 사기 기타 부정한 방법 등 위법한 행위 속에서 이루어진다면 이는 탈세에 해당한다.

사업을 하다보면 절세를 할 수 있는 방법이 있음에도 불구하고 탈세를 하는 경우가 많이 있는데 이는 매우 위험한 행동이다. 국세청에서도 세무조사의 횟수는 줄이되 그 정도를 강화하여 엄정한 조사를 통해 성실신고가 최선의 절세전략임을 인식시키려고 노력하고 있다. 또한 학원의 경우 세무조사시 집중조사 대상이므로 절세가 가장 최선임을 다시 한번 상기하길 바란다.

절세는 세법 내에서 세금을 줄이는 행위이다.

절세는 세법이 인정하는 범위 내에서 합법적으로 세금을 줄이는 행위이다. 즉, 세법을 벗어나 세금을 줄인다면 이는 탈세에 해당한다.

절세의 제1원칙은 장부작성이다. 따라서 사업과 관련된 영수증(지출증빙)을 꼼꼼하게 챙겨 장부를 작성하는 것이 가장 중요하다. 그리고 각종 소득공제, 세액공제, 세액감면, 준비금등 조세지원제도를 충분히 활용하면 절세를 할 수 있다.

절세가 아닌 방법으로 세금을 줄이는 것은 모두 탈세이다.

탈세는 사기 기타 부정한 방법 등 고의로 위법한 행위를 동원해서 세금을 줄이는 행위이다.

탈세의 유형에는 수입금액의 누락, 가공경비를 통한 비용의 과대계상, 명의위장, 공문서 위조 등이 있다. 최근에는 신용카드, 현금영수증제도의 확대로 인해서 수입금액의 누락은 거의 이루어지지 않고 있으나 그 외의 탈세유형은 간혹 발생하고 있다.

탈세의 경우 개인의 부를 축적할 수는 있지만 사회적으로는 다른 성실납세자와의 형평성 문제가 발생하고 개인적으로는 탈세 적발시 세무조사등으로 인해 더 큰 부의 손실 및 조세범으로 처벌을 받을 수 있으므로 주의하여야 한다.

그렇다면 어떻게 해야 절세할 수 있을까?

절세는 장부의 기장부터 시작된다. 세무조사시에도 장부를 조사의 기본으로 삼기 때문에 장부기장은 매우 중요하다. 모든 사업에 있어서 절세의 기본방향은 동일하고, 앞서 살펴본 내용과 중복되는 내용도 많지만 여기서는 그 중요성을 감안해서 학원업의 특성에 맞춰서 다시 한번 살펴보기로 한다.

(1) 장부의 기장

학원을 개원하였으면 모든 수입과 지출에 대한 내역을 장부에 기재하여야 한다. 그리고 장부를 기준으로 세금신고를 해야 한다. 하지만 장부를 작성하지 않으면 추계에 의한 세금을 부과하고 가산세도 추가로 부과하고 있다. 학원의 경우 추계에 의한 신고의 기준이 되는 경비율 자체가 높은 편이 아니기 때문에 추계신고시 예상보다 많은 세금부담을 져야 하므로 장부신고를 하는 것이 절세의 방법이다.

(2) 정규증빙서류의 수취

모든 거래에 있어서 세금계산서, 계산서, 신용카드매출전표, 현금영수증 등 정규증빙서류를 수취하여야 하고, 3만원 이하의 거래시에도 영수증을 반드시 수취하여야 한다. 영수증(지출증빙)이 곧 세금이고, 영수증(지출증빙)이 많을수록 세금은 줄어들기 때문이다. 하지만 가공경비에 의한 허위 증빙은 수취하여서는 아니된다.

(3) 강사료신고를 놓치지 말자.

강사료를 지급하는 경우에 적법하게 원천징수를 하고 신고, 납부하여야 한다. 과거에는 매출액을 누락하면서 그에 대응하는 비용 즉, 강사료등을 함께 누락하면서 소득금액을 줄였는데 이 경우 그 피해는 고스란히 학원장이 지게 된다. 최근에는 매출액이 100% 투명하게 드러나기 때문에 강사료를 제대로 계상하지 못하면 강사에 대한 세금까지 학원장이 부담하게 되고, 누진세율로 인해 그 세금부담은 매우 커지게 되므로 적법하게 원천징수를 하는 것 이 좋다.

또한 강사의 사정으로 인해 신고를 못하는 경우도 많은데 이때도 최종 세금부담은 결국 학원장이 지게 되므로 강사료신고는 원칙대로 신고하는 것이 절세의 방법이다.

(4) 세액공제등 조세지원제도 활용

학원의 경우 세액공제등 조세지원제도가 타업종에 비해 거의 없다고 봐도 무방하다. 신규나 소규모학원일 경우 적용가능한 기장세액공제외에는 거의 없으므로 세액공제를 통한 절세는 힘들다고 봐야 한다.

(5) 학원전문세무사 사무실을 이용하자

회계 및 세무에 관한 기본적인 지식이 있거나 관련 학과를 전공한 학원장의 경우 학원개원 초기에는 직접 장부의 작성 및 신고를 할 수 있다. 하지만 규모가 커지거나 강의 구성 자체가 원장직강이 많은 경우에는 직접 세무관리하는 것은 현실적으로 거의 불가능 하다. 특히 연매출 7500만원을 초과하는 학원의 경우 복식부기에 의한 장부를 작성해야 하는데 이는 전문적인 지식이 있어도 거의 불가능하다고 볼 수 있다. 이럴 경우에는 일정액의 수수료를 지불하고 세무사사무실에 기장 및 세무조정을 의뢰하고 도움을 빌는 깃이 효익-비용측면에서 볼 때 유리하다. 게다가 연매출 1억5천만원 이상인 학원은 소득세 신고시 반드시 세무사의 조정계산서가 첨부되어야 한다.

세무사사무실에 의뢰를 하면 전문적인 분야에 대한 조언도 받을 수 있고, 개정된 세법등에 대한 안내 및 절세방안에 대한 연구 등 다양한 혜택을 얻을 수 있는 것도 장점이다.

✅ 가산세만 아껴도 절세가 가능하다.

가산세란 납세자가 세법에 규정된 의무를 이행하지 않은 경우 국세기본법 또는 개별세법이 정한 바에 따라 가산하여 징수하는 금액을 말한다.

학원의 경우 보통 종합소득세와 원천징수신고시에 적용이 되며, 법인의 경우엔 법인세에도 적용이 된다.

일반적으로 세법에 정해진 신고를 적법하게 하지 않은 경우에 본세 외에 가산세가 추가적으로 가산되는데 이런 가산세만 줄여도 상당한 절세가 된다. 왜냐하면 가산세는 안내도 될 세금을 부주의하게 처리하여서 납부해야 하는 세금이기 때문이다.

학원의 경우 대부분이 개인사업자 이므로 여기서는 종합소득세 위주로 가산세를 알아보기로 한다.

신고를 하지 않으면 무신고가산세

종합소득세 신고를 5월 31일 까지 신고하지 아니한 경우에는 무신고가산세를 부과한다.

(1) 일반무신고

무신고 소득금액에 해당하는 세액의 20%를 무신고 가산세로 부과한다.
단,복식부기의무자의 경우에는 수입금액의 7/10,000과 비교해서 큰 금액으로 한다.

$$MAX\begin{cases} 무신고\,해당\,세액 \times 20\% \\ 수입금액 \times 7/10,000 \end{cases}$$

복식부기의무자는 대차대조표, 손익계산서, 합계잔액시산표와 세무조정계산서를 첨부하여 신고하지 아니하였어도 무신고로 본다.

(2) 부당무신고

부당한 방법으로 무신고한 금액이 있는 경우에는 가산세율을 20%가 아닌 40%로 부과한다.

(3) 부당한 방법

다음에 해당하는 경우에는 부당한 방법으로 본다.

① 이중장부의 작성 등 장부의 허위기장

② 허위증빙 허위문서의 작성

③ 허위증빙 등의 수취

④ 장부와 기록의 파기

⑤ 자산의 은닉 또는 소득, 수익, 거래행위의 은폐

⑥ 그밖에 국세를 포탈하거나 환급·공제받기 위한 사기 기타 부정한 행위 등

덜 신고했으면 과소신고가산세

소득세 신고에 있어서 소득금액에 미달하여 신고한 경우에는 과소신고가산세를 결정세액에 가산한다.

무신고가산세와의 차이점은 종합소득세 신고를 한 경우에 한하여 적용한다는 점이다. 따라서 무신고한 경우에는 과소신고가산세가 적용되지 않으니 적어도 신고는 놓치지 말아야 한다.

(1) **가산세계산**

과소신고 소득금액에 해당하는 세액의 10%를 과소신고 가산세로 계산한다.

(2) **부당과소신고가산세**

부당한 방법으로 과소신고한 경우에는 해당 소득금액에 대한 세액의 40%를 부당과소신고가산세로 가산한다.

단, 복식부기의무자의 경우에는 부당과소신고수입금액의 14/10,000와 비교해서 큰 금액으로 가산한다.

$$MAX\begin{cases} 과소신고해당세액 \times 40\% \\ 과소신고수입금액 \times 14/10,000 \end{cases}$$

세금을 안냈으면 납부불성실가산세

중간예납추계액신고 또는 종합소득세확정신고시 소득세액을 납부하지 아니한 경우 또는 신고에 있어서 환급받은 세액이 환급받아야할 세액을 초과한 경우에는 미납한 금액 혹은 초과하여 환급한 금액에 대해 납부불성실가산세 및 환급불성실가산세를 가산한다.

(1) 납부불성실가산세

미납세액 × 납부기한의 다음날부터 자진납부일 까지의 기간 $\dfrac{3}{10,000}$

(2) 환급불성실가산세

초과하여환급받은세액 × 초과환급일수 $\dfrac{3}{10,000}$

장부를 작성하지 않았으면 무기장가산세

소규모학원을 제외한 학원이 장부를 비치. 기장하지 아니하였거나, 비치·기장한 장부에 의하여 신고하지 아니한 경우에는 무기장가산세를 적용한다.

소규모학원이란 다음의 학원만을 말한다.

① 해당 과세기간에 신규 개원한 학원
② 직전 과세기간 수입금액의 합계액이 4800만원에 미달하는 학원

무기장가산세

무기장가산세 = 종합소득 산출세액 X $\dfrac{무기장.미달기장소득금액}{종합소득금액}$ X 20%

지급명세서를 제출하지 않았다면 지급조서 미제출가산세

매년 3월10일까지 직전년도 근로소득, 사업소득등에 대한 지급명세서를 제출하지 않거나 제출한 내용이 불분명할 경우 지급조서 미제출 가산세를 부과한다. 지급조서미제출가산세는 금액이 매우 크므로 주의하여야 한다.

가산세금액은 미제출하거나 불분명한 분의 지급금액의 2%로 하되, 제출기간 경과후 1개월 이내(4월10일까지) 제출하는 경우에는 가산세를 50% 감면한다.

(세금)계산서 등에 문제가 있다면 계산서 불성실 가산세

복식부기의무자가 다음 중 어느 하나에 해당하는 경우에는 그 공급가액의 1%또는 2% 에 상당하는 금액을 결정세액에 가산한다.

(1) 계산서를 교부하지 않거나, 교부한 계산서에 기재사항의 전부 또는 일부가 기재 되지 아니하거나 사실과 다르게 기재된 경우

(2) 매출·매입처별계산서합계표를 제출하지 아니한 경우 또는 제출한 합계표에 기재하여야 할 사항의 전부 또는 일부가 기재되지 아니하거나 사실과 다르게 기재된 경우

(3) 매입처별세금계산서합계표를 제출하지 아니하거나 제출한 경우로서 그 매입처별세금계산서합계표에 기재하여야 할 사항의 전부 또는 일부가 기재되지 아니하거나 사실과 다르게 기재된 경우

(4) 가공 및 위장 계산서를 수수한 경우

정규증빙을 받지 않았다면 증빙불비가산세

학원과 관련하여 비용을 지출한 후 정규증빙서류(세금계산서, 계산서, 신용카드매출전표, 현금영수증)를 수취하지 아니한 경우에는 그 수취하지 아니한 금액의 2%를 결정세액에 가산한다.

만약 정규증빙이 아닌 영수증을 받은 경우 영수증수취명세서를 제출해야 하는데 이를 제출하지 않은 경우에는 그 제출하지 아니한 분의 지급금액 또는 불분명한 분의 지급금액의 1%를 결정세액에 가산한다.

그 외 가산세

(1) 사업용계좌관련 가산세

사업용계좌를 사용하지 아니한 금액의 1천분의 5

개설·신고하지 아니한 각 과세기간의 총수입금액의 1천분의 5

(2) 신용카드매출전표미발급가산세

신용카드결제를 거부하거나 사실과 다르게 발급한 경우에는 관할세무서장으로부터 통보받은 건별 발급거부금액 또는 건별로 사실과 다르게 발급한 금액(건별로 발급하여야 할 금액과의 차액을 말한다)의 5%

(3) 현금영수증미발급가산세

미가맹시 가맹하지 아니한 각 과세기간의 총수입금액의 0.5%

발급거부 또는 사실과 다르게 발급시 해당금액의 5%

이는 현금영수증미발급과태료와는 별개로 현금영수증미발급과태료는 10만원이상인 수강료에 대해 현금영수증 미발급시 20%에 해당하는 금액을 가산세로 부과하는 것을 말한다.

✅ 탈세인 듯 탈세 아닌 탈세 같은 것

세법에서는 특수관계자와의 거래로 세금이 부당하게 감소되었다고 인정되면 그 행위 또는 계산에 상관없이 소득금액 및 세금을 다시 계산하는데 이를 "부당행위계산의 부인" 이라고 한다. 즉 제3자와의 일반적인 거래와 비교해서 부당하게 소득이 감소했다고 인정되는 때는 해당 행위 또는 계산을 인정하지 않는다.

부당행위계산부인의 적용요건

부당행위계산부인은 1) 일정한 소득이 있는 학원장이 2) 특수관계자와의 거래를 통해 3) 부당한 행위 또는 계산으로 소득금액을 줄여 소득세가 줄어야 한다.

여기서 일정한 소득이 있는 학원장이란 뜻은 학원소득 뿐 아니라 세법상 부동산임대소득(사업소득에 속함), 기타소득, 배당소득등도 부당행위계산부인에 해당한다.

특수관계자와의 거래여야 한다.

부당행위계산부인은 학원장과 특수관계있는 자와의 거래여야 한다.

세법상 특수관계자라 함은 다음중 하나의 관계에 있는 자를 말한다.
(소득세법시행령 98①)
    ㉠ 친족
    ㉡ 종업원 또는 종업원과 생계를 같이하는 친족
    ㉢ 거주자의 금전 기타 자산에 의해 생계를 유지하는 자와 이들과 생계를 같이하는 친족
    ㉣ 거주자 및 ㉠~㉢에 규정하는 자가 소유한 주식, 지분의 합계가 총주식, 지분의 30% 이상이거나 거주자가 대표인 법인
    ㉤ 거주자 및 ㉠~㉢에 규정하는 자가 이사의 과반수이거나 50% 이상을 출연하고 설립자로 되어있는 비영리법인

부당한 행위, 계산으로 인한 소득세가 감소되었어야 한다.

부당행위계산부인이 적용되기 위해서는 학원장이 특수관계에 있는 자와의 거래에 부당한 행위등으로 인한 소득세부담의 감소가 있어야 한다. 즉, 특수관계에 있는 자와의 거래라 해도 소득세부담의 증가를 초래하거나, 사회통념상 정상적인 행위, 계산이 있었다면 부당행위계산부인은 아니다.

그렇다면 부당행위계산의 유형이 중요한데 가장 대표적으로 다음과 같은 행위, 계산이라고 볼 수 있다.

1) 자산의 고가매입, 저가양도

특수관계자로부터 시가보다 높은 가격에 자산을 매입하거나, 낮은 가격으로 자산을 양도하는 경우 부당행위계산에 해당한다.

2) 자산 또는 용역의 무상, 저율제공

특수관계자에게 자산 또는 용역을 무상으로 제공하거나 현저히 낮은 이율등으로 제공한 경우에 해당한다. 단, 직계존비속에게 주택을 무상으로 제공하고 실제로 그 주택에서 거주하는 경우는 제외한다.

3) 자산 또는 용역의 고율이용

특수관계자로부터 자산 또는 용역을 제공받음에 있어 정상적인 이율보다 높은 이율로 제공받는 경우로 앞서 살펴본 무상, 저율제공과 반대의 경우에도 부당행위계산부인에 해당한다.

⌕ 세법에서는

법인의 대표자가 법인에게 부동산을 무상임대한 경우 소득세 과세여부

법인의 대표이사가 자기소유의 부동산을 당해 법인에게 무상 임대한 경우에는 소득세법 제41조 및 같은법 시행령 제98조의 규정에 의하여 당해 거주자의 부동산임대소득금액을 계산하여 소득세를 과세한다.(소득 46011-3652,1995.9.26)

특수관계자에게 토지를 무상제공하는 경우 부당행위계산부인대상 여부

거주자가 소유하고 있는 부동산을 그와 특수관계있는 자에게 무상으로 제공한 때에는 당해 거주자의 행위 또는 계산에 관계없이 소득세법 제41조(부당행위계산)의 규정을 적용하여 당해연도의 부동산임대소득금액을 계산하는 것임.(소득 46011-383, 2000.3.22)

✅ 종합소득세를 줄여보자
part 1. 공동사업자

학원을 운영하는 도중 또는 학원을 개원하면서 공동사업으로 하는 경우가 많다. 일반적으로 단독사업자에 의한 학원운영보다는 공동사업에 의한 운영이 세금측면에서 절세의 효과가 있기 때문이다.

공동사업자는 소득금액을 나눌 수 있다.

공동사업자의 소득금액은 학원을 우선 하나로 보아 소득금액을 계산한 후에 각각의 지분율로 해당 소득금액을 나눈다. 그리고 난후 각각 해당 소득금액을 가지고 종합소득세를 계산한다.

만약 학원이 적자였더라도 그 결손금 역시 각 공동사업자별로 분배한다. 즉, 공동사업장에서 발생한 결손금은 공동사업장단위가 아닌 공동사업장을 구성하는 거주자단위로 배분한 후 각각 적용한다.

종합소득세는 초과누진세율이므로 소득금액을 나누게 되면 단독사업장일 경우보다 낮은세율이 적용되어 결과적으로 종합소득세가 줄어드는 효과가 있다.

동업관계가 허위라면 한사람에게 합산한다.

학원장 1인(세법상 거주자)과 그와 특수관계에 있는 자가 공동사업자에 포함되어 있는 경우로서 손익분배 비율을 허위로 정하거나, 조세를 회피하기 위하여 공동으로 사업을 경영하는 것이 확인되는 경우 등 합산과세를 적용할 사유가 있는 때에는 특수관계자의 소득금액은 그 손익분배비율이 큰 공동사업자의 소득금액으로 합산하여 과세 한다. 손익분배비율이 동일한 경우에는 공동사업소득외의 종합소득이 많은 자로 하고, 이도 동일할 경우에는 직전 연도의 종합소득금액이 많은자에게 합산한다.

그밖에 공동사업자가 알아두어야 할 내용

1) 기장의 특례

학원을 공동으로 운영하는 경우 기장은 학원을 하나의 사업자로 보아 기장을 하여야 한다. 즉, 지분비율로 나눠서 기장을 하는 것이 아니고, 하나로 보아 전체적인 장부를 작성한다.

2) 사업자등록 및 변동신고

공동사업자가 사업자등록시에는 대표공동사업자가 공동사업자, 약정손익분배비율, 대표공동사업자, 지분비율등 필요한 사항을 사업장관할 세무서장에게 신고하여야 한다. 또한 사업자등록의 신고내용에 변동이 발생한 경우에는 발생한 날이 속하는 과세기간의 종료일부터 15일 이내(다음년도 1월 15일)에 '공동사업장등 이동신고서'를 제출하여야 한다.

3) 공동사업장등록불성실가산세

① 미등록 및 허위등록

사업자등록을 하지 아니하거나 허위등록시에는 미등록, 허위등록 과세기간의 총수입금액의 0.5%를 가산세로 가산한다.

② 미신고 및 허위신고

사업자등록시, 변동신고시 미신고 하거나, 허위신고를 한 경우에는 미신고, 허위신고 기간에 해당하는 과세기간의 총수입금액의 0.1%를 가산세로 가산한다.

🔍 세법에서는

공동사업자 중 경영참가자에 지급한 보수의 처리(소통 43-1)

공동사업자 중 1인에게 경영에 참가한 대가로 급료명목의 보수를 지급한 때에는 당해 공동사업자의 소득분배로 보고 그 공동사업자의 분배소득에 가산한다.

공동사업자에 대한 사업자별 소득금액의 계산(소득 해석편람 43-1-4)

여러명의 거주자가 학원을 공동으로 경영하는 경우 당해 학원에서 강의용역을 제공한 공동사업자에게 지급한 강의수당은 당해 공동사업장의 소득금액계산에 있어서 비용(필요경비)에 산입하지 아니하는 것이며, 동 강의 수당은 이를 지급받은 공동사업자에 대한 소득분배로 보고 당해 공동사업자의 분배소득에 가산한다.

공동사업자의 사업자등록방법

① 2인 이상이 공동으로 사업을 영위하고자 하는 경우의 사업자등록은 실질적으로 공동사업을 영위하는 자 중 1인을 대표자로 하여 대표자명의로 사업자등록을 신청하여야 하는 것임.

② 사업자등록신청시 법령상의 첨부서류로 부가가치세법 시행령 제7조 제2항에 법인의 경우에는 법인등기부등본, 법령에 의하여 허가를 받아야 하는 사업의 경우에는 사업허가증사본, 사업장을 임차한 경우에는 임대차계약서사본을 규정하고 있으나, 공동사업의 경우 공동사업의 현황을 명확히 하기 위하여 공동사업자의 지분 또는 손익분배의 비율, 대표자 기타 필요한 사항이 기재된 동업계약서 등을 첨부하여 사업자등록신청을 할 수 있는 것임. (부가 46015-238, 200.2.6)

✅ 종합소득세를 줄여보자
part 2. 법인전환

개인 학원으로 학원을 운영하다가 학원이 성장하게 되면 법인전환을 생각하게 된다. 법인전환은 개인학원의 효과적인 절세수단 중 하나이다. 특히 성실신고확인제도로 인해 법인으로 전환하는 학원은 점점 늘어나고 있다.

법인전환과 관련하여 검토해야할 문제는 상당히 많지만 학원에서 가장 중요하게 검토해야할 문제는 절세측면에서 법인전환이다.

여기서는 학원을 위주로 법인전환절차, 유형 및 법인전환 관련 검토해야할 내용을 중심으로 설명하고자 한다.

법인전환의 의의와 필요성

법인전환이라 함은 개인이 경영상 권리·의무의 주체가 되어 경영하던 학원을 동질성을 유지하면서 개인학원과는 독립된 법인이란 사람이 권리·의무의 주체가 되도록 조직의 형태를 변경하는 것을 말한다.

즉, 법인(法人)을 하나의 인격체로 보아 사업의 주체가 되도록 하는 것이다.

또한 개인의 경우 학원과 관련하여 발생한 채무에 대하여 무한책임을 지는 반면, 법인의 경우 주주는 회사의 채무에 대하여 연대보증을 하지 않는 한 책임을 지지 않는다.

〈개인학원과 법인학원의 비교〉

방법	개인학원	법인학원
설 립 절 차	단 순	복 잡
장 점	신속한 의사결정 자금활용이 자유로움	낮은 세부담 대외신용도 높음 지분비율에 따른 유한책임
단 점	사업규모 증가 시 높은 세부담 대외신인도 낮음	자금활용이 제한적임 세법상 규제 증가

방법	개인학원		법인학원
	대표 단독 무한책임 성실신고확인제도 시행		
청 산 절 차	단 순		복 잡
세 율 비 교	과세표준	세율	2억원 이하: 10% 2억원 초과: 20%
	1,200만 이하	6%	
	1,200 ~ 4,600만원	15%	
	4,600 ~ 8,800만원	24%	
	8,800 ~ 1억5천만원	35%	
	1억5천만원~3억원	38%	
	3억원 ~ 5억원	40%	
	5억원초과	42%	

개인학원에서 법인학원으로 전환하는 가장 큰 이유는 절세이다. 그 외 법인전환의 필요성에 대해 살펴보면 다음과 같다.

(1) 조세부담의 차이(=절세)

개인학원의 경우 소득세율은 최저 6%에서 최고 42%(지방소득세별도)에 이른다. 반면 법인세율은 현재 과세표준금액 2억을 기준으로 10%와 20%로 나뉜다. 물론 법인의 경우 학원장은 근로소득자에 해당하여 소득세등을 부담하여야 하고, 법인이 배당을 하는 경우에는 금액에 따라 추가적인 소득세 부담이 있지만 전체적으로 따져보면 조세부담측면에서는 법인이 개인보다는 유리하다.

(2) 대외공신력 제고

법인학원이 개인학원보다는 대외공신력이 높고, 또한 과세기간이 흐를수록 신용도가 높기 때문에 자금조달이 유리하고, 학원이미지가 제고 되어 무형의 가치가 상승하여 유리한 점이 많다.

(3) 기업의 장기적 발전

개인학원의 경우 학원장이 모든 권리·의무의 주체가 되므로 학원장변경, 사망 등 개인적인 사정이 학원의 존속에 영향을 미치나, 법인기업은 기업의 영속성이 있고, 전문경영인(대표이사 등)에 의해 기업이 운영되므로 장기적 발전을 꾀할 수 있다.

(4) 성실신고확인제도

　　연간매출액이 5억원 이상인 개인학원은 종합소득세 신고시 세무사에게 세무신고의 적정성을 확인받는 확인서를 제출해야 하는데 이를 성실신고확인제도라 한다. 성실신고미확인시에는 가산세 및 세무조사대상자로 선정된다. 특히 성실신고확인제도대상자의 경우 세율차이로 인해 세금부담이 상대적으로 크고, 보다 투명한 세무처리를 위해서 법인전환이 필요하다고 할 수 있다. 성실신고대상자가 법인전환이 필요한 이유는 추후 자세하게 살펴보기로 한다.

법인은 정말 세금이 줄어들까?

개인학원의 경우 실질적인 세금은 5월에 신고, 납부하는 종합소득세밖에 없으나, 법인의 경우 2월에 연말정산을 통해 대표이사의 종합소득세를 마무리 하고 3월에 법인세 신고,납부를 하여야 한다. 단순 횟수만 본다면 법인이 불리한 것으로 보이나 금액측면에서 보면 법인이 유리하다. 또한 4대보험중 건강보험은 현행제도상 소득과 재산을 모두 합산하여 산정하나, 법인의 대표이사의 경우에는 소득만 가지고 판단하기 때문에 세금 외에 건강보험을 줄일 수도 있다.

〈개인학원과 법인학원의 단순세금비교〉

(단위:천원)

- 소득금액 1억원 기준
- 개인학원 사업소득 1억원, 법인학원 순이익 1억(대표이사 연봉 9천만원 제외)
- 부양가족 없음, 기본공제만 적용
- 재산 : 아파트1채, 중형자동차1대

구분	개인	법인	비고
종합소득세	20,100	11,680	법인대표이사 연봉9천만원기준
법인세	0	1,000	
국민연금	4,296	4,296	사업주부담분 포함
건강보험	5,964	5,388	사업주부담분 포함(장기요양보험제외)
배당세액	0	1500	배당 1천만원 기준
합계	30,360	23,864	지방소득세 제외

* 건강보험의 경우 개인사업자가 지역가입자일 경우 재산에 따라 건강보험료가 증가함.

법인전환방법

법인전환방법은 현물출자에 의한 법인전환, 사업양수도에 의한 법인전환으로 나눠 볼 수 있다. 포괄양수도 방식이란 개인학원에 관한 모든 권리와 의무를 포괄적으로 이전하는 방법으로 가장 보편적으로 사용하는 방법이다.

현물출자방식이란 현금이 아닌 개인학원의 동산 및 부동산을 포함한 자산과 부채 전체를 출자하여 법인을 설립하는 방식으로 세법에 규정한 요건 충족시 세감면을 적용할 수 있으나 검사인 선임 등 포괄양수도방식에 비해 복잡하기 때문에 학원의 법인전환시 거의 사용하지 않는다.

학원에서는 대부분 사업양수도에 의한 법인전환을 선택한다고 봐도 무방하다.

법인설립절차는 크게 3단계로 나눠볼 수 있다.

I. 정관의 작성
II. 주주확정, 자본모집 등 법인실체 형성
II. 설립등기

법인설립은 보통 법무사사무실을 통해 진행한다. 사업양수도에 의한 법인전환의 경우 사업양수도계약을 하여야 하고, 이를 위해서 설립법인의 이사회의 승인과 주총특별결의가 필요하다.

포괄양수도계약은 개인학원과 신설학원 대표이사간 체결하며, 경우에 따라서는 공증을 받을 필요도 있다.

사업양수도계약서에는 목적, 사업양도·양수방법 및 대금의 지급, 자산 및 부채의 평가방법 및 평가일 확정, 양도·양수 계약의 효력일, 협조의무 등의 내용이 반드시 기재되어 있어야 한다.

법인등기를 위해 학원에서 미리 준비할 사항

1. 법인학원의 상호(법인명) 확정

법인의 경우 개인과 달리 상호에 대한 제한이 있다.

즉, 동일한 특별시, 광역시, 시·군에서는 동일한 영업을 위하여 다른사람이 등기한 것과 동일한 상호로는 등기할 수 없도록 규정하고 있다. 따라서 법인으로 전환하기 전에 원하는 상호를 2~3가지 준비 할 필요가 있다.

2. 주주 및 임원의 구성

신설법인의 경우 주주구성을 하여야 한다.

1인주주(지분율100%)로도 설립이 가능하므로 과거와 같이 3인 이상의 주주가 필요하지는 않는다. 학원의 경우 드물지만 추후 가업승계등을 고려한다면 이를 고려하여 주주를 구성하여야 한다.

법인의 임원은 등기임원과 비등기임원으로 구성된다.

임원구성자가 많으면 모두 급여가 지급되고, 이는 법인세 및 소득세 절세효과가 나타날 수 있으나 학원의 경우 가족으로 임원이 구성되는 경우가 많기 때문에 주의하여야 한다. 즉, 임원에 대한 보수지급시에는 실제 학원운영에 참여하는지가 매우 중요하고, 일반임직원과의 급여에서 부당하거나 사회통념상 인정받기 어려운 급여가 책정된 경우 인정받지 못하므로 주의하여야 한다.

3. 학원의 목적사업선정

법인등기를 위해 목적사업을 정하여야 한다. 학원의 경우 교육사업이 제1 목적사업이나, 학원의 성장과 경제발전, 사회변화로 인해 사업의 다양성을 추구할 수 있고, 추후 등기부등본에 기재되지 않은 사업의 경우 등기부등본을 수정하여야 하고 이에 따른 추가비용이 발생하므로 목적사업은 다수 설정하는 것이 유리하다.

4. 정관의 작성과 공증

정관은 회사의 규정, 즉 급여 및 인사규정, 회계규정 등 회사의 모든 규정 중 기본규칙을 기재한 서면을 의미한다. 상법에서는 정관의 절대적 기재사항이 누락된 경우 정관자체가 무효이므로 이 부분을 주의하여야 한다. 일반적으로 법무사사무실에서 표준정관양식을 준용하여 사용하고 있으나 이 내용만 가지고는 부족한 경우가 많으므로 반드시 세무사의 검토를 요하고 부족한 내용은 보충하도록 하는 것이 좋다.

5. 개인학원의 결산 및 순자산가액 결정

개인학원의 법인전환을 위해서는 개인학원의 결산 및 순자산가액을 결정하여야 한다.

결산 및 순자산가액결정은 보통 세무사사무실에서 진행하므로 실제 학원에서 크게 신경쓸 필요는 없다.

6. 법인설립등기

법인설립을 위해서는 등기를 먼저 하여야 한다. 법인설립을 위해서는 자본금을 먼저 정하여야 하고, 법인명도 미리 확인해야 한다. 조세특례를 적용하기 위해서 설립되는 법인의 자본금은 개인사업장 순자산가액이상이어야 하나, 법인학원의 경우 해당되는 경우가 거의 없으므로 자본금에 대한 제한은 없다고 봐도 무방하다. 다만, 법인명의 경우 동일행정구역안에 동일상호를 사용하지 못하므로 미리 2~3개 상호를 정해두는 것이 좋다. 법인설립등기는 보통 법무사사무실을 통해 이뤄지며 자본금에 따라 설립비용 및 법무사수수료에 차이가 있으므로 이 부분도 미리 확인후 진행하는 것이 좋다.

법인등기가 나온 후에 학원등록과 사업자등록을 한다.

1. 학원설립 · 운영등록 변경

개인학원에서 법인학원으로 전환하는 경우 학원설립·운영등록증도 변경하여야 한다. 일반적으로 사업장(학원소재지) 변경없이 법인전환을 하므로 학원변경등록을 하면 되나, 학원구조변경등 중요한 변동사항이 있을 경우에는 교육청실사가 진행되므로 변경절차 대신 폐원 후 신규개원의 방식을 취하기도 한다. 이는 학원의 상황에 맞춰 진행하면 된다.

2. 사업자등록 신청

법인설립이 완료되면 사업자등록을 하여야 한다.

사업자등록신청은 법인등기일로부터 2월 이내에 하여야 한다.

사업자등록신청을 위해서는 법인등기부등본, 학원설립·운영등록증, 임대차계약서등이 모두 필요하므로 앞서 살펴본 바와 같이 서류준비가 완료되어야 한다.

특히 학원은 등록업종이기 때문에 학원설립·운영등록증이 없는 경우 면세사업자로 인정받지 못하게 되니 이점 주의하여야 한다.

✅ 세무조사 평소 꾸준한 관리가 필요하다.

세무조사란 각 세법에 규정하는 질문조사권 또는 질문검사권, 조세범처벌법등에 의하여 조사공무원이 납세자 또는 그 거래가 있다고 인정되는 자 등을 상대로 질문하고, 장부, 서류, 기타물건을 검사, 조사하는 행위로서 조사계획에 의해 실시하는 것을 말하며, 일반세무조사와 조세범칙조사로 구분한다.

일반세무조사는 납세자의 과세표준의 결정 또는 경정을 목적으로 조사대상 세목에 대한 과세요건 또는 신고사항의 적정여부를 검증하는 통상의 세무조사를 말하며, 조세범범칙조사란 조세범처벌법에 따라 형벌을 적용시킬 목적으로 조세범처벌절차법에 근거하여 범칙혐의 사실을 조사하고 범칙자와 범칙사실을 확정하기 위하여 행하는 세무공무원의 조사활동을 말한다.

세무조사의 진행과정[2]

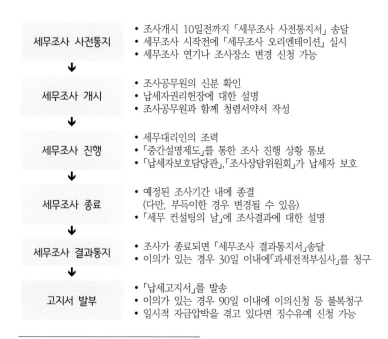

세무조사 사전통지	• 조사개시 10일전까지 「세무조사 사전통지서」 송달 • 세무조사 시작전에 「세무조사 오리엔테이션」 실시 • 세무조사 연기나 조사장소 변경 신청 가능
세무조사 개시	• 조사공무원의 신분 확인 • 납세자권리헌장에 대한 설명 • 조사공무원과 함께 청렴서약서 작성
세무조사 진행	• 세무대리인의 조력 • 「중간설명제도」를 통한 조사 진행 상황 통보 • 「납세자보호담당관」, 「조사상담위원회」가 납세자 보호
세무조사 종료	• 예정된 조사기간 내에 종결 　(다만, 부득이한 경우 변경될 수 있음) • 「세무 컨설팅의 날」에 조사결과에 대한 설명
세무조사 결과통지	• 조사가 종료되면 「세무조사 결과통지서」 송달 • 이의가 있는 경우 30일 이내에 「과세전적부심사」를 청구
고지서 발부	• 「납세고지서」를 발송 • 이의가 있는 경우 90일 이내에 이의신청 등 불복청구 • 일시적 자금압박을 겪고 있다면 징수유예 신청 가능

---

2) 세무조사 길라잡이 GREEN BOOK, 국세청, p.4

조사학원의 선정

국세기본법에 의하면 세무조사 대상자 선정은 객관적인 기준에 따라 공정하게 그 대상자를 선정하여야 하며, 납세자의 규모, 업종 등을 감안하여 선정한다고 되어 있다. 그 내용을 학원에 적용하여 살펴보면 다음과 같다.

① 신고내용이 불성실하거나 불성실신고 혐의가 있다고 인정되는 경우
② 4년 이상 동일세목의 세무조사를 받지 아니한 학원중 동일업종 규모등을 감안하여 신고내용의 적정성 여부를 검증할 필요가 있다고 인정되는 경우
③ 무작위추출방식에 의하여 표본조사를 하려는 경우
④ 세법이 정하는 신고, 세금계산서 또는 계산서의 작성, 교부, 제출, 지급조서의 작성, 제출등의 납세자의 의무를 이행하지 아니한 경우
⑤ 무자료거래, 위장, 가공거래 등의 혐의가 있는 경우
⑥ 납세자에 대한 구체적인 탈세제보가 있는 경우
⑦ 신고내용에 탈루나 오류의 혐의를 인정할 만한 명백한 자료가 있는 경우

학원은 보통 ①,③,⑥,⑦ 경우가 많다.

세무조사기간은 20일을 넘지 못한다.

국세기본법에서는 수입금액 100억 미만인 사업자에 대해서는 세무조사기간을 20일 이내로 제한하고, 기간 연장시에는 세무관서장의 승인을 받도록 하여 납세자의 권리를 강화하였다. 기한을 연장하는 경우에도 1회당 20일 이내로 제한하였다. 하지만 다음의 경우에는 세무조사기간 제한 대상이 되지 않는다.

(1) 무자료·위장·가공거래 등 유통과정 조사 필요시
(2) 국제거래를 이용한 세금탈루, 국내탈루소득의 해외 변칙유출 혐의로 조사시
(3) 명의위장, 이중장부 작성, 차명계좌 이용, 음성적 현금거래 등의 세금탈루혐의로 조사시
(4) 밖의 기획재정부령으로 정하는 사유

학원의 경우는 (3)의 사유로 인해 세무조사기간이 연장되는 경우가 많으므로 주의하여야 한다.

납세자권리보호

세무조사를 실시함에 있어 과세당국은 납세자의 권리를 우선적으로 보호하여야 한다. 따라서 세법에서는 납세자권리헌장을 고시하여 납세자가 헌법과 법률에 의하여 보호되고 있음을 알리고 법적으로 세무조사의 사전통지 및 결과통지도 법적으로 의무화 하고 있다.

그리고 세무사등 세무대리인의 조력을 받을 권리, 납세자보호담당관을 통한 납세자 보호 및 중복조사의 금지등 세무조사에 있어 부당하게 침해받을수도 있는 납세자의 권리를 법적으로 보호하고 있나.

납 세 자 권 리 헌 장

납세자의 권리는 헌법과 법률이 정하는 바에 의하여 존중되고 보장되어야 합니다.

이를 위하여 국세공무원은 납세자가 신성한 납세의무를 신의에 따라 성실하게 이행할 수 있도록 필요한 정보와 편익을 최대한 제공해야 하며, 납세자의 권리가 보호되고 실현될 수 있도록 최선을 다하여야 할 의무가 있습니다.

이 헌장은 납세자가 보장받을 수 있는 권리를 구체적으로 알려드리기 위해 제정된 것입니다.

1. 납세자는 기장·신고 등 납세협력 의무를 이행하지 않았거나 구체적인 조세탈루혐의 등이 없는 한 성실하며 납세자가 제출한 세무자료는 진실한 것으로 추정됩니다.

2. 납세자는 법령이 정하는 경우를 제외하고는 세무조사의 사전통지와 조사결과의 통지를 받을 권리가 있고, 불가피한 사유가 있는 경우에는 조사의 연기를 신청하고 그 결과를 통지 받을 권리가 있습니다.

3. 납세자는 세무조사시 조세전문가의 조력을 받을 권리가 있고, 법령이 정하는 특별한 사유가 없는 한 중복조사를 받지 않을 권리가 있습니다.

4. 납세자는 법령이 정하는 바에 따라 세무조사 기간이 연장되는 경우에, 그 사유와 기간을 문서로 통지받을 권리가 있습니다.

5. 납세자는 자신의 과세정보에 대한 비밀을 보호받을 권리가 있습니다.

6. 납세자는 권리의 행사에 필요한 정보를 신속하게 제공받을 권리가 있습니다.

7. 납세자는 위법적인 또는 부당한 처분을 받거나 필요한 처분을 받지 못함으로써 권리 또는 이익을 침해당한 경우에 적법하고 신속하게 구제받을 권리가 있습니다.

8. 납세자는 위법적인 또는 부당한 처분으로 권리 또는 이익을 침해당할 우려가 있는 경우에, 그 처분을 받기 전에 적법하고 신속하게 구제받을 권리가 있습니다.

9. 납세자는 국세공무원으로부터 언제나 공정한 대우를 받을 권리가 있습니다.

국 세 청 장

세무조사, 평소 꾸준한 관리가 필요하다.

세무조사통지를 받으면 우선 당황하지 말고 차분하게 준비를 하여야 한다. 세무사 사무실에 기장을 의뢰하고 있는 경우에는 담당세무사사무실에도 통지가 갔으므로 세무사와 상담을 우선 하는 것이 가장 좋다. 하지만 세무조사는 평소 적법한 세무처리를 통한 꾸준한 관리가 필요하다.

(1) 자료준비

특별한 경우를 제외하고는 세무조사는 사전통지를 거친 나오게 된다. 보통 10일 전에 통지하고 조사를 나오는데 세법에 정한 사유로 인해 세무조사를 받지 못하는 경우에는 우선 세무조사연기 신청을 하여야 한다.

① 학원의 수입. 지출을 기록한 장부, 수강생 대장등 기초자료 준비
② 학원 사업용 계좌의 준비
③ 세금계산서등 영수증(지출증빙)
④ 계약서, 견적서등 감가상각자산에 대한 서류준비

(2) 사업용계좌의 정리

계좌추적시 입금내역이 불분명한 경우에는 학원수강료로 간주하고 매출누락으로 의심받을수가 있다. 이럴 경우를 대비해서 사업용계좌는 가급적 학원과 관련된 거래 외에는 나타나지 않는 것이 좋다. 만약 부득이하게 사업용계좌로 거래한 내역이 있다면 관련 내역은 따로 메모를 해두는 것이 좋다. 세무조사는 보통 3~4년 후에 진행되기 때문에 메모가 되어 있지 않으면 기억이 나지 않아 불이익을 받을수 있다.

(3) 세무대리인에 연락

세무조사 사전통지는 납세자와 수임세무대리인에게 동시에 연락이 가지만 그렇지 않은 경우도 있으므로 세무조사 통지서를 받은 경우에는 세무대리인에게 연락해서 상담을 하는 것이 좋다. 납세자는 세무대리인의 조력을 받을 권리가 있고, 세법에 대한 전문적인 분야는 세무대리인과 함께 조사를 받는 것이 불이익을 받지 않는다.

(4) 기타 학원장이 취할 태도

① 적법한 절차인지 확인한다.

세무조사는 사전통지후 방문하게 되어 있으므로 이를 잘 확인하여야 한
다. 절차상 하자가 있는 세무조사는 무효이기 때문이다.

② 모든 조사활동에 친절하게 응대한다.

조사과정에서의 불쾌한 표정이나 의심나는 행동은 매출누락의 의심을 줄
수 있으므로 부당한 경우가 아니라면 친절하게 응대하는 것이 유리하다.

✅ 학원세무조사

<u>학원업의 세무조사 유형은</u>
<u>특별세무조사, 기획성 세무조사, 정기세무조사로 나눠볼 수 있다.</u>

(1) 특별세무조사

특별세무조사는 구체적인 제보가 있는 경우에 실시하는 세무조사이다.

사전 조사등을 거쳐 증거인멸등의 우려가 있는 경우에는 사전세무조사 통지 없이 세무조사가 이루어질수도 있으며 학원 및 자택등의 장부등을 수색하고, 계좌추적등 강도 높은 세무조사가 진행된다.

하지만 이러한 유형의 세무조사는 점점 줄어들고 있다.

(2) 기획성 세무조사

고소득자영업자에 대한 특별세무조사 및 여론 및 사회적 이슈에 따른 표본세무조사로서 주로 대형학원 위주로 이루어진다. 누락이 심한경우에는 학원수색 및 계좌추적등 강도 높은 세무조사가 진행된다.

기획성 세무조사 역시 최근에는 거의 줄어들었다.

(3) 정기세무조사

사업장현황신고내역 및 종합소득세 신고내역등을 종합적으로 검토한 후 불성실혐의가 있는 학원에 대해서 경고문, 수정신고 안내문 등을 발송한 뒤 학원 측의 적절한 소명이나 수정신고가 없는 경우에 진행되는 세무조사이다.

세무조사의 가장 일반적인 유형이다.

학원의 대표적인 탈루유형

학원업의 경우 대표적인 현금수입업종으로 분류하여 세무조사대상자중 우선순위에 두고 있다. 물론 최근에는 대부분의 수강료가 카드결제되고 있고, 현금영수증을 발행하므로 현실과 괴리가 있으나 국세청에서는 아직도 대표적인 현금수입업종으로 보고 있다. 국세청에서 보고 있는 학원업의 대표적인 탈루형태는 다음과 같다.

① 현금으로 수취한 수강료. 교재비 누락
② 비정기적 강의인 '특강' 수입금액 누락
③ 차명계좌를 통한 현금유도 및 수강료 누락
④ 그 외 다양한(?) 방법을 통한 수강료 누락

학원의 세무조사

학원의 경우 다양한 방법에 의해 기본사항 및 사전조사를 거친후 조사를 진행한다. 학원의 유명도, 학생수, 스타강사의 소속여부 및 강사수, 규모등 구체적이고 폭넓게 조사가 진행된다.
다음의 내용만 검토해도 향후 학원세무관리의 길이 보일 것이다.

(1) 기본사항조사
세무조사를 본격적으로 진행하기에 앞서 진행되는 조사로서 사업의 기본사항 및 신고내용등을 종합적으로 검토한다.

① 학원의 기본사항조사
개업연월일, 강사인원, 스타강사의 소속여부, 규모, 셔틀버스등 가장 기본적인 사항에 대해서 검토를 한다. 기본사항만으로도 대략석인 학원의 내출규모등의 파악이 가능하다.
- 개업연월일
- 강의실수 및 개강현황
- 강사인원 및 스타강사의 파악
- 특성화교육 및 광고내용등 유명도 파악

　　　　- 셔틀버스의 운행빈도 및 수송학생수등의 파악
　　　　- 사업주의 변동 및 별관여부파악
　　　　- 사업주의 재산변동내역 및 생활수준과 신고소득수준과의 비교

　② 재무제표등 신고서류의 조사
　　기본사항을 토대로 신고된 서류의 적정성 여부를 검토한다. 매출액, 강사
　　료등 학원의 주요경비와 그 구성비율등을 검토한다.
　　　　- 카드매출액 및 현금영수증 구성비율 분석
　　　　- 최근 3개년간 매출액변동비율 분석
　　　　- 강사료, 임대료, 교재비등 주요경비의 증감비율 및 구성비율 검토
　　　　- 비슷한 규모의 학원사업자와의 소득율 비교
　　　　- 강사의 원천징수이행상황 분석
　　　　- 감가상각자산 및 차량운반구등의 구성 및 자료분석

(2) 내부관리서류의 조사
　학원의 경우 매출액은 수강료수입밖에 없기 때문에 수강료대장등 내부관리서
　류의 분석에 중점을 둔다. 그리고 실제 강의중인 강사와 급여내역, 신고된내역을
　종합분석한다.

　① 수강료대장 검토
　　　최근에는 신용카드 및 현금영수증의 증가로 매출액을 누락하는 경우는
　　　거의 없지만 특강, 모의고사비등은 아직까지 현금비율이 높기 때문에
　　　해당항목의 누락여부를 중점 조사한다. 그리고 교재비의 수입여부도 조
　　　사한다.
　② 급여대장검토
　　　경우에 따라서는 강사료를 신고하지못하거나 과대계상하여 신고하는
　　　경우가 있기 때문에 실 지급된 강사료와 원천징수내역, 실제 강의 여
　　　부 및 신고내역을 검토한다.
　③ 거래명세표 및 기타서류검토
　　　계산서등 정규증빙수취없이 거래명세표, 입금증등을 수취하는 경우 해
　　　당 항목의 내용 및 매출누락여부와의 연관성등을 검토한다.

(3) 계정별 검토

세무신고서류와 영수증(지출증빙), 관련 서류등을 대조 검토한다.

가장 중점적으로 보는 항목은 다음과 같다.

① 수강료수입 (매출액)
② 강사료등 인건비
③ 교재비
④ 복리후생비
⑤ 접대비
⑥ 임대료
⑦ 감가상각비
⑧ 차량유지비
⑨ 광고선전비

(4) 기타 검토사항

① 증빙서류의 검토
 - 같은 시간에 작성된 것으로 의심되는 동일필체 및 동일 필기구의 영수증
 - 학원의 위치와 동떨어진 사업장의 영수증
 - 학원업과 관련없는 내역의 영수증
 - 거래상대방을 알 수 없는 영수증(개인과의 거래분은 제외)
② 주변검토
 - 사무실 내부의 메모, 탁상달력등의 검토
 - 컴퓨터상 데이터 검토
 - 사주하는 언락처 및 입금계좌의 검토
 - 수강료봉투 및 홈페이지의 검토

✅ 학원의 주요 세무조사 사례

국세청에서는 학원을 고소득 자영업자 및 대표적인 현금수입업종으로 판단하여 주요 세무조사대상자로 선정하고 있다. 국세청 보도자료를 중심으로 세무조사의 대상자 선정 및 진행과정, 결과 그리고 세무조사 사례를 함께 살펴보기로 한다.

(1) 세무조사 결과

국세청보도자료(2018.9.17.)

그간 국세청은 고소득사업자의 탈세근절을 위해 지속적으로 노력하였으며, 최근 5년간 총 5,452명을 조사하여 3조 8,628억 원을 추징하고 395명을 조세포탈 혐의로 고발 등 범칙처분하였음.

○ 특히, 지난해에는 1,107명을 조사하여 9,404억 원을 추징하는 최대 성과를 달성하였으며, 이는 전년도 추징세액 8,125억 원 보다 1,279억 원(약 16%) 증가한 것임.

〈 고소득사업자 조사실적 추이 〉

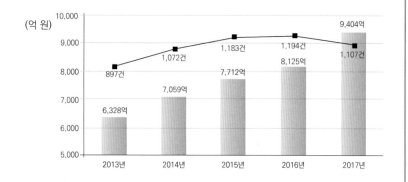

국세청보도자료(2013.10.10.)

□ 국세청은 그 동안 고소득 자영업자의 현금거래, 차명계좌 등을 이용한 고질적 탈세행위에 대해 세무조사를 지속적으로 실시하여 왔음

  ○ '05년부터 '12년까지 고소득 자영업자 4,396명을 조사하여 관련세금 2조 4,088억원을 부과하였음

□ 금년에는 고소득 자영업자를 「지하경제 4대 중점분야*」로 선정하고 세정역량을 집중하고 있음

  * 지하경제 4대 중점분야 : 대기업·대자산가, 고소득 자영업자,

                        세법질서·민생침해 사범, 역외탈세자

  ○ 그 결과, '13년 상반기 현재 고소득 자영업자 442명에 대해 세무조사를 실시하여 관련세금 2,806억원을 부과하고, 16명을 조세범처벌법에 따라 조치하였음

□ 특히, 현금영수증 의무발행 사업자에 대해서는 더욱 철저하게 검증하여 탈루세금 추징은 물론 현금영수증 의무발행 위반 과태료(미발행 금액의 50%)도 함께 부과하였음

  * 현금수입에 대해 현금영수증을 발행하지 않고 소득세 등 신고도 누락한 경우 탈루세금 추징액에 버금가는 현금영수증 의무발행 위반 과태료가 부과됨(조사사례 참조)

(2011.11.24. 국세청 보도자료)

고리 대부업자 외에도 현재까지 학원사업자·청소 경비용역공급업체·장례관련 사업자·대리운전 알선업체 등 민생 관련 탈세자 101명을 조사하여 세금 548억원을 추징하였음

('11.11.18. 현재)
(명, 억원)

구분	합계	학원사업자	용역공급 업 체	장례관련 사 업 자	기타
조사인원	101	59	16	10	16
추징세액	548	406	40	31	71

  * 장례관련 사업자 : 상조회사, 장례식장, 공원묘지 등
  * 기타 : 대리운전 알선업체, 중고차 매매업자 등

조사결과 주요 탈루 유형은 다음과 같음

  ○ 개인 과외교습, 맞춤식 입시컨설팅 제공, 단기 논술특강 명목으로 고액의 수강료를 현금으로 받아 차명계좌로 관리하며 소득을 탈루(학원사업자)

  * 특히 학원사업자 다수가 현금영수증 발급의무 이행을 위반한 것으로 확인되어 세금 추징 외에 과태료 15억원을 함께 부과하였음

탈세혐의 학원사업자 20명 조사착수, 향후 추진 방향

□ 학원사업자 조사결과, 세금탈루 규모가 다른 사업자에 비해 상대적으로 크고, 대부분 현금으로 받은 수강료를 차명계좌로 관리하며 소득을 은닉하고 있는 것으로 분석되었는 바,

  ○ 대학입시철을 맞아 고액수강료를 징수하는 학원사업자의 탈세행위에 선제적으로 대응하기 위해 조사에 착수하였음

학원사업자 조사 대상

○ 대학별 특강과정을 개설하여 심야 또는 제3의 장소에서 불법 교습행위를 하며 1주일간 수백만원의 수강료를 현금으로만 징수하는 고액 논술학원(4)

○ 연봉 외에 스카우트 대가로 받은 수십~수백억원에 상당하는 계약금을 축소 신고하거나 교재비 수입을 신고 누락한 혐의가 있는 스타강사(4)

○ 맞춤형 입시컨설팅 제공과 고액과외 알선 대가로 받은 수백~수천만원의 수수료를 차명계좌로 관리하며 소득을 탈루한 혐의가 있는 입시컨설팅학원(3)

○ 수강료 기준액의 2~3배를 초과하는 수강료를 징수하면서 신용카드 결제와 현금영수증 발급을 기피하는 입시학원 등(9)

(2011.3.11. 국세청 보도자료)

사교육 열풍에 편승하여 고액의 수강비 등을 현금으로 수령하여 세금을 탈루한 혐의가 있는 입시학원·어린이 영어학원, 연봉 외 수십억원의 성과금을 받고도 수입금액을 신고누락한 혐의가 있는 스타강사, 불법 고액 과외교습비의 소득출처가 불분명한 자영업자 등 사교육관련자

참고 – 최근 고소득 자영업자 기획 세무조사 결과 연도별 소득적출율 추이

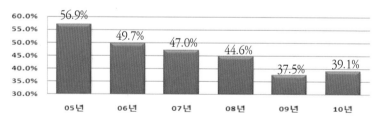

* '10년 실시한 전문직 등 451명에 대한 세무조사 결과 탈루세금 2,030억원(1인당 4.5억원)을 추징

○ 또한, 고소득 자영업자 기획 세무조사 결과 탈세 위험이 높은 것으로 파악된 전문직종, 현금수입업종 등의 취약분야에 대해서는 봉급생활자와 과세형평성 제고 차원에서 지속적으로 관리를 강화하는 한편,

○ 아울러, 서민생활과 밀접한 고리대부업, 임대업, 학원사업자 등의 불법·편법행위를 통한 세금탈루 행위에 대해서도 엄정한 세무조사를 지속적으로 실시해 나갈 예정임

(2010.12.14. 국세청 보도자료)

대학 입시철을 맞이하여 제3의 장소에 불법적인 논술강의 개설, 변칙적인 심야교습, 불법 개인 과외교습 등의 행위를 하면서 세금을 탈루한 혐의가 있는 입시관련 학원 및 유아어학원 등 17명에 대하여 세무조사를 착수하였음

○ 이번 조사대상은

- 대입 수능시험을 전후하여 단기 논술특강에 대한 수요가 급증하자 학원 이외의 다른 장소 또는 심야에 교습을 하면서 수백만원의 수강료를 현금으로만 징수하고 현금영수증 발급을 기피하는 등 세금탈루 혐의가 있는 논술학원 (6)

- 명문대 출신 컨설턴트를 고용하여 맞춤형 입시프로그램을 제공하고 거액의 수수료를 차명계좌를 통해 송금받는 방법으로 수입금액을 은닉한 혐의가 있는 입시컨설팅학원 (3)

- 출입이 제한된 고급아파트를 임차하여 미등록 개인과외교습소를 운영하면서 고액의 과외비를 학부모 또는 학생 명의로 된 통장으로 전달받는 방법으로 세금을 탈루한 혐의가 있는 불법 개인과외교습자 (2)

- 인터넷 입시강의 제공 업체로부터 스카우트 대가로 수십억원대의 계약금을 현금 또는 주식 등으로 받고 수입금액을 신고 누락하는 등 세금탈루 혐의가 있는 스타강사 (3)

- 고급 교육프로그램을 제공하는 명목으로 고액의 수강료를 받고 신용카드 및 현금영수증 발급을 기피하며 현금납부시 할인해 주는 방법으로 현금결제를 유도하는 유아어학원 (3)

□ 국세청은 세무조사 결과 고의·지능적으로 세금을 탈루한 사실이 확인되는 경우에는 세금 추징은 물론 「조세범처벌법」에 따라 엄정하게 처리하는 한편,

○ 현금영수증 발급의무 위반행위에 대해 즉시 과태료를 부과하고,

* 현금영수증가맹점으로 가입한 일반교습학원 등은 건당 30만원 이상 수강료를 현금으로 받은 경우 현금영수증을 발행할 의무가 있으며, 이를 위반시 미발급 금액의 50%를 과태료로 부과(조세범처벌법 §15) ··· '10. 4. 1. 시행

○ 불법·변칙적으로 운영되는 학원 등에 고액의 수강료를 지급한 것으로 확인된 학부모에 대해서도 자금출처를 정밀 검토할 예정임

□ 앞으로도 사교육 수요에 편승하여 불법·변칙적인 방법으로 교습을 하며 세금을 탈루한 혐의가 있는 학원사업자 등에 대하여는 지속적으로 관리를 강화해 나갈 것임

사례 1	수강료를 차명계좌로 수취, 근무사실이 없는 사주의 배우자에게 허위 강사료 지급, 학원 내 직원 명의의 유령 급식업체를 통해 원가를 과다 계상한 학원사업자

1. 인적사항

- 상 호: ㈜○○○
- 성 명: △△△
- 사업장: □□시
- 업 종: 서비스/입시학원

2. 주요 적출내용

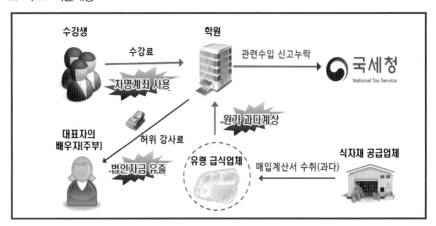

- ㈜○○○은 월 수강료가 ○○○만 원인 고액 기숙학원으로, 수강료를 강사 가족 명의 차명계좌로 수령한 후 신고누락
  - 실제 근무사실 없는 사주의 배우자(주부)에게 강사료를 지급한 것처럼 허위 계상하는 수법으로 법인자금을 유출하고,
  - 직원 명의의 실체가 없는 유령 급식업체를 통해 식자재 공급업체로부터 실제 매입액보다 부풀려진 거짓 매입계산서를 수취하는 등 식자재 매입원가를 과다계상

3. 조치사항

- 법인세 등 ○○억 원 추징하고, 조세범처벌법에 따라 고발조치

사례 2 ▷ 수강료를 차명계좌로 수취, 근무사실이 없는 사주의 배우자에게 허위 강사료 지급, 학원 내 직원 명의의 유령 급식업체를 통해 원가를 과다 계상한 학원사업자

1. 인적사항
- 사업장 : 서울시
- 상 호 : ㈜△△
- 업종 : 서비스/입시컨설팅
- 성명 : 이○○ (45세)

2. 주요 적출사항

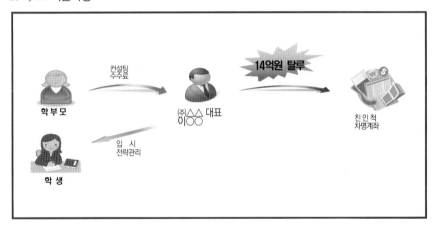

- ㈜△△는 서울 강남에서 유명한 입시컨설팅 전문학원으로
  - 5명의 명문대 출신 컨설턴트를 고용하여 대학입학때까지 1:1 맞춤형 컨설팅 제공과 고액과외 알선 등 전체적인 입시관리를 해주는 조건으로 회원을 모집한 후
  - 수백~수천만원의 컨설팅수수료를 선입금 요구하여 친인척 명의의 차명계좌로 송금받고 14억원의 수입금액을 탈루

3. 조치한 사항
- 탈루소득 14억원에 대한 법인세 등 7억원을 추징하고 범칙처리

| 사례 3 | > | 고액의 논술 수강료를 현금으로만 받아 차명계좌로 관리하며 신고 누락하고 현금영수증 발급의무 위반 |

1. 인적사항

- 사업장 : 서울시
- 상　호 : ㈜△△△
- 업종 : 서비스/논술학원
- 성명 : 박○○ (44세)

2. 주요 적출사항

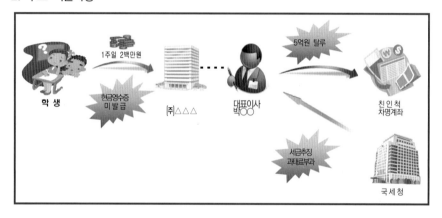

- ㈜△△△는 대입논술에서 제시문까지 적중한 것으로 소문난 서울 강남의 유명학원으로
  - 수학능력시험 이후 수시 논술시험 기간 동안 논술특강을 개설하고 1주일간 2백만원 상당의 고액의 수강료를 현금으로만 받아
  - 친인척 명의의 차명계좌로 관리하며 5억원의 수입금액을 탈루하였으며, 현금영수증 발급의무 위반

3. 조치한 사항

- 탈루소득 5억원에 대한 법인세 등 2억원을 추징하고 범칙처리, 현금영수증 발급의무 위반행위에 대해 과태료 2억원 부과
  * 일반교습학원이 건당 30만원 이상 수강료를 현금으로 징수하고 현금영수증 발급의무 위반시 미발급 금액의 50% 과태료 부과(조세범처벌법 §15, '10. 4. 1 시행)

사례 4 > 수강료 기준액을 초과하는 고액 수강료를 현금 납부시 할인해 주는 조건으로 현금결제를 유도하여 신고 누락하고 가족명의의 부동산 취득

1. 인적사항

- 사업장 : 서울 ○○구
- 업종 : 서비스 / 입시학원
- 상 호 : ㈜○○학원
- 성명 : 김○○(42세)

2. 주요 적출사항

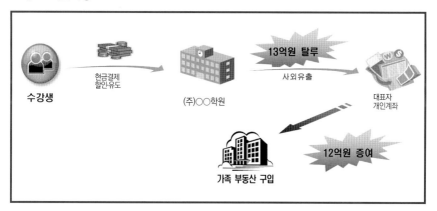

- ㈜○○학원은 특목고 전문 입시학원으로서 호화 강사진과 높은 합격률로 인기가 높은 유명학원임
  - 교육청에서 고시한 수강료 기준액보다 5배 이상 비싼 고액수강료를 받으면서 수강료를 현금으로 납부할 경우 할인해 주는 조건으로 현금결제를 유도하고 수강료 기준액만큼만 신고
  - 대표자 개인명의 은행계좌에 입금하는 방법으로 법인 소득을 은폐하여 13억원을 탈루하고, 12억원의 가족 명의 부동산 취득

3. 조치사항

- 탈루소득 13억원 및 12억원 증여에 대해 법인세 등 12억원 추징

사례 5 > 신용카드 결제 및 현금영수증 발급을 거부하며 현금으로 받은 수강료를 외국인 강사 명의 차명계좌로 관리하는 방법으로 수입금액을 탈루

1. 인적사항

- 사업장 : 서울 ○○구
- 상 호 : ㈜○○어학원
- 업종 : 서비스 / 어학원
- 성명 : 정○○(49세)

2. 주요 적출사항

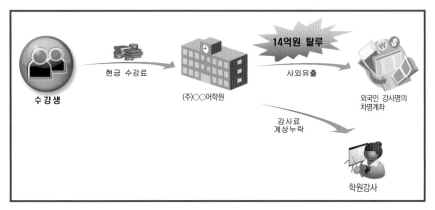

- ㈜○○어학원은 외국인·원어민 강사진을 다수 보유한 유명 어학원으로
  - 수강료를 현금으로만 수취하고 신용카드 결제와 현금영수증 발급을 거부하면서, 외국인 강사가 많은 점을 이용하여 수강료 중 상당액을 외국인 강사 명의 차명계좌에 입금하여 관리하는 방법으로 수입금액 14억원을 축소 신고
- 또한, 축소 신고한 수입금액을 은폐하기 위하여 강사에게 지급한 인건비를 비용으로 계상하지 않았음

3. 조치사항

- 탈루소득 14억원에 대해 법인세 등 7억원을 추징

| 사례 6 | 수강료를 현금납부 유도하고 현금수강료 중 일정율을 신고하지 않는 방법으로 수입금액 탈루 |

1. 인적사항
- 사업장 : 경기 ○○시
- 업종 : 서비스/입시학원
- 상 호 : △△학원
- 성명 : 박○○(45세)

2. 주요 적출사항

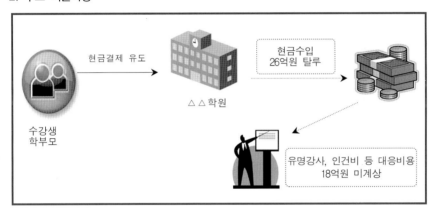

- △△학원 대표 박○○은 입시학원을 운영하는 자로
  - 수강료를 현금납부 유도하여 매월 현금으로 받은 수강료 중 일정률을 신고하지 않는 방법으로 26억원의 수입금액을 탈루하였고
  - 또한, 탈루한 수입금액을 은폐하기 위하여 강사종업원에 대한 인건비 등 관련 대응비용 18억원을 계상하지 않는 방법으로 8억원의 소득을 탈루

3. 조치사항
- 탈루소득 8억원 및 원천징수 누락분에 대한 소득세 5억원 추징

| 사례 7 | 유치원식 외국어 학원에서 일반 유치원에 비해 2배 이상의 수강료를 받고 현금결제 유도하여 현금 수강료 탈루 |

1. 인적사항

- 사업장 : 서울 ○○구
- 업종 : 서비스/어학원
- 상   호 : ○○외국어학원
- 성명 : 송○○(51세)

2. 주요 적출사항

- 대표 송○○은 어린이를 대상으로 유치원식 외국어학원을 운영하면서
  - 일반 유치원에 비해 2배 이상 비싸게 수강료를 받고 있으나
- 학부모에게 수강료를 할인해 주는 방법으로 현금결제를 유도하고, 현금으로 받은 수강료 10억원을 세금 신고 누락
  - 탈루한 소득을 해외여행경비 및 개발예정지의 부동산 취득에 사용

3. 조치사항

- 탈루 수입금액 10억원에 대해 소득세 6억원 추징

> 입시학원을 운영하면서 임시강좌(방학특강 등) 및 현금 수취분 수강료를 대표자 등의 개인 예금계좌로 입금받고 신고누락

1. 인적사항

- 사업장 : 서울 ○○구
- 상　호 : △△입시학원(주)
- 업종 : 서비스/입시학원
- 성명 : 정○○(42세)

2. 주요 적출사항

- 대표자와 직원 개인명의 계좌로 수상한 입출금이 반복적으로 있어 금융거래 추적한 결과, 수강료를 대표자 또는 직원명의 계좌로 입금 받아 수입금액 21억원을 탈루한 사실을 밝혀냄
  - △△입시학원㈜은 방학특강, 학교시험 또는 수능 직전 보충수업 명목으로 임시강좌를 개설하고, 수강료는 당초 교육청에 신고한 금액만큼은 신용카드 및 현금영수증을 발급해 주고 초과징수하는 부분은 현금으로 받아 탈루
  - 또한, 수입금액 탈루를 은폐할 목적으로 강사에게 지급한 성과급 강사료 7억원도 신고누락

3. 조치사항

- 탈루소득 14억원에 대한 법인세 등 5억원 추징

| 사례 9 | 입시학원을 운영하면서 현금으로 받은 수강료를 신고누락하고,
탈루한 금액으로 학원장 개인명의 부동산 취득 |

1. 인적사항
- 사업장 : 서울시 ○○구　　○ 업종 : 서비스/입시학원
- 상　호 : △△입시학원(주)　○ 성명 : 이○○(51세)

2. 주요 적출사항
- △△입시학원㈜은 세무조사에 착수하자 수강생기록부, 수강증 발급현황과 같은 과세근거자료를 파기하여 매출액 파악을 어렵게 하였으나
  - 수강료를 현금으로 내면 카드수수료만큼 할인해 준 사실을 수강생 등을 통해 확인하고 신고누락한 현금수입금액을 찾는데 주력
  - 조사 중 관리이사 컴퓨터에 접근이 제한된 수상한 파일이 있는 것을 발견하였으며, 이는 세무신고하지 않은 현금수납분의 집계표로 확인되었고
  - 법인대표 개인명의 계좌에 대한 금융추적조사결과, 동 계좌를 통해 현금으로 송금 받아 수강료 15억원을 신고누락 하였음을 적발함
- 또한, 이렇게 탈루한 소득으로 18억원 상당의 개인명의 부동산 취득

3. 조치사항
- 탈루한 수입금액 15억원에 대하여 법인세 등 11억원을 추징하고
  - 조세범처벌법에 따라 포탈세액 상당액에 해당하는 벌금부과

1. 인적사항

- 사업장 : 서울 ○○구
- 업종 : 서비스/미술학원
- 상 호 : △△미술학원
- 성명 : 최○○(45세)

2. 주요 적출사항

- △△미술학원 대표 최○○는 미술학원을 운영하면서
  - 교육청에 신고한 수강료는 18~36만원이나 실제로는 2~3배인 50~65만원의 수강료를 받으면서, 교육청에 신고한 수강료를 초과하는 금액은 현금으로 수령한 사실을 확인함
  - 특히, 대학입시 무렵인 10~12월에 몰리는 실기 수강생들에게는 70~80만원의 고액 수강료를 요구하고, 이를 장인, 장모 또는 처제의 차명계좌로 입금 받는 방법으로 수입금액 63억원을 신고누락

3. 조치사항

- 수입금액 누락 63억원에 대하여 소득세 16억원을 추징하고
  - 조세범처벌법에 따라 고발조치

| 사례 11 | 기숙형 입시학원을 운영하면서 수강료 신고누락 및 비용 부풀리기로 세금을 탈루하고, 탈루소득 등으로 배우자 명의의 부동산 다수 취득 |

1. 인적사항

- 사업장 : 서울 ○○구
- 업종 : 서비스/학원
- 상   호 : △△입시학원
- 성명 : 이○○(44세)

2. 주요 적출사항

- △△입시학원 대표 이○○는 기숙학원을 운영하면서
  - 수강생들로부터 현금으로 수령한 수강료 6억원을 신고누락 하였으며
  - 신용카드와 현금영수증 사용이 일반화 되어 수입금액이 증가하자 신고소득을 줄이기 위해 기숙학원의 주요 비용항복인 식자재비 8억원을 허위로 부풀리는 방법으로 소득 탈루
- 이러한 탈루소득 등으로 배우자 명의 단독주택(2채), 아파트(2채), 오피스텔 및 상가 등 총 31억원 상당의 부동산을 취득

3. 조치사항

- 탈루금액 14억원에 대하여 대표 이○○에게 소득세 등 5억원을 추징하고, 배우자에 대하여는 증여세 5억원 추징

사례 12	대학편입학원 교재대 및 현금수강료를 신고누락, 탈루한 소득은 해외부동산 취득 및 해외여행경비 등으로 사용

1. 인적사항
- 사업장 : ○○시 ○○구
- 업종 : 서비스/학원
- 상 호 : △△학원
- 성명 : 이○○(55세)

2. 주요 적출사항
- △△학원 대표 이○○는 대학편입학원 및 출판업을 영위하면서
  - 편입교재를 받아보는 신규회원의 교재료는 정상신고 하였으나 기존회원에게 공급하는 교재료 수입 45억원과 학원 수강생으로부터 받은 현금 수강료 34억원을 신고누락하였고
  - 수입금액누락을 은폐할 목적으로 신고누락 수입금액 79억원에 대응하는 비용 36억원도 신고하지 않는 방법으로 43억원의 소득을 탈루
- 이○○는 탈루한 소득으로 자녀를 해외유학 보내고, 해외부동산을 취득하였으며, 관광 등을 위해 150여 차례에 걸쳐 해외여행을 하였음

3. 조치사항
- 탈루소득 43억원에 대하여 소득세 등 제세 20억원을 추징

> **사례 13** 미국수학능력시험(SAT) 준비 학생을 상대로 국내와 미국현지에서 소
> 수정예 족집게 강의를 실시하고 고액 수강료를 받아 차명계좌로 관리
> 하면서 수입금액을 탈루한 학원사업자

1. 인적사항

- 사업장 : ○○시 △△구
- 업종 : 서비스 / 어학원
- 상 호 : ㈜□□□
- 성명 : ○○○

2. 주요 적출사항

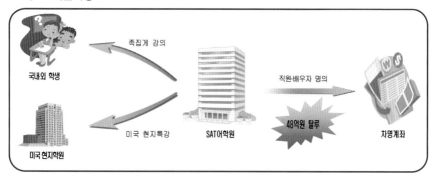

- ○○○는 서울에서 유명 미국 수학능력시험(SAT) 전문 어학원을 운영하는 학원사업자로서
  - 국내에서는, 미국대학 입학준비 학생들을 상대로 소수정예 멘토 – 멘티 형 식의 족집게 강의를 진행하면서 고액의 수강료(1과목당 월 150만원 이상)를 받고,
  - 미국 현지학원에서는, 추수감사절 방학(10일)기간 동안에 한국 유학생을 상대로 숙식을 제공하며 특강을 실시하고 최소 4백만원 이상의 고액수강료를 받아
  - 직원·배우자 명의의 차명계좌로 관리하면서 48억원의 수입금액을 탈루하고 골프회원권 취득 및 고급주택에서 호화·사치생활

3. 조치한 사항

- 소득세 등 15억원을 추징하고 조세범처벌법에 따라 고발조치

⊘ 폐업도 뒷탈없이 처리해야 한다.

학원을 운영하다보면 부득이하게 학원을 접어야 하는 경우가 생긴다. 학원경기가 예전과 달리 좋지 않기 때문에 폐원을 하는 학원이 많이 생기는데 단순히 폐업한다고 해서 모든게 끝나는게 아니다.

여기서는 폐업후에도 뒷탈(?)이 없게 폐원하는 방법에 대해 살펴보기로 한다.

교육청에 폐원신고를, 세무서에 폐업신고를

학원, 교습소, 공부방은 교육청에 학원등록을 해두었기 때문에 폐원시에도 폐원신고서를 제출해야 한다.

또한 관할세무서에 폐업신고를 하여야 함이 원칙이다.

하지만 최근에는 폐원절차가 간소화 되어서 교육청 또는 세무서 둘중 한군데만 폐원 또는 폐업신고를 하여도 된다. 즉, 교육청에 폐원신고를 하면 관련자료가 세무서로 넘어가서 자동 폐업이 되고, 세무서에 폐업신고를 하면 관련자료가 교육청으로 넘어가서 자동 폐원이 되도록 되어있다.

학원을 넘겼다면 폐업신고를 하자.

학원을 포괄양수도방식으로 다른 원장에게 넘긴 경우 학원의 설립.운영자가 변경되는 경우이므로 이때는 별도의 폐원절차가 필요 없다. 즉, 교육청에 명의이전절차만 거치면 된다.

대신 이때는 폐원이 되지 않았기 때문에 세무서에 별도로 폐업신고를 하여야 한다.

폐업후에도 세금신고는 잊지 말자.

폐업을 하면 모든 세무업무가 종결되는걸로 아는 학원장이 많다. 하지만 이는 사업을 더 이상 운영하지 않을 뿐이고, 과세개시일인 1월1일부터 폐업일까지의 세무신고까지 마무리 해야 한다.

따라서 사업장현황신고와 종합소득세신고는 폐업일이 속한 다음연도 2월과 5월에 마무리 하여야 하며, 특히 인건비를 지급한 경우 지급명세서 제출을 잊지않도록 주의하여야 한다.

4대보험상실신고도 잊지 말자.

4대보험에 가입한 근로자가 있을 경우 학원이 폐원한 경우에 4대보험 상실신고를 해야 한다. 상실신고가 되지 않으면 계속 4대보험료가 부과될 수 있고, 그 고지서는 보통 학원으로 나오기 때문에 학원장은 모르는 경우가 많다. 물론 추후 폐업사실을 가지고 정정 또는 취소가 가능하나 시간과 별도의 절차를 거쳐야 하므로 번거로울 뿐이다. 4대보험 상실신고를 하면 학원장은 지역가입자로 변경이 되고, 경우에 따라서 납부유예신청도 가능하므로 관할공단에 반드시 신고하여야 한다.

✅ 부 록

[부록] 학원 운영 준수사항 (서울특별시강서양천교육지원청 참조)

학원 운영과 관련하여 아래사항을 준수하시기 바라며, 동 사항을 위반하거나 이행하지 않을 경우 행정처분(경고, 정지, 말소 등) 및 과태료 처분을 받을 수 있사오니 유념하시기 바랍니다.

1. 학원설립운영자는 등록일로부터 14일 이내에 학원 수강생에게 발생한 생명·신체상의 손해를 배상할 것을 내용으로 하는 보험가입 또는 공제사업에의 가입 등 필요한 안전조치를 취하여야 합니다.

학원	○ 1인당 배상금액 1억 원 이상 ○ 1사고당 배상금액 10억 원 이상 ○ 1인당 의료실비 보상금액 3천만원 이상

☞ 가입증서 사본을 가입일로부터 14일 이내에 교육지원청에 제출

2. 학교교과교습학원의 교습시간은 05:00~22:00까지로 합니다.
   (다만, 독서실에 한하여 관할 교육장의 승인을 받아 이를 연장할 할 수 있다.)

3. 학원설립·운영등록증, 교습비 현황, 강사 현황, 교습비 반환기준은 학원내 학습자가 잘 보이는 곳에 게시하여야 합니다.

4. 등록된 교습과정 외에는 일체의 교습행위를 할 수 없으며, 같은 시간에 그 시설의 일시수용능력인원을 초과하여 교습을 하거나 학습장소로 제공하여서는 아니 됩니다.

5. 강사, 영양사 및 생활지도 담당인력 등을 채용한 때에는 자격을 증명하는 서류 (아동·청소년을 대상으로 교습하는 학원의 경우에는 학원 취업·노무 제공 예정자 전원에 대한 성범죄 경력 및 아동학대관련범죄 조회회신서 포함)를 첨부하여 15일 이내에, 해임한 때에도 15일 이내에 교육지원청에 통보하여야 합니다.

   * 학원장이 강사로 활동하는 경우도 반드시 강사 채용 통보해야 함.*

6. 수강생을 모집할 목적으로 인쇄물·인터넷 등을 통하여 광고를 하는 경우에는 교습비 등을 표시하여야 합니다.

7. 교습비는 교육지원청에 통보한 금액을 징수하여야 하며, 교습비 등을 변경할 때에는 그 시행일로부터 7일전에 교육지원청에 통보하여야 합니다.(☞통보·징수 게시·표시하는 금액은 반드시 일치하여야 합니다.)

8. 교습비 반환사유가 발생한 경우에는 학원의 설립·운영 및 과외교습에 관한 법률 시행령 제18조 3항 「별표4 교습비반환기준」에 의하여 반환사유발생일부터 5일 이내에 반환하여야 합니다.

9. 학원 등록사항 변경시에는 교육지원청에 변경등록 신청(통보)하여야 합니다.

   ☞ 변경등록시 제출서류 : 학원변경등록신청서 작성 제출
      → 변경 등록사항 : 위지, 교습과정
   ☞ 변경통보시 제출서류 : 학원설립·운영자변경통보서, 학원변경통보서 등 작성 제출
      → 변경 통보사항 : 설립자, 원칙, 명칭, 시설·설비 및 교구, 교습비, 강사, 영양사, 생활지도담당인력 등

10. 학원을 1개월 이상 휴원하거나 폐원하고자 하는 경우에는 지체 없이 교육지원청 에게 신고하여야 합니다.

11. 반드시 등록된 명칭(고유명칭+학원)만 사용하여야 합니다.

12. 학원에는 아래의 장부 및 서류를 비치하여야 합니다.
    → 원칙, 학원설립·운영등록증, 수강생대장, 교습비영수증원부, 현금출납부, 직원명부, 수강생출석부(3개월이상과정),문서의 접수 및 발송대장

13. 교육지원청 주관 연수에 1년에 1회이상 꼭 참석하셔야 합니다.

14. 본 안내문은 학원 운영에 관한 모든 사항을 규정한 것이 아니므로, 학원의 설립· 운영 및 과외교습에 관한 법률 등의 관련법규를 준수하여 운영하시기 바랍니다.

※ 과태료 부과와 관련된 주의사항

1. 보험·공제사업 미가입
2. 학원·교습소의 휴·폐원(소) 미신고
3. 강사·직원의 성범죄경력 및 아동학대관련범죄 미조회
4. 외국인강사 미검증 채용
5. 강사인적사항 미게시
6. 교습소 신고증의 분실 및 못쓰게 될 경우 재발급 하지 아니할 때
7. 교습비 조정명령 위반 및 교습비 징수위반
8. 영수증 미발급, 현금영수증 발급의무 위반
9. 교습비 반환사항 미게시, 거짓표시 게시
10. 교습에 관한 사항 및 각종 통계자료 미보고 또는 거짓보고
11. 관계 공무원의 출입·검사 거부·방해·기피
12. 교습비 미반환
13. 신고증명서 미게시·미제시
    - "학원", "교습소" 표기 포함하여 등록 또는 신고 된 명칭대로 간판 및 홍보물에 표기
14. 어린이통학차량 미신고

[부록] 교습소 운영 준수사항(서울특별시강서양천교육지원청 참조)

교습소 운영과 관련하여 아래사항을 준수하시기 바라며, 동 사항을 위반하거나 이행하지 않을 경우 행정처분(경고, 정지, 말소 등) 및 과태료 처분을 받을 수 있으니 유념하시기 바랍니다.

1. 교습자는 신고수리일로부터 14일이내에 교습소 수강생에게 발생한 생명· 신체상의 손해를 배상할 것을 내용으로 하는 보험가입 또는 공제사업에의 가입 등 필요한 안전조치를 취하여야 합니다.

교습소	○ 1인당 배상금액 1억 원 이상 ○ 1사고당 배상금액 5억 원 이상 ○ 1인당 의료실비 보상금액 3천만원 이상

☞ 또한, 그 가입증서 사본을 가입일로부터 14일 이내에 교육지원청에 제출.

2. 교습소의 교습시간은 05:00~22:00까지로 합니다.

3. 신고증명서, 교습비 게시표, 교습비 환불규정은 교습소 내 학습자가 잘 보이는 곳에 게시해야 합니다.

4. 신고자가 직접 교습하여야 하며, 강사를 채용하여 운영할 수 없습니다.
   ☞ 보조요원 1명 채용 가능(학원의설립운영및과외교습에관한법률시행령 제15조 제3항), 단, 교습행위는 불가, 범죄조회필요

5. 신고된 교습과목 이외에는 일체의 교습행위를 할 수 없으며, 같은 시간에 그 시설의 일시수용인원을 초과하여 교습하면 안 됩니다.

6. 수강생을 모집할 목적으로 인쇄물·인터넷 등을 통하여 광고를 하는 경우에는 교습비 등을 표시하여야 합니다.

7. 교습비는 교육지원청에 신고한 금액을 징수하여야 하며, 교습비 변경시 교육지원청에 신고하여야 합니다.(☞신고·징수·게시·표시하는 금액은 반드시 일치하여야 합니다.)

8. 교습비 반환사유가 발생한 경우에는 학원의설립·운영및과외교습에관한법률시행령 제18조3항「별표4 교습비등반환기준」에 의하여 반환사유발생일부터 5일이내에 반환하여야 합니다.

9. 교습소 신고사항 변경시에는 교육지원청에 변경신고(통보)하여야 합니다.
   → 변경사항 : 위치, 교습과정, 교습자, 명칭, 시설·설비 및 교구, 교습비

10. 교습자는 교습소를 1개월 이상 휴소(休所)하거나 폐소하고자 하는 경우에는 지체 없이 관할교육지원청에게 신고하여야 합니다.

11. 반드시 신고된 명칭(고유명칭+교습과목+교습소)만 사용하여야 합니다.
    → 올바른 예시:○○피아노교습소, ◇◇미술교습소
    → 잘못된 예시:○○피아노원, ◇◇미술학원

12. 교습소에는 아래의 장부 및 서류를 비치하여야 합니다.
    → 수강생대장, 교습비등영수증, 현금출납부, 수강생출석부, 직원명부, 문서철

13. 본 안내문은 교습소 운영에 관한 모든 사항을 규정한 것이 아니므로, 학원의설립·운영및과외교습에관한법률 등의 관련법규를 준수하여 운영하시기 바랍니다.

학원의 설립 · 운영 및 과외교습에 관한 법률 (약칭: 학원법)

[시행 2018. 6. 12] [법률 제15625호, 2018. 6. 12, 일부개정]

교육부(평생학습정책과) 044-203-6380

제1조(목적) 이 법은 학원의 설립과 운영에 관한 사항을 규정하여 학원의 건전한 발전을 도모함으로써 평생교육 진흥에 이바지함과 아울러 과외교습에 관한 사항을 규정함을 목적으로 한다.

[전문개정 2007. 12. 21.]

제2조(정의) 이 법에서 사용하는 용어의 뜻은 다음과 같다. 〈개정 2008. 3. 28., 2011. 7. 25., 2016. 1. 19.〉

1. "학원"이란 사인(私人)이 대통령령으로 정하는 수 이상의 학습자 또는 불특정다수의 학습자에게 30일 이상의 교습과정(교습과정의 반복으로 교습일수가 30일 이상이 되는 경우를 포함한다. 이하 같다)에 따라 지식·기술(기능을 포함한다. 이하 같다)·예능을 교습(상급학교 진학에 필요한 컨설팅 등 지도를 하는 경우와 정보통신기술 등을 활용하여 원격으로 교습하는 경우를 포함한다. 이하 같다)하거나 30일 이상 학습장소로 제공되는 시설을 말한다. 다만, 다음 각 목의 어느 하나에 해당하는 시설은 제외한다.

   가. 「유아교육법」, 「초·중등교육법」, 「고등교육법」, 그 밖의 법령에 따른 학교

   나. 도서관·박물관 및 과학관

   다. 사업장 등의 시설로서 소속 직원의 연수를 위한 시설

   라. 「평생교육법」에 따라 인가·등록·신고 또는 보고된 평생교육시설

   마. 「근로자직업능력 개발법」에 따른 직업능력개발훈련시설이나 그 밖에 평생교육에 관한 다른 법률에 따라 설치된 시설

   바. 「도로교통법」에 따른 자동차운전학원

   사. 「주택법」 제2조제3호에 따른 공동주택에 거주하는 자가 공동으로 관리하는 시설로서 같은 법 제43조에 따른 입주자대표회의의 의결을 통하여 영리를 목적으로 하지 아니하고 입주민을 위한 교육을 하기 위하여 설치하거나 사용하는 시설

2. "교습소"란 제4호에 따른 과외교습을 하는 시설로서 학원 및 제1호 각 목의 시설이 아닌 시설을 말한다.

3. "개인과외교습자"란 다음 각 목의 시설에서 교습비등을 받고 과외교습을 하는 자를 말한다.

   가. 학습자의 주거지 또는 교습자의 주거지로서 「건축법」 제2조제2항에 따른 단독주택 또는 공동주택

   나. 제1호사목에 따른 시설

4. "과외교습"이란 초등학교·중학교·고등학교 또는 이에 준하는 학교의 학생이나 학교 입학 또는 학력 인정에 관한 검정을 위한 시험 준비생에게 지식·기술·예능을 교습하는 행위를 말한다. 다만, 다음 각 목의 어느 하나에 해당하는 행위는 제외한다.

가. 제1호가목부터 바목까지의 시설에서 그 설치목적에 따라 행하는 교습행위

나. 같은 등록기준지 내의 친족이 하는 교습행위

다. 대통령령으로 정하는 봉사활동에 속하는 교습행위

5. "학습자"란 다음 각 목의 자를 말한다.

가. 학원이나 교습소에서 교습을 받는 자

나. 30일 이상 학습장소로 제공되는 시설을 이용하는 자

다. 개인과외교습자로부터 교습을 받는 자

6. "교습비등"이란 학습자가 다음 각 목의 자에게 교습이나 학습장소 이용의 대가로 납부하는 수강·이용료 또는 교습료 등(이하 "교습비"라 한다)과 그 외에 추가로 납부하는 일체의 경비(이하 "기타경비"라 한다)를 말한다.

가. 학원을 설립·운영하는 자(이하 "학원설립·운영자"라 한다)

나. 교습소를 설립·운영하는 자(이하 "교습자"라 한다)

다. 개인과외교습자

[전문개정 2007. 12. 21.]

제2조의2(학원의 종류) ① 학원의 종류는 다음 각 호와 같다. 〈개정 2011. 7. 25.〉

1. 학교교과교습학원: 「초·중등교육법」 제23조에 따른 학교교육과정을 교습하거나 다음 각 목의 사람을 대상으로 교습하는 학원

가. 「유아교육법」 제2조제1호에 따른 유아

나. 「장애인 등에 대한 특수교육법」 제15조제1항 각 호의 어느 하나에 해당하는 장애가 있는 사람

다. 「초·중등교육법」 제2조에 따른 학교의 학생. 다만, 직업교육을 목적으로 하는 직업기술분야의 학원에서 취업을 위하여 학습하는 경우는 제외한다.

2. 평생직업교육학원 : 제1호에 따른 학원 외에 평생교육이나 직업교육을 목적으로 하는 학원

② 제1항에 따른 학원의 종류별 교습과정의 분류는 대통령령으로 정한다.

[전문개정 2007. 12. 21.]

제3조(교원의 과외교습 제한) 「초·중등교육법」 제2조, 「고등교육법」 제2조, 그 밖의 법률에 따라 설립된 학교에 소속된 교원(敎員)은 과외교습을 하여서는 아니 된다.

[전문개정 2007. 12. 21.]

제3조(교원의 과외교습 제한) 「초·중등교육법」 제2조, 「고등교육법」 제2조, 그 밖의 법률에 따라 설립된 학교에 소속된 교원(「고등교육법」 제14조제2항에 따른 강사는 제외한다)은 과외교습을 하여서는 아니 된다. 〈개정 2012. 1. 26.〉

[전문개정 2007. 12. 21.]

[시행일 : 2019.1.1.] 제3조

제4조(학원설립·운영자 등의 책무) ① 학원설립·운영자는 자율과 창의로 학원을 운영하며, 학습자에 대한 편의제공, 적정한 교습비등의 징수를 통한 부담경감 및 교육기회의 균등한 제공 등을 위하여 노력하는 등 평생교육 담당자로서의 책무를 다하여야 한다. 〈개정 2008. 3. 28., 2011. 7. 25.〉

② 교습자와 개인과외교습자는 과외교습을 할 때 학습자에 대한 편의제공, 적정한 교습비등의 징수를 통한 부담경감 및 교육기회의 균등한 제공 등을 위하여 노력하는 등 교습을 담당하는 자로서의 책무를 다하여야 한다. 〈개정 2008. 3. 28., 2011. 7. 25.〉

③ 학원설립·운영자 및 교습자는 특별시·광역시·특별자치시·도 및 특별자치도(이하 "시·도"라 한다)의 조례로 정하는 바에 따라 학원·교습소의 운영과 관련하여 학원·교습소의 수강생에게 발생한 생명·신체상의 손해를 배상할 것을 내용으로 하는 보험이나 공제사업에 가입하는 등 필요한 안전조치를 취하여야 한다. 〈개정 2016. 12. 20.〉

[전문개정 2007. 12. 21.]

제5조(교육환경의 정화 등) ① 학원설립·운영자 또는 교습자는 학원이나 교습소의 교육환경과 위생시설을 깨끗하게 유지·관리하여야 한다.

② 학교교과교습학원을 설립·운영하는 자 또는 교습자는 교육환경을 해칠 우려가 있는 영업소(이하 "유해업소"라 한다)와 동일한 건축물 안에서 학교교과교습학원이나 교습소를 설립·운영하여서는 아니 된다. 〈개정 2011. 7. 25.〉

③ 학교교과교습학원이나 교습소와 동일한 건축물 안에 유해업소를 설치하는 경우 그 영업에 관하여 허가·인가 등을 하는 행정기관의 장은 미리 관할 교육감과 협의하여야 한다. 〈개정 2011. 7. 25.〉

④ 제2항 및 제3항에 따른 유해업소의 종류는 「학교보건법」 제6조제1항 각 호의 어느 하나에 해당하는 행위를 하거나 시설(당구장, 만화가게 및 「게임산업진흥에 관한 법률」 제2조제7호에 따른 인터넷컴퓨터게임시설제공업을 하는 영업소는 제외한다)을 갖춘 영업소를 말한다. 〈개정 2011. 7. 25.〉

⑤ 제2항 및 제3항은 연면적 1천650제곱미터 이상의 건축물에 대하여는 다음 각 호의 경우를 제외하고는 적용하지 아니한다. 〈신설 2011. 7. 25.〉

1. 학원이 유해업소로부터 수평거리 20미터 이내의 같은 층에 있는 경우

2. 학원이 유해업소로부터 수평거리 6미터 이내의 바로 위층 또는 바로 아래 층에 있는 경우

[전문개정 2007. 12. 21.]

제6조(학원 설립·운영의 등록) ① 학원을 설립·운영하려는 자는 제8조에 따른 시설과 설비를 갖추어 대통령령으로 정하는 바에 따라 설립자의 인적사항, 교습과정, 강사명단, 교습비등, 시설·설비 등을 학원설립·운영등록신청서에 기재하여 교육감에게 등록하여야 한다. 등록한 사항 중 교습과정, 강사명단, 교습비등, 그 밖에 대통령령으로 정하는 사항을 변경하려는 경우에도 또한 같다. 〈개정 2011. 7. 25.〉

② 숙박시설을 갖춘 학교교과교습학원의 등록은 대통령령으로 정하는 범위에서 관할 지역의 교육여건과 수강생의 안전 및 숙박시설의 필요성 등을 고려하여 시·도의 조례로 정하는 기준에 맞는 경우에만 할 수 있다.

③ 교육감은 제1항에 따라 등록한 자에게 교육부령으로 정하는 바에 따라 등록증명서를 발급하여야 한다. 〈신설 2016. 5. 29.〉

④ 학원설립·운영자는 제3항에 따라 발급받은 등록증명서를 학원에 게시하여야 한다. 〈신설 2016. 5. 29.〉

⑤ 학원설립·운영자가 제3항에 따라 발급받은 등록증명서를 잃어버리거나 그 등록증명서가 못 쓰게 된 경우에는 교육부령으로 정하는 바에 따라 교육감에게 재발급을 신청하여야 한다. 〈신설 2016. 5. 29.〉

⑥ 교육감은 다음 각 호의 어느 하나에 해당하는 경우 제1항에 따른 등록을 거부할 수 있다. 〈신설 2016. 5. 29.〉

1. 제17조제1항에 따른 등록말소처분이 있은 날부터 1년 이내에 해당 장소에서 동일한 교습과정을 교습하는 학원의 설립·운영을 등록하려는 경우
2. 제17조제1항에 따른 교습정지처분의 정지 기간 내에 해당 장소에서 동일한 교습과정을 교습하는 학원의 설립·운영을 등록하려는 경우

[전문개정 2007. 12. 21.]

제7조(조건부 설립등록) ① 교육감은 제6조에 따른 학원 설립·운영의 등록을 수리(受理)할 때에 대통령령으로 정하는 기간에 제8조에 따른 시설과 설비를 갖출 것을 조건으로 하여 학원 설립·운영의 등록을 수리할 수 있다.

② 교육감은 제1항에 따라 등록을 한 자가 정당한 사유 없이 그 기간에 시설과 설비를 갖추지 아니하면 등록을 말소하여야 한다.

[전문개정 2007. 12. 21.]

제8조(시설기준) 학원에는 교습과정별로 시·도의 조례로 정하는 단위시설별 기준에 따라 교습과 학습에 필요한 시설과 설비를 갖추고 유지하여야 한다. 다만, 학원의 소방시설은 소방 관계 법령으로 정하는 바에 따른다.

[전문개정 2007. 12. 21.]

제9조(결격사유 등) ① 다음 각 호의 어느 하나에 해당하는 자는 제6조에 따른 학원 설립·운영의 등록을 할 수 없다. 〈개정 2016. 5. 29., 2018. 6. 12.〉

1. 피성년후견인·피한정후견인
2. 파산선고를 받은 자로서 복권되지 아니한 자
3. 금고 이상의 형을 선고받고 그 집행이 끝나거나 그 집행을 받지 아니하기로 확정된 후 3년이 지나지 아니한 자 또는 그 집행유예기간 중에 있는 자
4. 이 법을 위반하여 벌금형을 선고받은 후 1년이 지나지 아니한 자
5. 법원의 판결에 따라 자격이 정지되거나 상실된 자
6. 제17조제1항에 따라 학원 등록이 말소된 날부터 1년이 지나지 아니한 자(법인의 경우에는 그 대표자를 포함한다)

6의2. 제17조제1항에 따라 교습정지처분을 받은 후 그 정지 기간이 지나지 아니한 자(법인의 경우에는 그 대표자를 포함한다)

7. 법인으로서 그 임원 중에 제1호부터 제6호까지, 제6호의2에 해당하는 자가 있는 경우

② 학원설립·운영자가 제1항 각 호의 사유에 해당하게 되면 그 등록은 효력을 잃는다. 다만, 다음 각 호의 경우에는 그러하지 아니하다. 〈개정 2018. 6. 12.〉

1. 제1항제4호의 경우
2. 제1항제7호의 경우로서 해당 법인이 그 사유가 발생한 날부터 3개월 이내에 해당 임원을 바꾸어 선임하는 경우

[전문개정 2007. 12. 21.]

[2018. 6. 12. 법률 제15625호에 의하여 2014. 1. 28., 2015. 5. 28. 헌법재판소에서 각각 위헌 결정된 이 조 제2항을 개정함]

제10조(휴원 및 폐원 등의 신고) ① 학원설립·운영자는 그 학원을 1개월 이상 휴원(休院)하거나 폐원하려면 교육부령으로 정하는 바에 따라 지체 없이 교육감에게 신고하여야 한다. 〈개정 2008. 2. 29., 2013. 3. 23., 2017. 12. 19.〉

② 교육감은 학원설립·운영자가 「부가가치세법」 제8조에 따라 관할 세무서장에게 폐업신고를 하거나 관할 세무서장이 사업자등록을 말소한 경우에는 등록 사항을 직권으로 말소할 수 있다. 〈신설 2017. 12. 19.〉

③ 교육감은 제2항의 직권 말소를 위하여 필요한 경우 관할 세무서장에게 학원설립·운영자의 폐업여부에 대한 정보 제공을 요청할 수 있다. 이 경우 요청을 받은 관할 세무서장은 「전자정부법」 제36조제1항에 따라 학원설립·운영자의 폐업여부에 대한 정보를 제공하여야 한다. 〈신설 2017. 12. 19.〉

[전문개정 2007. 12. 21.]

제11조 삭제 〈1999. 1. 18.〉

제12조(교습과정) 학원의 교습과정은 학원설립·운영자가 학습자의 필요와 실용성을 존중하여 정한다.

[전문개정 2007. 12. 21.]

제13조(강사 등) ① 학원에서 교습을 담당하는 강사는 대통령령으로 정하는 자격을 갖춘 자이어야 한다.

② 학원설립·운영자는 강사의 연령·학력·전공과목 및 경력 등에 관한 인적 사항을 교육부령으로 정하는 바에 따라 게시하여야 한다. 〈개정 2008. 2. 29., 2013. 3. 23.〉

③ 삭제 〈2016. 12. 20.〉

[전문개정 2007. 12. 21.]

제13조의2(외국인강사의 채용) 학원설립·운영자는 외국어교습을 담당하게 하기 위하여 외국인강사(대한민국 국민이 아닌 사람으로서 학원에서 교습을 담당하는 강사를 말한다. 이하 같다)를 채용하려는 경우에는 강사가 되고자 하는 사람으로부터 다음 각 호의 서류를 제출받아 그에 대한 검증 후 채용하여야 한다. 다만, 「출입국관리법」 제18조에 따라 취업활동을 할 수 있는 체류자격을 받은 사람 중 회화지도 체류자격을 받은 사람에 대하여는 제1호의 범죄경력조회서를 제출받지 아니할 수 있다. 〈개정 2016. 12. 20.〉

1. 범죄경력조회서
2. 건강진단서(1개월 이내에 받은 것으로서 대마 및 약물 검사 결과를 포함한다)
3. 학력증명서
4. 그 밖에 대통령령으로 정하는 서류

[본조신설 2011. 7. 25.]

제14조(교습소 설립·운영의 신고 등) ① 교습소를 설립·운영하려는 자는 대통령령으로 정하는 바에 따라 신고자 및 교습자의 인적사항, 교습소의 명칭 및 위치, 교습과목, 교습비등을 교습소설립·운영신고서에 기재하여 교육감에게 신고하여야 한다. 신고한 사항 중 교습자의 인적사항, 교습소의 명칭 및 위치, 교습과목, 교습비등, 그 밖에 대통령령으로 정하는 사항을 변경하려는 경우에도 또한 같다. 〈개정 2011. 7. 25.〉

② 교육감은 제1항에 따른 신고를 받으면 교육부령으로 정하는 바에 따라 신고증명서를 발급하여야 한다. 〈개정 2011. 7. 25., 2013. 3. 23.〉

③ 교습자는 제2항에 따라 발급받은 신고증명서를 교습소에 게시하여야 한다. 〈개정 2011. 7. 25.〉

④ 교습자가 제2항에 따라 발급받은 신고증명서를 잃어버리거나 그 신고증명서가 못쓰게 된 경우에는 교육부령으로 정하는 바에 따라 교육감에게 재발급을 신청하여야 한다. 〈개정 2011. 7. 25.,

2013. 3. 23.〉

⑤ 교습소는 교습자 1명이 한 장소에서 1과목만을 교습하여야 한다. 〈개정 2011. 7. 25.〉

⑥ 교습자의 자격, 교습소의 장소·시설·설비, 학습자의 수, 그 밖에 필요한 사항은 대통령령으로 정한다. 〈신설 2011. 7. 25.〉

⑦ 교습자는 교습소를 폐소하거나 1개월 이상 휴소(休所)하려면 교육부령으로 정하는 바에 따라 지체 없이 교육감에게 신고하여야 한다. 〈신설 2011. 7. 25., 2013. 3. 23.〉

⑧ 제17조제2항에 따라 교습소의 폐지처분을 받은 자는 그 처분을 받은 날부터 1년 이내 또는 교습정지처분을 받은 자는 그 정지 기간이 지나지 아니한 경우에는 교육부령으로 정하는 바에 따라 같은 종류의 교습소를 신고할 수 없다. 〈신설 2011. 7. 25., 2013. 3. 23., 2016. 5. 29.〉

⑨ 교육감은 교습자가 「부가가치세법」 제8조에 따라 관할 세무서장에게 폐업신고를 하거나 관할 세무서장이 사업자등록을 말소한 경우에는 신고 사항을 직권으로 말소할 수 있다. 〈신설 2017. 12. 19.〉

⑩ 교육감은 제9항의 직권말소를 위하여 필요한 경우 관할 세무서장에게 교습자의 폐업여부에 대한 정보 제공을 요청할 수 있다. 이 경우 요청을 받은 관할 세무서장은 「전자정부법」 제36조제1항에 따라 교습자의 폐업여부에 대한 정보를 제공하여야 한다. 〈신설 2017. 12. 19.〉

[전문개정 2007. 12. 21.]

제14조의2(개인과외교습자의 신고 등) ① 개인과외교습을 하려는 자는 대통령령으로 정하는 바에 따라 주소지 관할 교육감에게 교습자의 인적 사항, 교습과목, 교습장소 및 교습비등을 신고하여야 한다. 신고한 사항 중 대통령령으로 정하는 사항을 변경하려는 경우에도 또한 같다. 다만, 「고등교육법」 제2조 또는 개별 법률에 따라 설립된 대학(대학원을 포함한다) 및 이에 준하는 학교에 재적(在籍) 중인 학생(휴학생은 제외한다)은 그러하지 아니하다. 〈개정 2011. 7. 25.〉

② 교육감은 제1항에 따른 개인과외교습의 신고를 받으면 교육부령으로 정하는 바에 따라 신고증명서를 발급하여야 한다. 〈개정 2008. 2. 29., 2013. 3. 23.〉

③ 교습장소가 개인과외교습자의 주거지인 경우 개인과외교습자는 신고증명서를 교습장소에 게시하여야 하고, 교습장소가 학습자의 주거지인 경우 학습자 또는 그 학부모가 요청하면 신고증명서를 제시하여야 한다. 〈개정 2016. 5. 29.〉

④ 개인과외교습자가 제2항에 따라 발급받은 신고증명서를 잃어버리거나 그 신고증명서가 못쓰게 된 경우에는 교육부령으로 정하는 바에 따라 교육감에게 재발급을 신청하여야 한다. 〈개정 2008. 2. 29., 2011. 7. 25., 2013. 3. 23.〉

⑤ 개인과외교습자가 과외교습을 하지 아니하면 그 사실을 교육감에게 통보하여야 한다.

⑥ 삭제 〈2016. 5. 29.〉

⑦ 제1항에 따른 신고나 변경신고를 받은 교육감은 개인과외교습장소가 그 교육감의 관할 지역이 아니면 교습장소를 관할하는 교육감에게 그 사실을 통보하여야 한다.

⑧ 제17조제3항에 따른 과외교습 중지명령을 받은 자는 그 중지기간이 지나지 아니한 경우에는 과외교습을 할 수 없다. 〈신설 2008. 3. 28., 2016. 5. 29.〉

⑨ 개인과외교습자가 그 주거지에서 과외교습하는 경우 교육부령으로 정하는 바에 따라 교습장소 외부에 개인과외교습을 하는 장소임을 알 수 있는 표지를 부착하여야 한다. 〈신설 2016. 5. 29.〉

⑩ 개인과외교습자의 교습장소가 그 주거지인 경우 개인과외교습자를 1명만 신고할 수 있다. 다만, 같은 등록기준지 내의 친족인 경우 추가로 신고할 수 있다. 〈신설 2016. 5. 29.〉

[전문개정 2007. 12. 21.]

제15조(교습비등) ① 학원설립·운영자, 교습자 또는 개인과외교습자는 학습자로부터 교습비등을 받을 수 있으며, 교습비등을 받는 경우 교육부령으로 정하는 바에 따른 영수증을 발급하여야 한다. 〈개정 2011. 7. 25., 2013. 3. 23.〉

② 학원설립·운영자, 교습자 또는 개인과외교습자는 교습내용과 교습시간 등을 고려하여 교습비를 정하고, 기타경비는 실비로 정한다. 〈개정 2011. 7. 25.〉

③ 학원설립·운영자, 교습자 또는 개인과외교습자는 시·도의 교육규칙으로 정하는 바에 따라 제1항에 따른 교습비등과 그 반환에 관한 사항을 학습자가 보기 쉬운 장소에 게시하여야 하며, 학습자를 모집할 목적으로 인쇄물·인터넷 등을 통하여 광고를 하는 경우에는 교습비등, 등록증명서 또는 신고증명서 내용 중 대통령령으로 정하는 사항을 표시하여야 한다. 이 경우 학습자 또는 학부모의 요구가 있을 때에는 교육부령으로 정하는 바에 따라 게시 또는 표시된 교습비등의 내역을 서면으로 고지하여야 한다. 〈개정 2011. 7. 25., 2013. 3. 23., 2016. 5. 29.〉

④ 학원설립·운영자, 교습자 또는 개인과외교습자는 교습비등을 거짓으로 표시·게시·고지하거나, 표시·게시·고지한 교습비등 또는 교육감에게 등록·신고한 교습비등을 초과한 금액을 징수하여서는 아니 된다. 〈개정 2011. 7. 25., 2016. 5. 29.〉

⑤ 삭제 〈2016. 5. 29.〉

⑥ 교육감은 제2항에 따라 정한 학교교과교습학원, 교습소 또는 개인과외교습자의 교습비등이 과다하다고 인정하면 대통령령으로 정하는 바에 따라 교습비등의 조정을 명할 수 있다. 〈신설 2011. 7. 25., 2016. 5. 29.〉

[전문개정 2007. 12. 21.]

[제목개정 2011. 7. 25.]

제15조의2(학원 및 교습소의 명칭 표시) ① 학원의 명칭은 고유명칭 다음에 "학원"을 붙여 표시한다.

② 교습소의 명칭은 고유명칭 다음에 교습과목과 "교습소"를 붙여 표시한다.

[본조신설 2016. 12. 20.]

[종전 제15조의2는 제15조의5로 이동 〈2016. 12. 20.〉]

제15조의3(장부 또는 서류의 비치) 학원설립·운영자, 교습자 및 개인과외교습자는 학원 등의 운영 및 교습과 관련한 장부 또는 서류를 교육부령으로 정하는 바에 따라 비치·관리하여야 한다.

[본조신설 2016. 12. 20.]

제15조의4(학원설립·운영자 등에 대한 연수) 교육감은 학원설립·운영자, 강사 및 교습자가 갖추어야 할 사회교육 담당자로서의 자질을 향상시키기 위하여 필요하면 대통령령으로 정하는 바에 따라 이들의 연수에 관한 계획을 수립·시행할 수 있다. 이 경우 외국인강사에 대해서는 한국 문화 적응을 지원하고 사회교육 담당자로서의 자질을 향상시키기 위하여 입국 후 한 번 이상 연수를 실시하여야 한다.

[본조신설 2016. 12. 20.]

제15조의5(정보의 공개) ① 교육감은 국민의 알권리를 보장하고 학원 과 교습소 운영의 투명성을 높이기 위하여 교육감에게 등록 또는 신고한 교습비등을 학원 종류별, 교습과정별, 지역교육청별 또는 시(「제주특별자치도 설치 및 국제자유도시 조성을 위한 특별법」 제10조제2항에 따른 행정시를 포함한다)·군·구별로 분류하여 시·도교육청 홈페이지 등에 공개하여야 한다. 〈개정 2015. 7. 24.〉

② 제1항에 따른 정보공개의 범위는 학원 또는 교습소의 명칭, 위치, 교습과정, 교습과목, 정원, 교습기간, 교습시간 및 교습비등에 관한 사항을 포함하여 대통령령으로 정한다.

[본조신설 2011. 7. 25.]

[제15조의2에서 이동 〈2016. 12. 20.〉]

제16조(지도·감독 등) ① 교육감은 학원의 건전한 발전과 교습소 및 개인과외교습자가 하는 과외교습의 건전성을 확보하기 위하여 적절한 지도·감독을 하여야 한다.

② 교육감은 학교의 수업과 학생의 건강 등에 미치는 영향을 고려하여 시·도의 조례로 정하는 범위에서 학교교과교습학원, 교습소 또는 개인과외교습자의 교습시간을 정할 수 있다. 이 경우 교육감은 학부모 및 관련 단체 등의 의견을 들어야 한다. 〈개정 2016. 5. 29.〉

③ 교육감은 필요하다고 인정하면 학원설립·운영자 및 교습자에 대하여 시설·설비, 교습비등, 교습에 관한 사항과 「도로교통법」 제53조, 제53조의2 및 제53조의3 준수 여부에 관한 사항 또는 각종 통계자료를 보고하게 하거나 관계 공무원에게 해당 시설에 출입하여 그 시설·설비, 장부, 그 밖의 서류를 검사하게 할 수 있으며, 시설·설비의 개선명령이나 그 밖에 필요한 명령을 할 수 있다. 〈개정 2011. 7. 25., 2015. 2. 3.〉

④ 교육감은 필요하다고 인정하면 개인과외교습자의 교습비등 각종 신고사항을 확인하거나 그 밖에 필요한 조치를 취할 수 있다. 〈개정 2011. 7. 25.〉

⑤ 제3항에 따라 출입·검사를 하는 관계 공무원은 그 권한을 표시하는 증표를 지니고 이를 관계인에게 내보여야 한다.

⑥ 교육감은 미등록·미신고 교습, 교습비등 초과 징수, 그 밖에 이 법을 위반한 사항에 대한 신고 접수 및 처리를 위하여 그 소속으로 불법사교육신고센터를 설치·운영할 수 있으며, 이러한 위반사항을 신고한 사람에 대하여 대통령령으로 정하는 바에 따라 포상금을 지급할 수 있다. 〈신설 2011. 7. 25.〉

[전문개정 2007. 12. 21.]

제17조(행정처분) ① 교육감은 학원이 다음 각 호의 어느 하나에 해당하면 그 등록을 말소하거나 1년 이내의 기간을 정하여 교습과정의 전부 또는 일부에 대한 교습의 정지를 명할 수 있다. 다만, 제1호에 해당하는 경우에는 그 등록을 말소하여야 한다. 〈개정 2011. 7. 25., 2015. 2. 3., 2016. 5. 29., 2016. 12. 20.〉

1. 거짓이나 그 밖의 부정한 방법으로 제6조에 따른 등록을 한 경우
2. 숙박시설을 갖춘 학교교과교습학원이 제6조제2항에 따른 기준에 미달하게 된 경우
3. 제8조에 따른 시설기준에 미달하게 된 경우
4. 정당한 사유 없이 개원(開院) 예정일부터 2개월이 지날 때까지 개원하지 아니한 경우
5. 정당한 사유 없이 계속하여 2개월 이상 휴원한 경우
6. 등록한 사항에 관하여 변경등록을 하지 아니하고 변경하는 등 부정한 방법으로 학원을 운영한 경우
7. 제15조제4항을 위반하여 교습비등을 징수한 경우
8. 제15조제6항에 따른 교습비등의 조정명령을 위반한 경우
8의2. 제15조의2제1항을 위반하여 명칭 표시를 할 경우
9. 학습자를 모집할 때 과대 또는 거짓 광고를 한 경우
10. 그 밖에 이 법 또는 이 법에 따른 명령을 위반한 경우
11. 「도로교통법」 제53조제3항을 위반하여 어린이통학버스(같은 법 제52조에 따른 신고를 하지 아니한 경우를 포함한다)에 보호자를 함께 태우지 아니한 채 어린이통학버스 운행 중 발생한

교통사고로 해당 어린이통학버스에 탑승(승하차를 포함한다)한 어린이가 사망하거나 신체에 교육부령으로 정하는 중상해를 입은 경우

12. 학습자에 대한 「아동복지법」 제3조제7호에 따른 아동학대 행위가 확인된 경우. 다만, 학원설립·운영자가 아동학대 행위를 방지하기 위하여 상당한 주의와 감독을 게을리하지 아니한 경우는 제외한다.

② 교육감은 교습소가 다음 각 호의 어느 하나에 해당하면 그 교습소의 폐지를 명하거나 6개월 이내의 기간을 정하여 교습의 정지를 명할 수 있다. 다만, 제1호에 해당하는 경우에는 그 교습소의 폐지를 명하여야 한다. 〈개정 2011. 7. 25., 2016. 5. 29., 2016. 12. 20.〉

1. 거짓이나 그 밖의 부정한 방법으로 제14조제1항에 따른 신고를 한 경우
2. 신고한 사항에 관하여 변경신고를 하지 아니하고 변경하는 등 부정한 방법으로 교습소를 운영한 경우
3. 제15조제4항을 위반하여 교습비등을 징수한 경우
4. 제15조제6항에 따른 교습비등의 조정명령을 위반한 경우
4의2. 제15조의2제2항을 위반하여 명칭 표시를 할 경우
5. 그 밖에 이 법 또는 이 법에 따른 명령을 위반한 경우
6. 학습자에 대한 「아동복지법」 제3조제7호에 따른 아동학대 행위가 확인된 경우. 다만, 교습자가 아동학대 행위를 방지하기 위하여 상당한 주의와 감독을 게을리하지 아니한 경우는 제외한다.

③ 교육감은 개인과외교습자가 다음 각 호의 어느 하나에 해당하는 경우 1년 이내의 기간을 정하여 과외교습 중지를 명할 수 있다. 다만, 제1호에 해당하는 경우에는 과외교습 중지를 명하여야 한다. 〈신설 2008. 3. 28., 2011. 7. 25., 2016. 5. 29.〉

1. 거짓이나 그 밖의 부정한 방법으로 제14조의2제1항에 따른 신고를 한 경우
2. 신고한 사항에 관하여 변경신고를 하지 아니하고 이를 변경하는 등 부정한 방법으로 과외교습을 한 경우
3. 제15조제4항을 위반하여 교습비등을 징수한 경우
4. 제15조제6항에 따른 교습비등의 조정명령을 위반한 경우
5. 그 밖에 이 법 또는 이 법에 따른 명령을 위반한 경우
6. 학습자에 대한 「아동복지법」 제3조제7호에 따른 아동학대 행위를 한 경우

④ 제1항부터 제3항까지에 따른 행정처분의 기준과 그 밖에 필요한 사항은 조례로 정한다. 〈신설 2016. 5. 29.〉

[전문개정 2007. 12. 21.]

제18조(교습비등의 반환 등) ① 학원설립·운영자, 교습자 및 개인과외교습자는 학습자가 수강을 계속할 수 없는 경우 또는 학원의 등록말소, 교습소 폐지 등으로 교습을 계속할 수 없는 경우에는 학습자로부터 받은 교습비등을 반환하는 등 학습자를 보호하기 위하여 필요한 조치를 하여야 한다. 〈개정 2011. 7. 25.〉

② 제1항에 따른 교습비등의 반환사유, 반환금액, 그 밖에 필요한 사항은 대통령령으로 정한다. 〈개정 2011. 7. 25.〉

[전문개정 2007. 12. 21.]

[제목개정 2011. 7. 25.]

제19조(학원 등에 대한 폐쇄 등) ① 교육감은 다음 각 호의 어느 하나에 해당하면 학원이나 교습소를 폐쇄하거나 교습 등을 중지시킬 수 있다. 〈개정 2017. 12. 19.〉

　1. 제6조제1항 또는 제14조제1항에 따른 등록이나 신고를 하지 아니하고 학원이나 교습소를 설립·운영하는 경우

　2. 제10조제2항 또는 제14조제9항에 따라 교육감이 등록 사항 또는 신고 사항을 직권으로 말소한 경우

　3. 제17조에 따라 교습의 정지 처분을 받은 학원설립·운영자 또는 교습자가 계속하여 교습하거나 학습장소를 제공하는 경우

　4. 제17조에 따라 학원의 등록말소 또는 교습소 폐지의 처분을 받은 경우

② 교육감은 제1항에 따른 학원이나 교습소의 폐쇄 또는 교습 등의 중지를 위하여 관계 공무원에게 다음 각 호의 조치를 하게 할 수 있다. 〈신설 2017. 12. 19.〉

　1. 해당 학원이나 교습소의 간판 또는 그 밖의 표지물을 제거하거나 학습자의 출입을 제한하기 위한 시설물의 설치

　2. 해당 학원이나 교습소가 등록 또는 신고를 하지 아니한 시설이거나 제17조에 따른 행정처분을 받은 시설임을 알리는 게시문의 부착

③ 제1항에 따른 조치는 그 목적을 달성하기 위하여 필요한 최소한의 범위에서 하여야 한다.

④ 제1항에 따른 조치를 하는 관계 공무원은 그 권한을 표시하는 증표를 지니고 이를 관계인에게 내보여야 한다.

[전문개정 2007. 12. 21.]

[제목개정 2017. 12. 19.]

제20조(청문) 교육감은 다음 각 호의 어느 하나에 해당하는 처분을 하려면 청문을 하여야 한다.

　1. 제17조제1항에 따른 학원의 등록말소

　2. 제17조제2항에 따른 교습소의 폐지명령

[전문개정 2007. 12. 21.]

제21조(권한의 위임·위탁) ① 이 법에 따른 교육감의 권한은 대통령령으로 정하는 바에 따라 그 일부를 교육장에게 위임할 수 있다. 〈개정 2007. 12. 21.〉

② 삭제 〈2001. 1. 26.〉

③ 교육감은 제15조의4에 따른 학원설립·운영자, 강사 및 교습자에 대한 연수계획의 시행에 관한 업무의 일부를 대통령령으로 정하는 바에 따라 학원 및 교습소와 관련된 기관 또는 법인에 위탁할 수 있다. 〈개정 2007. 12. 21., 2016. 12. 20.〉

[제목개정 2007. 12. 21.]

제22조(벌칙) ① 다음 각 호의 어느 하나에 해당하는 자는 1년 이하의 징역 또는 1천만원 이하의 벌금에 처한다. 〈개정 2008. 3. 28., 2011. 7. 25., 2016. 5. 29.〉

　1. 제6조에 따른 등록을 하지 아니하고 학원을 설립·운영한 자

　2. 거짓이나 그 밖의 부정한 방법으로 제6조에 따른 등록을 한 자

　3. 제14조제1항에 따른 신고를 하지 아니하고 교습소를 설립·운영하거나, 거짓이나 그 밖의 부정한 방법으로 신고하고 교습소를 설립·운영한 자

　4. 제14조의2제1항에 따른 신고를 하지 아니하거나 거짓이나 그 밖의 부정한 방법으로 신고하고 과외교습을 한 자

② 제3조를 위반하여 과외교습을 한 자는 1년 이하의 금고 또는 1천만원 이하의 벌금에 처한다. 〈개정 2008. 3. 28., 2016. 5. 29.〉

③ 제19조제2항 각 호에 따른 간판이나 그 밖의 표지물의 제거 또는 시설물의 설치를 거부·방해 또는 기피하거나 게시문을 허락받지 아니하고 제거하거나 못쓰게 만든 자는 200만원 이하의 벌금에 처한다. 〈개정 2008. 3. 28., 2017. 12. 19.〉

[전문개정 2007. 12. 21.]

제23조(과태료) ① 다음 각 호의 어느 하나에 해당하는 자에게는 300만원 이하의 과태료를 부과한다. 〈개정 2008. 3. 28., 2011. 7. 25., 2016. 5. 29., 2016. 12. 20., 2017. 12. 19.〉

1. 제4조제3항에 따른 안전조치를 취하지 아니한 자

1의2. 제6조제4항을 위반하여 등록증명서를 게시하지 아니한 자

2. 제10조제1항 또는 제14조제7항에 따른 신고를 하지 아니한 자

3. 제13조제2항에 따른 강사의 연령·학력·전공과목 및 경력 등에 관한 인적 사항을 게시하지 아니한 자

3의2. 제13조의2에 따른 검증을 하지 아니하고 외국인강사를 채용한 자

4. 제14조제3항 또는 제14조의2제3항을 위반하여 신고증명서를 게시 또는 제시하지 아니한 자

5. 제14조제4항 또는 제14조의2제4항의 사유가 발생한 날부터 1개월 이내에 신고증명서의 재발급을 신청하지 아니한 자

6. 삭제 〈2016. 5. 29.〉

6의2. 제15조제1항에 따른 영수증을 발급하지 아니한 자

6의3. 제14조의2제9항에 따른 표지를 부착하지 아니한 자

7. 제15조제3항을 위반하여 교습비등과 그 반환에 관한 사항을 표시·게시·고지하지 아니하거나 같은 조 제4항을 위반하여 교습비등을 거짓으로 표시·게시·고지한 자

7의2. 제15조제4항을 위반하여 교습비등을 징수한 자

7의3. 제15조제6항에 따른 교습비등의 조정명령을 위반한 자

7의4. 제15조의3을 위반하여 장부 또는 서류를 비치·관리하지 아니한 자

8. 제16조제3항에 따른 보고를 하지 아니하거나 거짓으로 보고를 한 자

9. 제16조제3항에 따른 관계 공무원의 출입·검사를 거부·방해 또는 기피한 자

10. 제18조에 따른 교습비등을 반환하지 아니한 자

② 제1항에 따른 과태료는 대통령령으로 정하는 바에 따라 교육감이 부과·징수한다.

③ 삭제 〈2011. 7. 25.〉

④ 삭제 〈2011. 7. 25.〉

⑤ 삭제 〈2011. 7. 25.〉

[전문개정 2007. 12. 21.]

제24조(적용의 배제) 제2조제1호에 따라 원격으로 교습하는 학원에 대하여는 제4조제3항, 제5조, 제7조, 제8조 및 제16조제2항을 적용하지 아니한다. 〈개정 2016. 12. 20.〉

[본조신설 2011. 7. 25.]

부칙 〈제15625호, 2018. 6. 12.〉

제1조(시행일) 이 법은 공포한 날부터 시행한다.

제2조(금치산자 등의 결격사유에 관한 경과조치) 제9조제1항제1호의 개정규정에도 불구하고 이 법 시행 당시 법률 제10429호 민법 일부개정법률 부칙 제2조에 따라 금치산 또는 한정치산 선고의 효력이 유지되는 사람에 대하여는 종전의 규정에 따른다.